여러분의 합격을 응원하는
해커스공무원 ▮▮▮ 혜택

KB093674

FREE 공무원 국어 **특강**

해커스공무원(gosi.Hackers.com) 접속 후 로그인 ▶ 상단의 [무료강좌] 클릭 ▶ [교재 무료특강] 클릭하여 이용

 해커스공무원 온라인 단과강의 **20% 할인쿠폰**

F32542D22C78AEKH

해커스공무원(gosi.Hackers.com) 접속 후 로그인 ▶ 상단의 [나의 강의실] 클릭 ▶
좌측의 [쿠폰등록] 클릭 ▶ 위 쿠폰번호 입력 후 이용

* 등록 후 7일간 사용 가능(ID당 1회에 한해 등록 가능)

 해커스 회독증강 콘텐츠 **5만원 할인쿠폰**

82737BD2638B9965

해커스공무원(gosi.Hackers.com) 접속 후 로그인 ▶ 상단의 [나의 강의실] 클릭 ▶
좌측의 [쿠폰등록] 클릭 ▶ 위 쿠폰번호 입력 후 이용

* 등록 후 7일간 사용 가능(ID당 1회에 한해 등록 가능)
* 특별 할인 상품 적용 불가
* 월간 학습지 회독증강 행정학/행정법총론 개별상품은 할인쿠폰 할인대상에서 제외

✉ 합격예측 **온라인 모의고사 응시권 + 해설강의 수강권**

8647FAFBD5A5SLXG

해커스공무원(gosi.Hackers.com) 접속 후 로그인 ▶ 상단의 [나의 강의실] 클릭 ▶
좌측의 [쿠폰등록] 클릭 ▶ 위 쿠폰번호 입력 후 이용

* ID당 1회에 한해 등록 가능

▢ 해커스 매일국어 **어플 이용권**

M7IXU0ZH18LL61MO

구글 플레이스토어/애플 앱스토어에서 [해커스 매일국어] 검색 ▶
어플 다운로드 ▶ 어플 이용 시 노출되는 쿠폰 입력란 클릭 ▶ 위 쿠폰번호 입력 후 이용

▲ 매일국어 어플 바로가기

* 등록 후 30일간 사용 가능
* 해당 자료는 [해커스공무원 국어 기본서] 교재 내용으로 제공되는 자료로, 공무원 시험 대비에 도움이 되는 유용한 자료입니다.

쿠폰 이용 관련 문의 **1588-4055**

단기 합격을 위한
해커스 커리큘럼

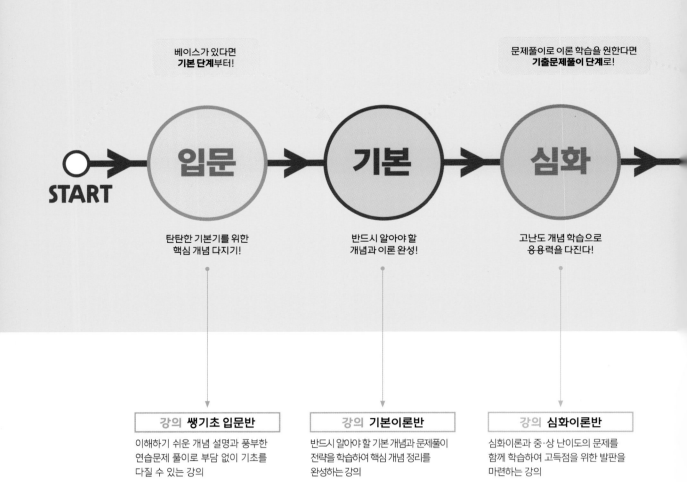

베이스가 있다면
기본 단계부터!

문제풀이로 이론 학습을 원한다면
기출문제풀이 단계로!

입문

기본

심화

START

탄탄한 기본기를 위한
핵심 개념 다지기!

반드시 알아야 할
개념과 이론 완성!

고난도 개념 학습으로
응용력을 다진다!

강의 **쌩기초 입문반**

이해하기 쉬운 개념 설명과 풍부한
연습문제 풀이로 부담 없이 기초를
다질 수 있는 강의

강의 **기본이론반**

반드시 알아야 할 기본 개념과 문제풀이
전략을 학습하여 핵심 개념 정리를
완성하는 강의

강의 **심화이론반**

심화이론과 중·상 난이도의 문제를
함께 학습하여 고득점을 위한 발판을
마련하는 강의

단계별 교재 확인 및
수강신청은 여기서!

gosi.Hackers.com

* 커리큘럼은 과목별·선생님별로 상이할 수 있으며, 자세한 내용은 해커스공무원 사이트에서 확인하세요.

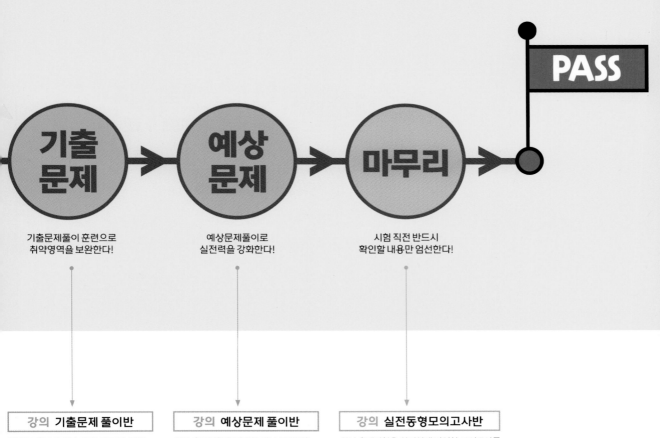

기출문제

기출문제풀이 훈련으로
취약영역을 보완한다!

예상문제

예상문제풀이로
실전력을 강화한다!

마무리

시험 직전 반드시
확인할 내용만 엄선한다!

PASS

강의 **기출문제 풀이반**

기출문제의 유형과 출제 의도를 이해
하고, 본인의 취약영역을 파악 및 보완
하는 강의

강의 **예상문제 풀이반**

최신 출제경향을 반영한 예상 문제들을
풀어보며 실전력을 강화하는 강의

강의 **실전동형모의고사반**

최신 출제경향을 완벽하게 반영한 모의고사를
풀어보며 실전 감각을 극대화하는 강의

강의 **봉투모의고사반**

시험 직전에 실제 시험과 동일한 형태의
모의고사를 풀어보며 실전력을 완성하는 강의

5천 개가 넘는
해커스토익 무료 자료!

대한민국에서 공짜로 토익 공부하고 싶으면 해커스영어 Hackers.co.kr ▾   검색

RC 정수진   RC 이상길

강의도 무료

베스트셀러 1위 토익 강의 150강 무료 서비스,
누적 시청 1,900만 돌파!

3,730제 무료

문제도 무료

토익 RC/LC 풀기, 모의토익 등
실전토익 대비 문제 3,730제 무료!

LC 한승태   RC 김동영

최신 특강도 무료

2,400만뷰 스타강사의
압도적 적중예상특강 매달 업데이트!

공부법도 무료

토익 고득점 달성팁, 비법노트,
점수대별 공부법 무료 확인

전원 무료

*미션 달성 시

가장 빠른 정답까지!

615만이 선택한 해커스 토익 정답!
시험 직후 가장 빠른 정답 확인

[5천여 개] 해커스토익(Hackers.co.kr) 제공 총 무료 콘텐츠 수(~2017.08.30)
[베스트셀러 1위] 교보문고 종합 베스트셀러 토익/토플 분야 토익 RC 기준 1위(2005~2023년 연간 베스트셀러)
[1,900만] 해커스토익 리딩 무료강의 및 해커스토익 스타트 리딩 무료강의 누적 조회수(중복 포함, 2008.01.01~2018.03.09 기준)
[2,400만] 해커스토익 최신경향 토익적중예상특강 누적 조회수(2013-2021, 중복 포함)
[615만] 해커스영어 해커스토익 정답 실시간 확인서비스 PC/MO 방문자 수 총합/누적, 중복 포함(2016.05.01~2023.02.22)

더 많은 토익무료자료
보기 ▶

해커스공무원

조은정

암기 없는 **국어**

논리 독해

기본서

🏛 해커스공무원

조은정

이력
· 이화여자대학교 사회과학대학 졸업
· (현) 해커스공무원 국어 대표강사
· (현) 해커스 7급 공채 PSAT 언어논리 대표강사
· (현) 베리타스에듀 5급 공채 PSAT 언어논리 대표강사
· (현) 베리타스에듀 7급 지역인재 PSAT 언어논리 대표강사
· (현) 상상로스쿨 언어이해 대표강사
· (전) 한상준 PSAT 전문학원 언어논리 대표강사

저서
· 해커스공무원 조은정 암기없는 국어 논리 독해 기본서
· 해커스공무원 7급 PSAT 입문서
· 해커스 단기합격 7급 PSAT 유형별 기출 200제 언어논리
· 해커스 단기합격 7급 PSAT 기출문제집
· 5급공채 PSAT 조은정 언어논리 입문서
· 5급공채 PSAT 조은정 언어논리 기본서
· 112 PSAT 조은정의 떠먹는 언어논리
· PSAT 퀴즈99
· 112 민간경력자 PSAT 기출 유형분석 총정리
· PSAT 조은정 언어논리 실전모의고사

이제 9급 국어는 '유형'과 '전략'의 문제입니다.

공무원 9급 국어 문제가 전면적으로 개편되면서 어떤 방법으로 시험에 대비해야 할지 걱정하는 수험생분들이 많습니다. 개편된 시험에 대비해 가장 먼저 생각해야 하는 것이 새로운 출제 기조를 통해 우리에게 요구하는 바가 무엇인가 하는 점입니다.

개편된 국어 문제는 공무원으로서 암기형 인재가 아닌 정보 처리형 인재를 요구한다는 것을 보여줍니다. 주어진 정보를 선별하고, 조합해서 새로운 정보를 이끌어내고, 이를 새로운 상황에 적용할 수 있는지를 묻습니다. 이는 독해력의 문제가 아니라 문제 해결력의 문제입니다.

개편된 국어 문제에는 특징적인 유형들이 있고, 그 유형별로 전략적인 문제 해결 방법이 존재합니다. 따라서 단순히 지문의 내용을 이해하는 데에 치중하기보다는 출제 패턴에 맞게 문제 유형을 분류하고, 그에 적절한 문제 해결 방법을 터득하는 것이 국어를 공부하는 효율적인 방법입니다.

「해커스공무원 조은정 암기없는 국어 논리 독해 기본서」는
이러한 출제 기조 변화에 철저하게 대비할 수 있도록 아래와 같이 구성하였습니다.
첫째, '기초 개념 잡기'를 통해 각 영역별 반드시 알아두어야 할 독해 기초 이론을 학습하고, '예제'를 통해 습득한 이론을 바로 적용하는 연습을 할 수 있도록 하였습니다.
둘째, '문제풀이 전략'을 통해 새로운 국어 문제 유형의 특징을 숙지하고, '문제풀이 전략 연습하기'를 통해 스텝에 따라 각 유형별 기본기를 학습할 수 있도록 하였습니다.
셋째, '기출 문제에 적용하기'를 통해 유형별 문제풀이법을 자신의 것으로 숙지하고, '기출 변형 하프모의고사'를 통해 국어 문제풀이 능력을 향상시킬 수 있도록 하였습니다.

「해커스공무원 조은정 암기없는 국어 논리 독해 기본서」에는 개편된 국어 문제와 유사한 문제를 다년간 연구했던 전문가로서 제 경험과 노하우가 담겨있습니다. 저의 경험과 노하우가 국어 공부에 어려움을 겪고 있는 분들에게 좋은 길잡이가 수 있기를 기대합니다. 이 책을 통해 공부하는 수험생 모두 합격의 기쁨을 누리시길 바랍니다.

202

목차

PART 1   논증

PART 2   논리

PART 3　독해

기출 변형 하프모의고사

 [책 속의 책] 약점 보완 해설집

고득점을 위한 이 책의 특징

 기초부터 유형 분석까지 완벽하게 대비하는 **출제 기조 변화!**

- 기초 개념 잡기: 독해의 기본기를 알려주는 이론과 풍부한 예제를 통해 독해의 기초를 다질 수 있습니다.
- 유형 정보 알아보기: 각 문제 유형을 분석한 정보와 접근 방법을 통해 낯선 유형도 쉽게 익힐 수 있습니다.

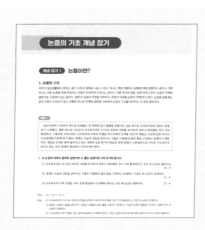
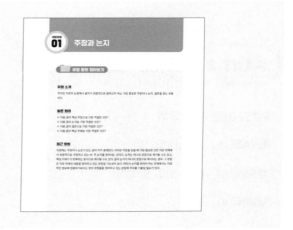

02 유형별 맞춤 문제풀이 전략으로 손쉽게 고득점 달성!

- 정답을 빠르게 찾는 문제풀이 전략: 문제 유형별 접근 방식과 집중 학습 포인트를 알려주는 2가지 STEP을 통해 문제풀이의 방향을 명확하게 설정할 수 있습니다.
- 문제풀이 전략 연습하기: 대표 문제에 2가지 STEP을 적용해보면서 학습한 내용을 쉽게 체화할 수 있습니다.
- 기출 문제에 적용하기: 문제풀이 전략을 기출 문제에 바로 적용해보며 문제풀이 감각을 익힐 수 있습니다.

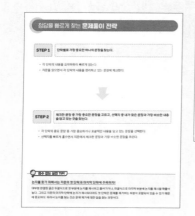

기출 변형 하프모의고사 3회분을 통해 실전 감각 극대화!

기존 비문학 기출 지문을 활용하여 출제 변화 기조에 맞는 문제 유형으로 변형한 하프모의고사를 3회분 수록
하였습니다. 실제 시험과 동일한 유형으로 구성된 문제를 풀어보면서 실전 감각까지 익힐 수 있습니다.

 문제에 대한 완벽한 이해를 돕는 만능 해설 수록!

정답의 근거뿐만 아니라 오답의 이유까지 설명해 주는 상세한 해설을 통해 부족함 없는 학습이 가능합니다.

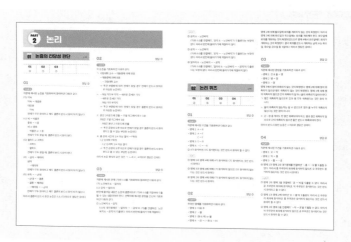

고득점을 위한

출제 기조 변화 가이드

출제 유형 분석

영역	대표유형	영역별 특징
논증	• 주장과 논지 • 추가해야 할 전제 찾기 • 견해 분석 • 비판과 반박 • 강화와 약화	1~3단락 정도의 논증 또는 여러 사람의 견해가 포함된 지문을 제시하고, 논증의 주장이나 견해를 바르게 이해했는지, 논증을 지지·비판하거나, 강화·약화하는 등의 평가를 할 수 있는지를 묻는 유형
논리	• 논증의 타당성 판단 • 논리 퀴즈 • 독해형 논리	1~2단락 정도의 비교적 짧은 길이의 지문 또는 퀴즈를 해결하는 데 필요한 3~5개 정도의 명제나 조건을 제시하고, 제시된 명제나 조건의 참·거짓 여부를 판단할 수 있는지, 명제나 조건 간의 관계를 고려하여 논증에서 빠진 전제를 추론할 수 있는지를 묻는 유형
독해	• 중심 내용 • 내용 이해 및 부합 • 추론 • 빈칸 추론 • 밑줄 추론 • 글의 수정 • 문단 배열	2~3단락 정도의 지문을 제시하고, 지문의 내용을 제대로 이해했는지, 지문의 내용을 바탕으로 지문에 제시되지 않은 내용을 추론할 수 있는지를 묻거나, 지문의 맥락을 파악해 빈칸을 채우거나 글을 수정할 수 있는지를 묻는 유형

출제 기조 변화 특징

① 암기력이 아닌 정보 선별 능력 테스트

기존 공무원 9급 국어 문제에서는 어법, 문법, 한자성어 등 미리 암기해 놓은 지식을 기준으로 선택지의 옳고 그름을 판단하는 문제가 다수 출제되었습니다. 그러나 새로운 공무원 9급 국어 문제는 선택지의 옳고 그름을 판별하는 기준이 문제의 지문에 제시되어 있습니다. 이러한 유형의 문제에서는 제시된 정보를 빠르게 확인하고, 그중 중요한 정보를 선별하여 선택지를 판단하는 근거로 삼는 능력이 중요합니다.

② 논리적 사고력 평가

기존 공무원 9급 국어 문제에서는 논증과 논리 문제가 출제되지 않았지만, 새로운 공무원 9급 국어 문제에서는 논리적인 사고력을 평가하는 논증과 논리 문제가 출제됩니다. 논증 문제는 단순히 지문의 내용을 이해하는 과정이 아니라 지문에 제시된 논증의 방향성을 판단하는 과정이 필요하고, 논리 문제는 논리 이론을 바탕으로 논리 명제를 기호화하고 조합할 수 있어야 합니다.

③ 실무적인 소재의 활용

기존 공무원 9급 국어 문제에서는 실무적인 소재보다는 문학이나 문법 등의 소재가 지문으로 활용되는 빈도가 높았지만, 새로운 공무원 9급 국어 문제에서는 실무적인 소재가 다양하게 활용되고 있습니다. 특히 문맥에 맞게 글을 수정하는 문제에서 보고서, 공문서 등이 지문으로 제시되고 있고, 해당 유형에서 이런 소재의 비중은 늘어날 것으로 전망됩니다.

④ 한 지문 두 문항 연결형 문제의 등장

기존 공무원 9급 국어 문제에서 출제되지 않았지만, 새로운 공무원 9급 국어 문제에서는 하나의 지문에 두 개의 문항이 출제되는 문제가 등장했습니다. 이 경우 두 개의 문항은 유형이 다른 문제로 구성되기 때문에 종합적인 사고력과 판단력을 요구합니다.

출제 기조 변화 대비 전략

① 문제 유형을 분류하고, 유형별 문제 풀이 전략을 습득하자.

새로운 공무원 9급 국어 문제에서는 출제되는 문제 유형이 달라집니다. 이에 따라 문제를 크게 논증, 논리, 독해로 새롭게 분류하고, 각 유형에서 출제되는 대표적인 문제 유형을 확인해야 합니다. 문제 유형마다 발문의 표현, 지문을 구성하는 방법, 선택지를 만들어내는 방법이 다르므로 유형별 문제 풀이 전략도 달라져야 합니다.

② 지문에서 중요 정보를 빠르게 선별하는 방법을 연습하자.

새로운 공무원 9급 국어 문제에서는 모든 문제의 정보가 지문에 제시되는 것으로 통일됩니다. 선택지의 정오를 판단하기 위해서는 지문에서 선택지화되는 중요 정보를 빠르게 선별하는 능력이 필요합니다. 모든 정보에 집중하는 것보다 중요한 정보에만 집중하는 강약 조절 능력을 길러야 합니다.

③ 논리와 논증의 이론을 숙지하자.

새로운 공무원 9급 국어 문제에서 어법과 문법은 지문으로 정보가 제시되기 때문에 이론을 암기할 필요가 없지만, 새롭게 도입되는 유형인 논리와 논증 문제에서는 기본적인 이론을 숙지해 두어야 합니다. 특히 논리 퀴즈의 경우 기호화하는 방법이나 명제 연결 방법, 진리값 판단 기준이 지문에 제시되지 않기 때문에 이를 습득하지 않으면 문제가 해결되지 않습니다. 따라서 문제 해결에 필요한 기본적인 이론을 반드시 공부해 알아두어야 합니다.

④ PSAT 기출 문제를 활용해 출제될 문제를 예측하고 대비하자.

새로운 공무원 9급 국어 문제는 5급 공채와 7급 공채에서 출제되고 있는 PSAT 언어논리 문제와 유형이나 출제 패턴이 매우 유사합니다. 따라서 언어논리 문제를 통해 앞으로 출제될 국어 문제의 경향을 예측할 수 있습니다. 9급 기출 문제 중에서는 새로운 국어 문제에 대비할 수 있는 문제가 부족하지만, PSAT 언어논리 문제를 활용하면 새로운 출제 기조에 대비할 수 있으므로 이를 잘 활용해야 합니다.

출제 기조 변화 대표 예시문제

예시문제 1

· 유형: 논증 평가

㉠을 평가한 내용으로 적절한 것만을 <보기>에서 모두 고르면?

> 흔히 '일곱 빛깔 무지개'라는 말을 한다. 서로 다른 빛깔의 띠 일곱 개가 무지개를 이루고 있다는 뜻이다. 영어나 프랑스어를 비롯해 다른 자연언어들에도 이와 똑같은 표현이 있는데, 이는 해당 자연언어가 무지개의 색상에 대응하는 색채 어휘를 일곱 개씩 지녔기 때문이라고 할 수 있다.
>
> 언어학자 사피어와 그의 제자 워프는 여기서 어떤 영감을 얻었다. 그들은 서로 다른 언어를 쓰는 아메리카 원주민들에게 무지개의 띠가 몇 개냐고 물었다. 대답은 제각각 달랐다. 사피어와 워프는 이 설문 결과에 기대어, 사람들은 자신의 언어에 얽매인 채 세계를 경험한다고 판단했다. 이 판단으로부터, "우리는 모국어가 그어놓은 선에 따라 자연세계를 분단한다."라는 유명한 발언이 나왔다. 이에 따르면 특정 현상과 관련한 단어가 많을수록 해당 언어권의 화자들은 그 현상에 대해 심도 있게 경험하는 것이다. 언어가 의식을, 사고와 세계관을 결정한다는 이 견해는 ㉠ <u>사피어-워프 가설</u>이라 불리며 언어학과 인지과학의 논란거리가 되어왔다.

< 보기 >

ㄱ. 눈[雪]을 가리키는 단어를 4개 지니고 있는 이누이트족이 1개 지니고 있는 영어 화자들보다 눈을 넓고 섬세하게 경험한다는 것은 ㉠을 강화한다.

ㄴ. 수를 세는 단어가 '하나', '둘', '많다' 3개뿐인 피라하족의 사람들이 세 개 이상의 대상을 모두 '많다'고 인식하는 것은 ㉠을 강화한다.

ㄷ. 색채 어휘가 적은 자연언어 화자들이 색채 어휘가 많은 자연언어 화자들에 비해 색채를 구별하는 능력이 뛰어나다는 것은 ㉠을 약화한다.

---

① ㄱ   ② ㄱ, ㄴ   ③ ㄴ, ㄷ   ④ ㄱ, ㄴ, ㄷ

발문: 특정 대상이나 논증을 평가하는 문제가 출제됩니다.

지문: 인문, 사회, 과학, 철학, 역사 등 다양한 소재의 논증이 제시됩니다.

보기: 논증의 결론이나 특정 개념의 방향성을 판단하게 하는 사례가 제시됩니다.

유형 공략 TIP!

지문에 제시된 주장의 방향성을 빠르게 파악하고, 이를 기준으로 <보기>의 방향성을 파악하면서 강화하거나 약화하는 진술인지 여부를 판단해야 합니다.

예시문제 2

· 유형: 논리 퀴즈

다음 진술이 모두 참일 때 반드시 참인 것은?

- 오 주무관이 회의에 참석하면, 박 주무관도 참석한다.
- 박 주무관이 회의에 참석하면, 홍 주무관도 참석한다.
- 홍 주무관이 회의에 참석하지 않으면, 공 주무관도 참석하지 않는다.

① 공 주무관이 회의에 참석하면, 박 주무관도 참석한다.

② 오 주무관이 회의에 참석하면, 홍 주무관은 참석하지 않는다.

③ 박 주무관이 회의에 참석하지 않으면, 공 주무관은 참석한다.

④ 홍 주무관이 회의에 참석하지 않으면, 오 주무관도 참석하지 않는다.

발문: 지문에 제시된 명제를 참이라고 가정하고, 이를 논리적으로 조합하여 참과 거짓인 진술을 판별하는 문제가 출제됩니다.

지문: 논리 기호화가 가능한 3~5개의 논리 명제들이 제시됩니다.

선택지: 지문에 제시된 명제들을 참이라고 가정하여 조합했을 때, 참인지 거짓인지 진위 여부를 알 수 있는지를 판단하도록 출제됩니다.

유형 공략 TIP!

주어진 조건에 따라 논리 이론과 규칙을 적용하여 논리 명제를 기호화하고, 제시된 명제의 참과 거짓 여부를 정확하게 판단하는 연습을 해야 합니다.

공무원 시험 전문 해커스공무원

gosi.Hackers.com

PART 1
논증

논증의 기초 개념 잡기

개념 잡기 1 논증이란?

1. 논증의 구조

우리가 일상생활에서 접하는 글은 크게 두 종류로 나눌 수 있다. 하나는 특정 개념이나 상황에 대해 설명하는 글이고, 다른 하나는 어떤 논점에 대해 주장이나 견해가 뚜렷하게 드러나는 글이다. 이중 후자의 글을 '논증'이라고 한다. 논증은 전제와 결론으로 구성되어 있는 글이다. '결론'은 논증의 주장을 의미하고, 주장의 이유를 논증의 '전제'라고 한다. 논증을 읽을 때는 글의 주장이 무엇인지 찾는 것뿐만 아니라 전제와 결론을 구분하여 논증의 구조를 파악하는 것 또한 중요하다.

예제 1

> 2007년부터 시작되어 역사상 유례없는 전 세계의 동시 불황을 촉발시킨 금융 위기로 신자유주의의 권위는 흔들리기 시작했고, 향후 하나의 사조로서 신자유주의는 더 이상 주류적 지위를 유지하지 못하고 퇴조해갈 것이 거의 확실하다. 그렇다면 우리나라는 신자유주의 이후의 모델을 어디서부터 모색할 것인가? 해답은 고전적 문헌 속이나 기상천외한 이론에 있지 않다. 경제는 오늘과 내일을 살아가는 수많은 사람들의 삶의 틀을 규정하는 문제이기 때문이다. 새로운 모색은 현재 벌어지고 있는 세계적 금융 위기의 현실과 경제 침체가 고용대란으로 이어질 가능성마저 보이고 있는 우리 경제의 현실에서 이루어져야 한다.

Q. 위 논증에 대하여 올바른 설명이면 O, 틀린 설명이면 X에 표시해 봅시다.

(1) 신자유주의는 더 이상 주류적 지위를 유지하지 못하고 퇴조해갈 것이 거의 확실하다는 것은 위 논증의 결론이다.

O | X

(2) 경제는 오늘과 내일을 살아가는 수많은 사람들의 삶의 틀을 규정하는 문제라는 사실은 위 논증의 전제이다.

O | X

(3) 신자유주의 이후 모델은 우리 경제 현실에서 모색해야 한다는 것은 위 논증의 결론이다.

O | X

정답   (1) ×, (2) ○, (3) ○

해설   (1) 신자유주의는 더 이상 주류적 지위를 유지하지 못하고 퇴조해갈 것이 거의 확실하다는 것은 위 논증의 전제이다.
　　　(2) 경제는 오늘과 내일을 살아가는 수많은 사람들의 삶의 틀을 규정하는 문제라는 사실은 논증의 결론을 지지하는 내용이므로 위 논증의 전제이다.
　　　(3) 신자유주의 이후 모델은 우리 경제 현실에서 모색해야 한다는 것은 논증의 문제 제기에 대한 답변이므로 위 논증의 결론이다.

2. 논증의 결론

논증에서 가장 중요한 부분은 그 논증에서 최종적으로 말하고자 하는 바이다. 이것이 바로 논증의 '결론'이다. 언어논리에서는 논증의 결론을 찾는 문제는 '논지'나 '주장'이 무엇인지를 묻는 발문으로 자주 출제된다. 논증의 논지나 주장을 찾기 위해서는 지문의 큰 흐름에 주목하고 지문에서 가장 중요한 문장에 주목해야 한다.

예제 2

어떤 시점에 당신만이 느끼는 어떤 감각을 지시하여 'W'라는 용어의 의미로 삼는다고 해보자. 그 이후에 가끔 그 감각을 느끼게 되면, "'W'라고 불리는 그 감각이 나타났다."고 당신은 말할 것이다. 그렇지만 그 경우에 당신이 그 용어를 올바로 사용했는지 그렇지 않은지를 어떻게 결정할 수 있는가? 만에 하나 첫 번째 감각을 잘못 기억할 수도 있는 것이고, 혹은 실제로는 단지 희미하고 어렴풋한 유사성 밖에 없는데도 첫 번째 감각과 두 번째 감각 사이에 밀접한 유사성이 있는 것으로 착각할 수도 있다. 더구나 그것이 착각인지 아닌지를 판단할 근거가 없다. 만약 'W'라는 용어의 의미가 당신만이 느끼는 그 감각에만 해당한다면, 'W'라는 용어의 올바른 사용과 잘못된 사용을 구분할 방법은 어디에도 없게 될 것이다. 올바른 적용에 관해 결정을 내릴 수 없는 용어는 아무런 의미도 갖지 않는다.

Q. 위 논증의 주장을 적어 봅시다.

위 논증의 주장은 _____ 이다.

정답   올바른 적용에 관해 결정을 내릴 수 없는 용어는 아무런 의미도 갖지 않는다.

해설   위 논증은 W라는 용어의 의미가 당신만이 느끼는 그 감각에만 해당한다면, 그 용어의 올바른 사용과 잘못된 사용을 구분할 방법은 없다는 점을 근거로, 올바른 적용에 관해 결정을 내릴 수 없는 용어는 아무런 의미도 갖지 않는다고 주장하고 있다.

3. 논증의 전제

논증의 결론을 타당하게 이끌어내기 위해서는 그러한 결론이 합당한 이유가 제시되어야 한다. 논증의 결론에 이유를 제시하는 문장인 '전제'가 없다면 논증은 구성될 수가 없다. 전제는 주장을 지지하고 주장을 도출해내는 역할을 한다. 기출에서는 지문에 논증을 제시하고 논증의 결론이 도출되기 위해 필요한 전제를 찾는 문제가 출제된다.

예제 3

> 복지사 A는 담당 지역에서 경제적 곤란을 겪고 있는 아동을 찾아 급식 지원을 하는 역할을 담당하고 있다. 갑순, 을순, 병순, 정순이 급식 지원을 받을 후보이다. 복지사 A는 이들 중 적어도 병순은 급식 지원을 받게 된다고 결론 내렸다. 왜냐하면 갑순과 정순 중 적어도 한 명은 급식 지원을 받는데, 갑순이 받지 않으면 병순이 받기 때문이었다.

Q. 위 논증에서 복지사 A의 결론을 이끌어내기 위해 추가해야 할 전제에 해당하는 것을 모두 골라 봅시다.

(1) 을순이 급식 지원을 받는다. ○ | ×

(2) 을순과 정순 둘 다 급식 지원을 받지 않으면, 병순이 급식 지원을 받는다. ○ | ×

(3) 을순이 급식 지원을 받으면, 갑순은 급식 지원을 받지 않는다. ○ | ×

정답 (1) ○, (2) ×, (3) ○

해설 (1) (3) 복지사 A의 결론은 병순이 급식 지원을 받는다는 것이다. (1)에서 을순이 급식 지원을 받고 (3)에서 을순이 급식 지원을 받으면 갑순은 급식 지원을 받지 않게 되므로, 갑순이 급식 지원을 받지 않게 된다. 논증에 따르면 갑순이 급식 지원을 받지 않으면 병순이 받으므로 결론적으로 병순이 급식 지원을 받을 수 있다.

(2) 을순과 정순 둘 다 급식 지원을 받지 않으면, 병순이 급식 지원을 받는다는 것은 복지사 A의 결론을 이끌어내는 데 필요한 내용이 아니다.

개념 잡기 2 논증의 종류

1. 연역 논증

'연역 논증'이란 논증의 전제가 '참(True)'일 때 논증의 결론이 반드시 참이 되는 논증이다. 즉, 논증의 전제가 결론을 강하게 뒷받침하고 있는 논증을 연역 논증이라 한다. 논증에서 전제가 참일 때 결론이 반드시 참이 되는 것을 '타당성'이라고 한다. 따라서 연역 논증은 타당한 논증이다.

예제 4

> **논증 ①** 우리 생존에 꼭 필요한 일이 아닌데도 생명체에게 고통을 가하는 것은 도덕적으로 잘못된 것이다. 우리가 갈비를 먹는 행위는 궁극적으로 동물의 생명을 빼앗는 일이고, 그 과정은 필연적으로 동물의 고통을 수반한다. 따라서 만약 갈비를 먹는 것이 우리 생존에 꼭 필요해서가 아니라 단지 맛있기 때문이라면, 갈비를 먹는 행위는 도덕적으로 잘못된 것이다.
>
> **논증 ②** 좋지 않은 자세로 오랜 시간 동안 독서를 하면 수정체가 근거리에 있는 활자에 초점을 맞추기 위해 강력하게 조절 작용을 하고 모양체근은 지속적으로 긴장한다. 따라서 딱딱한 학교 책상에서 공부해야 하는 많은 초 · 중등학교 학생은 모양체근의 긴장으로 인해 발생하는 일시적인 근시 현상인 가상 근시를 경험한다.

Q. 위 논증에 대하여 올바른 설명이면 O, 틀린 설명이면 X에 표시해 봅시다.

(1) 논증 ①은 전제가 참일 때 결론이 반드시 참이다.   O | X

(2) 논증 ②는 전제가 참일 때 결론이 반드시 참이다.   O | X

(3) 논증 ①과 논증 ②는 모두 연역 논증이다.   O | X

정답   (1) ○, (2) ×, (3) ×

해설   (1) 논증 ①의 경우, 우리 생존에 꼭 필요한 일이 아닌데도 생명체에게 고통을 가하는 것은 도덕적으로 잘못된 것이 참이고, 우리가 갈비를 먹는 행위는 궁극적으로 동물의 생명을 빼앗는 일이고 그 과정은 필연적으로 동물의 고통을 수반한다는 것도 참이라면, '만약 갈비를 먹는 것이 우리 생존에 꼭 필요해서가 아니라 단지 맛있기 때문이라면, 갈비를 먹는 행위는 도덕적으로 잘못된 것'이라는 결론이 참으로 도출된다.

(2) 논증 ②의 경우, 좋지 않은 자세로 오랜 시간 동안 독서를 하면 수정체가 근거리에 있는 활자에 초점을 맞추기 위해 강력하게 조절 작용을 하고 모양체근은 지속적으로 긴장한다는 것이 참이라고 해도, 딱딱한 학교 책상에서 공부해야 하는 많은 초 · 중등학교 학생은 모양체근의 긴장으로 인해 발생하는 일시적인 근시 현상인 가상 근시를 경험한다는 결론이 반드시 참으로 도출되지 않는다.

(3) 논증 ①은 전제가 참일 때 결론이 반드시 참이 되는 연역 논증이지만, 논증 ②는 그렇지 않다.

2. 귀납 논증

'귀납 논증'이란 논증의 전제가 '참(True)'일 때 논증의 결론이 반드시 참이 된다는 보장이 없는 논증이다. 즉, 논증의 전제가 참일 때 결론은 참이 될 수도 있고 거짓이 될 수도 있는 논증이다. 따라서 귀납 논증은 논증의 타당성을 만족하지 못하는 논증이고, 귀납 논증은 타당한 논증이 아니라 개연성이 있는 논증이다.

예제 5

> **논증 ①** 베트남전의 참전군인 김씨가 걸린 질병의 피해에 대해서 미국의 고엽제 제조회사는 김씨에게 손해배상을 해야 한다. 왜냐하면 고엽제 제조회사는 미국 내 고엽제 피해자들에게 손해배상을 했고, 베트남전에서 김씨가 작전수행을 하던 지역에는 다량의 고엽제가 살포되었기 때문이다.
>
> **논증 ②** 멘델은 완두콩의 대립형질교배 실험 결과 잡종 2세대에서 다음과 같은 결과를 얻었다. 첫 번째 실험에서 둥근 것(5,474개) 대 주름진 것(1,850개) = 2.96:1, 두 번째 실험에서는 초록색(428개) 대 노란색(152개) = 2.82:1이라는 결과를 얻었고, 그것으로부터 제2세대에서는 우성형질과 열성형질의 비율이 약 3:1이라는 결론을 얻었다.

Q. 위 논증에 대하여 올바른 설명이면 O, 틀린 설명이면 X에 표시해 봅시다.

(1) 논증 ①은 전제가 참일 때 결론이 반드시 참이라고 할 수 없다.　　　　　　　　　　　O | X

(2) 논증 ②는 전제가 참일 때 결론이 반드시 참이다.　　　　　　　　　　　　　　　　O | X

(3) 논증 ①과 논증 ②는 모두 귀납 논증이다.　　　　　　　　　　　　　　　　　　　O | X

정답　　(1) O, (2) ×, (3) O

해설　　(1) 논증 ①의 경우, 고엽제 제조회사는 미국 내 고엽제 피해자들에게 손해배상을 했고, 베트남전에서 김씨가 작전수행을 하던 지역에는 다량의 고엽제가 살포되었다는 것이 참이라고 해도, 베트남전의 참전군인 김씨가 걸린 질병의 피해에 대해서 미국의 고엽제 제조회사는 김씨에게 손해배상을 해야 한다는 결론이 참으로 도출되지 않는다.

　　　　(2) 논증 ②의 경우, 첫 번째 실험에서 둥근 것(5,474개) 대 주름진 것(1,850개) = 2.96:1, 두 번째 실험에서는 초록색(428개) 대 노란색(152개) = 2.82:1이라는 결과를 얻었다는 것이 참이라고 해도, 제2세대에서는 우성형질과 열성형질의 비율이 약 3:1이라는 결론이 반드시 참으로 도출되지 않는다.

　　　　(3) 논증 ①과 논증 ② 모두 전제가 참일 때 결론이 반드시 참이 된다고 볼 수 없는 귀납 논증이다.

개념 잡기 3 논증의 방향

1. 지지

A가 B를 지지한다는 것은 A가 B를 뒷받침한다는 의미이다. 예를 들어, A가 논증의 전제이고 B가 논증의 결론일 때, A가 B를 지지한다고 말할 수 있다. 즉, '지지'란 논증에서 전제와 결론의 관계에 해당한다. A가 B를 지지할 때 A와 B는 같은 방향성을 가진다.

예제 6

> A: 도덕성의 기초는 이성이지 동정심이 아니다. 동정심은 타인의 고통을 공유하려는 선한 마음이지만, 그것은 일관적이지 않으며 때로는 변덕스럽고 편협하다.
> B: 인간의 동정심은 신뢰할 만하지 않다. 예컨대, 같은 종류의 불행을 당했다고 해도 내 가족에 대해서는 동정심이 일어나지만 모르는 사람에 대해서는 동정심이 생기지 않기도 한다.

Q. 위 논증에 대하여 올바른 설명이면 O, 틀린 설명이면 X에 표시해 봅시다.

(1) 도덕성의 기초는 변덕스럽고 편협해서는 안 된다는 사실은 A의 주장을 지지한다.   O｜X

(2) 모르는 사람에게도 발생하는 동정심이 있다는 사실은 B의 주장을 지지한다.   O｜X

(3) B의 견해는 도덕성의 기초가 이성이지 동정심이 아니라는 A의 견해를 지지한다.   O｜X

정답   (1) ○, (2) ×, (3) ○

해설   (1) A는 동정심이 도덕성의 기초가 되지 않는다고 주장하고, 동정심이 변덕스럽고 편협하다고 보고 있다. 따라서 도덕성의 기초는 변덕스럽고 편협해서는 안 된다는 사실은 A의 주장을 지지한다.

      (2) B는 동일한 상황에서 내 가족에게는 일어나는 동정심이 모르는 사람에게는 생기지 않는다는 이유로 동정심을 신뢰할 만하지 않다고 보고 있다. 모르는 사람에게도 발생하는 동정심이 있다는 사실은 B의 주장을 지지하지 않는다.

      (3) B는 동정심이 신뢰할 만하지 않다고 주장하고 있으므로 동정심을 도덕성의 기초로 보고 있지 않은 A의 견해를 지지한다.

2. 반박

A가 B를 반박한다는 것은 A가 B를 공격한다는 의미이다. A가 B의 결론이나 그 결론을 지지하고 있는 전제를 공격하는 경우 A는 B를 반박하는 것이 된다. 즉, '반박'의 대상은 논증의 전제와 결론이다. A가 B를 반박할 때 A와 B는 반대 방향성을 가진다.

예제 7

> 갑: 어떠한 경우에도 자살은 옳지 않은 행위이다. 신의 뜻에 어긋날 뿐만 아니라 공동체에 해악을 끼치기 때문이다. 자살은 사회로부터 능력있는 사람들을 빼앗아가는 행위이다. 물론 그러한 행위는 공동체에 피해를 주는 것이다. 따라서 자살은 죄악이다.
>
> 을: 자살하는 사람은 사회에 해악을 끼치는 것이 아니다. 그는 단지 선을 행하는 것을 멈추는 것일 뿐이다. 사회에 선을 행해야 한다는 우리의 모든 의무는 상호성을 함축한다. 즉 나는 사회로부터 혜택을 얻으므로 사회의 이익을 증진시켜야 한다. 그러나 내가 만약 사회로부터 완전히 물러난다면 그러한 의무를 계속 짊어져야 하는 것은 아니다.

Q. 위 논증에 대하여 올바른 설명이면 O, 틀린 설명이면 X에 표시해 봅시다.

(1) 공동체에 해악을 끼치는 행위가 모두 죄악인 것은 아니라는 사실은 갑의 논증을 반박한다.　　　　　O | X

(2) 사회에 선을 행하는 것을 멈추는 것과 사회에 해악을 끼치는 것은 다른 개념이라는 사실은 을의 논증을 반박한다.　　　　　O | X

(3) 을의 주장은 자살은 옳지 않다는 갑의 주장을 반박한다.　　　　　O | X

정답　　(1) O, (2) ×, (3) O

해설　　(1) 갑은 자살이 공동체에 해악을 끼치기 때문에 죄악이라고 결론 내리고 있으므로 공동체에 해악을 끼치는 행위가 모두 죄악인 것은 아니라는 사실은 갑의 논증을 반박한다.

　　　　(2) 을은 자살이 사회에 선을 행하는 것을 멈추는 것일 뿐 사회에 해악을 끼치는 것은 아니라고 보고 있으므로 사회에 선을 행하는 것을 멈추는 것과 사회에 해악을 끼치는 것은 다른 개념이라는 사실은 을의 논증을 반박하지 않는다.

　　　　(3) 을은 자살이 사회에 해악을 끼치는 것은 아니라고 보고 있으므로 자살이 공동체에 해악을 끼치므로 죄악이라고 주장하는 갑의 주장을 반박한다.

3. 강화

A가 B를 강화한다는 것은 A가 B를 지지하여 B가 참이 될 확률을 높인다는 의미이다. A가 B의 결론이나 그 결론을 지지하고 있는 전제를 참으로 만들 수 있는 가능성을 높이는 진술일 경우 A는 B를 강화하는 것이 된다. 즉, '강화'하는 진술은 논증의 개연성을 높이는 진술이다. A가 B를 강화할 때 A와 B는 같은 방향성을 가진다.

예제 8

> 동정심과 도덕성의 관계에서 중요한 문제는 어떻게 동정심을 함양할 것인가의 문제이지, 그 자체로 도덕성의 기초가 될 수 있는지 없는지의 문제가 아니다. 동정심은 전적으로 신뢰할 만한 것은 아니며 때로는 왜곡될 수도 있다. 그렇다고 그 때문에 도덕성의 기반에서 동정심을 완전히 제거하는 것은 도덕의 풍부한 원천을 모두 내다 버리는 것과 같다. 오히려 동정심이나 공감의 능력은 성숙하게 함양해야 하는 도덕적 소질에 가까운 것이다.

Q. 윗글에 대하여 올바른 설명이면 O, 틀린 설명이면 X에 표시해 봅시다.

(1) 도덕성의 기초는 이성이 아니라 오히려 동정심이라는 사실은 윗글의 결론을 강화한다.   O | X

(2) 인간의 동정심은 신뢰할 만하지 않으므로 전적으로 부정되어야 한다는 사실은 윗글의 결론을 강화한다.   O | X

(3) 동정심이 도덕성의 기초가 될 수 없더라도 동정심을 함양하는 것은 도덕적으로 가치가 있다는 사실은 윗글의 결론을 강화한다.   O | X

정답   (1) ×, (2) ×, (3) ○

해설   (1) 윗글의 결론은 동정심과 도덕성의 관계에서 중요한 것은 동정심을 어떻게 함양할지의 문제라는 것이다. 따라서 도덕성의 기초는 이성이 아니라 오히려 동정심이라는 사실은 윗글의 결론을 강화하지 않는다.

      (2) 윗글은 도덕성의 기반에서 동정심을 완전히 제거하는 것을 부정하고 있으므로, 동정심은 신뢰할 만하지 않으므로 전적으로 부정되어야 한다는 사실은 윗글의 결론을 강화하지 않는다.

      (3) 동정심이 도덕성의 기초가 될 수 없더라도 동정심을 함양하는 것은 도덕적으로 가치가 있다는 사실은 윗글의 결론을 지지하는 내용이므로 윗글의 결론을 강화한다.

4. 약화

A가 B를 약화한다는 것은 A가 B를 공격하여 B가 참이 될 확률을 낮춘다는 의미이다. A가 B의 결론이나 그 결론을 지지하고 있는 전제를 거짓으로 만들 수 있는 가능성을 높이는 진술일 경우 A는 B를 약화하는 것이 된다. 즉, '약화'하는 진술은 논증의 개연성을 낮추는 진술이다. A가 B를 약화할 때 A와 B는 반대 방향성을 가진다.

예제 9

> 과학 연구 성과에 따라 공공 자원을 배분하면 한 분야의 주류 연구자들이 자원을 독점하게 될 가능성이 높다. 각 분야의 주류 견해를 형성하고 있는 연구자들에게만 자원이 편중되어 비주류 연구들이 고사된다면, 그 결과 해당 분야 전체의 발전은 저해될 것이다. 특정 분야 내에 상충되는 내용을 가진 연구들이 많을수록 그 분야의 발전 가능성도 커진다. 이는 한 연구의 문제점을 파악하는 것이 자체 시각만으로는 쉽지 않으며, 문제가 감지되더라도 다른 연구자의 관점이 개입되어야 그 문제의 성격이 명확히 파악될 수 있다는 것을 뜻한다.

Q. 윗글에 대하여 올바른 설명이면 O, 틀린 설명이면 X에 표시해 봅시다.

(1) 공공 자원을 연구 성과에 따라 배분하지 않으면 도덕적 해이가 발생할 가능성이 커진다는 사실은 윗글의 주장을 약화한다.   O | X

(2) 비주류 연구에서 우수한 연구 성과가 나오는 일은 상대적으로 드물거나 오랜 시간이 걸린다는 사실은 윗글의 주장을 약화한다.   O | X

(3) 성과만을 기준으로 연구자들을 차등 대우하면 해당 분야 전체의 발전이 저해된다는 사실은 윗글의 주장을 약화한다.   O | X

정답   (1) O, (2) X, (3) X

해설   (1) 공공 자원을 연구 성과에 따라 배분하지 않으면 도덕적 해이가 발생할 가능성이 커진다는 사실은 공공 자원을 연구 성과에 따라 배분하는 것을 부정적으로 보고 있는 글의 주장을 약화한다.

     (2) 비주류 연구에서 우수한 연구 성과가 나오는 일은 상대적으로 드물거나 오랜 시간이 걸린다는 사실은 글의 주장을 뒷받침하는 내용이 된다. 따라서 글의 주장을 약화하지 않는다.

     (3) 성과만을 기준으로 연구자들을 차등 대우하면 해당 분야 전체의 발전이 저해된다는 사실은 글의 주장을 뒷받침하는 내용이 된다. 따라서 글의 주장을 약화하지 않는다.

공무원 시험 전문 해커스공무원

gosi.Hackers.com

주장과 논지

📁 유형 정보 알아보기

유형 소개

주어진 지문의 논증에서 필자가 최종적으로 말하고자 하는 가장 중요한 주장이나 논지, 결론을 찾는 유형이다.

발문 형태

- 다음 글의 핵심 주장으로 가장 적절한 것은?
- 다음 글의 논지로 가장 적절한 것은?
- 다음 글의 결론으로 가장 적절한 것은?
- 다음 글의 핵심 주제로 가장 적절한 것은?

접근 방법

지문에는 주장이나 논조가 있는 글이 자주 출제된다. 이러한 지문을 읽을 때 가장 중요한 것은 지문 전체에서 최종적으로 주장하고 있는 바, 즉 논지를 찾아내는 것이다. 논지는 하나의 문장으로 제시될 수도 있고, 핵심 키워드가 반복되는 방식으로 제시될 수도 있다. 글의 논지가 하나의 문장으로 제시되는 경우, 그 문장은 지문 전체의 내용을 정리하고 있는 문장일 가능성이 높다. 따라서 논지를 찾아야 하는 문제에서는 지엽적인 정보에 집중하기보다는 앞의 문장들을 정리하고 있는 문장에 주의를 기울일 필요가 있다.

STEP 1   단락별로 가장 중요한 하나의 문장을 찾는다.

- 각 단락의 내용을 요약하듯이 빠르게 읽는다.
- 지문을 읽으면서 각 단락의 내용을 정리하고 있는 문장에 체크한다.

STEP 2   체크한 문장 중 가장 중요한 문장을 고르고, 선택지 중 내가 찾은 문장과 가장 비슷한 내용을 담고 있는 것을 찾는다.

- 각 단락의 중요 문장 중 가장 중요하거나 포괄적인 내용을 담고 있는 문장을 선택한다.
- 선택지를 빠르게 훑으면서 지문에서 체크한 문장과 가장 비슷한 문장을 추린다.

 점수 잡는 실전 TIP!

논지를 찾기 위해서는 지문의 첫 단락과 마지막 단락에 주목하자!

대부분 완결된 글은 두괄식으로 첫 부분에 논지를 제시하고 들어가거나, 미괄식으로 마지막 부분에 논지를 제시할 확률이 높다. 그리고 지문의 마지막 단락에 논지가 제시되더라도 첫 단락은 문제를 제기하는 부분이 포함되어 있을 수 있기 때문에 중요하다. 따라서 논지를 찾는 것은 문제 제기에 대한 답을 찾는 과정이다.

문제풀이 전략 **연습하기**

다음 글의 논지로 가장 적절한 것은?

최근에 사이버공동체를 중심으로 한 시민의 자발적 정치 참여 현상이 많은 관심을 끌고 있다. 이러한 현상과 관련하여 A의 연구가 새삼 주목 받고 있다. A의 연구에 따르면 공동체의 구성원이 됨으로써 얻게 되는 '사회적 자본'이 시민사회의 성숙과 민주주의 발전을 가져오는 원동력이다. A의 이론에서는 공동체에 대한 자발적 참여를 통해 사회 구성원 간의 상호 의무감과 신뢰, 구성원들이 공유하는 규칙과 관행, 사회적 유대 관계와 같은 사회적 자본이 늘어나면, 사회 구성원 간의 협조적인 행위가 가능하게 된다고 보았다. 더 나아가 A는 자원봉사자와 같이 공동체 참여도가 높은 사람이 투표할 가능성이 높고 정부 정책에 대한 의견 개진도 활발해지는 등 정치 참여도가 높아진다고 주장하였다.

몇몇 학자들은 A의 이론을 적용하여 면대면 접촉에 따른 인간관계의 산물인 사회적 자본이 사이버공동체에서도 충분히 형성될 수 있다고 보았다. 그리고 사이버공동체에서 사회적 자본의 증가는 곧 정치 참여도 활성화시킬 것으로 기대했다. 하지만 이러한 기대와는 달리 정치 참여가 활성화되지 않았다. 요즘 젊은이들을 보면 각종 사이버공동체에 자발적으로 참여하는 수준은 높지만 투표나 다른 정치 활동에는 무관심하거나 심지어 정치를 혐오하기도 한다. 이런 측면에서 A의 주장은 사이버공동체가 활성화된 오늘날에는 잘 맞지 않는다.

이러한 이유 때문에 오늘날 사이버공동체를 중심으로 한 정치 참여를 더 잘 이해하기 위해서 '정치적 자본' 개념의 도입이 필요하다. 정치적 자본은 사회적 자본의 구성 요소와는 달리 정치 정보의 습득과 이용, 정치적 토론과 대화, 정치적 효능감 등으로 구성된다. 정치적 자본은 사회적 자본과 마찬가지로 공동체 참여를 통해서 획득되지만, 정치 과정에의 관여를 촉진한다는 점에서 사회적 자본과는 구분될 필요가 있다. 사회적 자본만으로 정치 참여를 기대하기 어렵고, 사회적 자본과 정치 참여 사이를 정치적 자본이 매개할 때 비로소 정치 참여가 활성화된다.

① 사이버공동체를 통해 축적된 사회적 자본에 정치적 자본이 더해질 때 정치 참여가 활성화된다.
② 사회적 자본은 정치적 자본을 포함하기 때문에 그 자체로 정치 참여의 활성화를 가져온다.
③ 사회적 자본이 많은 사회는 정치 참여가 활발하기 때문에 민주주의가 실현된다.
④ 사이버공동체의 특수성으로 인해 시민들의 정치 참여가 어렵게 되었다.

<table>
<tr><td>STEP 1</td><td>단락별로 가장 중요한 하나의 문장을 찾는다.</td></tr>
</table>

Q. 지문의 논지를 한 문장으로 적어봅시다.

논지

<table>
<tr><td>STEP 2</td><td>체크한 문장 중 가장 중요한 문장을 고르고, 선택지 중 내가 찾은 문장과 가장 비슷한 내용을 담고 있는 것을 찾는다.</td></tr>
</table>

Q. 다음 문장 중에서 내가 찾은 논지와 가장 유사한 문장을 찾아봅시다.

문장	유사 여부
사이버공동체를 통해 축적된 사회적 자본에 정치적 자본이 더해질 때 정치 참여가 활성화된다.	
사회적 자본은 정치적 자본을 포함하기 때문에 그 자체로 정치 참여의 활성화를 가져온다.	
사회적 자본이 많은 사회는 정치 참여가 활발하기 때문에 민주주의가 실현된다.	
사이버공동체의 특수성으로 인해 시민들의 정치 참여가 어렵게 되었다.	

다음 글의 논지로 가장 적절한 것은?

최근에 사이버공동체를 중심으로 한 시민의 자발적 정치 참여 현상이 많은 관심을 끌고 있다. 이러한 현상과 관련하여 A의 연구가 새삼 주목 받고 있다. A의 연구에 따르면 공동체의 구성원이 됨으로써 얻게 되는 '사회적 자본'이 시민사회의 성숙과 민주주의 발전을 가져오는 원동력이다. A의 이론에서는 공동체에 대한 자발적 참여를 통해 사회 구성원 간의 상호 의무감과 신뢰, 구성원들이 공유하는 규칙과 관행, 사회적 유대 관계와 같은 사회적 자본이 늘어나면, 사회 구성원 간의 협조적인 행위가 가능하게 된다고 보았다. 더 나아가 A는 자원봉사자와 같이 공동체 참여도가 높은 사람이 투표할 가능성이 높고 정부 정책에 대한 의견 개진도 활발해지는 등 정치 참여도가 높아진다고 주장하였다.

> A의 연구 결과

몇몇 학자들은 A의 이론을 적용하여 면대면 접촉에 따른 인간관계의 산물인 사회적 자본이 사이버공동체에서도 충분히 형성될 수 있다고 보았다. 그리고 사이버공동체에서 사회적 자본의 증가는 곧 정치 참여도 활성화시킬 것으로 기대했다. 하지만 이러한 기대와는 달리 정치 참여가 활성화되지 않았다. 요즘 젊은이들을 보면 각종 사이버공동체에 자발적으로 참여하는 수준은 높지만 투표나 다른 정치 활동에는 무관심하거나 심지어 정치를 혐오하기도 한다. 이런 측면에서 A의 주장은 사이버공동체가 활성화된 오늘날에는 잘 맞지 않는다.

> A의 주장에 대한 반박

(이러한 이유 때문에) 오늘날 사이버공동체를 중심으로 한 정치 참여를 더 잘 이해하기 위해서 '정치적 자본' 개념의 도입이 필요하다. 정치적 자본은 사회적 자본의 구성 요소와는 달리 정치 정보의 습득과 이용, 정치적 토론과 대화, 정치적 효능감 등으로 구성된다. 정치적 자본은 사회적 자본과 마찬가지로 공동체 참여를 통해서 획득되지만, 정치 과정에의 관여를 촉진한다는 점에서 사회적 자본과는 구분될 필요가 있다. 사회적 자본만으로 정치 참여를 기대하기 어렵고, 사회적 자본과 정치 참여 사이를 정치적 자본이 매개할 때 비로소 정치 참여가 활성화된다.

> 글의 최종적인 논지

☑ 사이버공동체를 통해 축적된 사회적 자본에 정치적 자본이 더해질 때 정치 참여가 활성화된다.
② 사회적 자본은 정치적 자본을 포함하기 때문에 그 자체로 정치 참여의 활성화를 가져온다.
③ 사회적 자본이 많은 사회는 정치 참여가 활발하기 때문에 민주주의가 실현된다.
④ 사이버공동체의 특수성으로 인해 시민들의 정치 참여가 어렵게 되었다.

해설 ① 지문의 논지는 지문의 마지막 문장인 '사회적 자본만으로 정치 참여를 기대하기 어렵고, 사회적 자본과 정치 참여 사이를 정치적 자본이 매개할 때 비로소 정치 참여가 활성화된다.'는 부분에서 잘 나타난다. 따라서 '사이버공동체를 통해 축적된 사회적 자본에 정치적 자본이 더해질 때 정치 참여가 활성화된다.'는 것이 글의 논지로 가장 적절하다.

STEP 1 정답

논지

사회적 자본만으로 정치 참여를 기대하기 어렵고, 사회적 자본과 정치 참여 사이를 정치적 자본이 매개할 때 비로소 정치 참여가 활성화된다.

STEP 2 정답

문장	유사 여부
사이버공동체를 통해 축적된 사회적 자본에 정치적 자본이 더해질 때 정치 참여가 활성화된다.	O
사회적 자본은 정치적 자본을 포함하기 때문에 그 자체로 정치 참여의 활성화를 가져온다.	X
사회적 자본이 많은 사회는 정치 참여가 활발하기 때문에 민주주의가 실현된다.	X
사이버공동체의 특수성으로 인해 시민들의 정치 참여가 어렵게 되었다.	X

01 다음 글의 결론으로 가장 적절한 것은?

2014년 민간경력자 채용 5번

이론 P에 따르면 복지란 다른 시민의 기본권을 침해하지 않는 한, 각 시민이 갖고 있는 현재의 선호들만 만족시키는 것이다. 현재 선호만을 만족시켜야 한다고 주장하는 근거는 크게 두 가지이다. 첫째, 지금은 사라진 그 어떤 과거 선호들보다 현재의 선호가 더 강렬하다는 것이다. 둘째, 어떤 사람이 지금 선호하지 않는 것을 그에게 지금 제공하는 것은 그에게 만족의 기쁨을 주지 못한다는 사실이다. 만일 이 근거들이 약점을 갖고 있다면 우리는 이론 P를 받아들일 이유가 없다.

첫째 근거에 대해 이런 반론을 제기할 수 있다. 현재 선호와 과거 선호의 강렬함을 현재 시점에서 비교하는 것은 공정하지 않다. 시간에서 벗어나 둘을 비교한다면 현재의 선호보다 더 강렬했던 과거 선호가 있을 수 있다. 예컨대 10년 전 김 씨가 자신의 고향인 개성에 방문하기를 바랐던 것이 일생에서 가장 강렬한 선호였을 수 있다. 둘째 근거에 대해서는 이런 반론을 제기할 수 있다. 선호하는 시점과 만족하는 시점은 대부분의 경우 시간차가 존재한다. 만일 사람들의 선호가 자주 바뀐다면 그들의 현재 선호가 그것이 만족되는 시점까지 지속하리라는 보장이 없다. 이것이 사실이라면 정부가 시민의 현재 선호를 만족시키려고 노력하는 것은 낭비를 낳는다. 이처럼 현재 선호만을 만족시켜야 한다는 주장을 뒷받침하는 근거들은 허점이 많다.

① 사람들의 선호는 시간이 지남에 따라 변하기 때문에 그의 현재 선호도 만족시킬 수 없다.
② 복지를 시민의 현재 선호를 만족시키는 것으로 보는 이론은 받아들이기 어렵다.
③ 어느 선호가 더 강렬한 선호인지를 결정하는 것은 중요하지 않다.
④ 복지 문제에서 과거 선호를 만족시키는 것도 중요하다.

인종차별주의는 사람을 인종에 따라 구분하고 이에 근거해 한 인종 집단의 이익이 다른 인종 집단의 이익보다 더 중요하다고 본다. 그 결과로 한 인종 집단의 구성원은 다른 인종 집단의 구성원보다 더 나은 대우를 받게 된다. 특정 종교에 대한 편견이나 민족주의도 이와 다르지 않다. 그러나 여기에는 심각한 문제가 있다. 왜냐하면 특정 집단들 사이의 차별 대우가 정당화되기 위해서는 그 집단들 사이에 합당한 차이가 있어야 하는데 그렇지 않기 때문이다. 인종차별주의, 종교적 편견, 민족주의에서는 합당한 차이를 찾을 수 없다. 물론 차별 대우가 정당화되는 경우는 있다. 예를 들어 국가에서 객관적인 평가를 통해 대학마다 차별적인 지원을 하기로 결정했다고 가정해보자. 이 결정은 대학들 사이의 합당한 차이를 통해 정당화될 수 있다. 만약 어떤 대학이 국가에서 제시한 평가 기준에 부합하는 조건을 갖추고 있고 다른 대학은 그렇지 못하다면, 이에 근거해 국가의 차별적 지원은 정당화될 수 있다. 그렇지만 인종차별주의, 종교적 편견, 민족주의에 따른 차별 대우는 이렇게 정당화될 수 없다. 합당한 차이를 찾을 수 없기 때문이다.

① 특정 집단이 다른 집단보다 더 큰 이익을 획득해서는 안 된다.
② 특정 집단 내에서 구성원들 사이의 차별 대우는 정당화될 수 없다.
③ 특정 집단에 속한 구성원들은 다른 집단 구성원들의 이익을 고려해야 한다.
④ 특정 집단들 사이의 차별 대우가 정당화되기 위해서는 합당한 차이가 있어야 한다.

사람들은 보통 질병이라고 하면 병균이나 바이러스를 떠올리고, 병에 걸리는 것은 개인적 요인 때문이라고 생각하곤 한다. 어떤 사람이 바이러스에 노출되었다면 그 사람이 평소에 위생 관리를 철저히 하지 않았기 때문이라고 여기는 것이다. 이는 발병 책임을 전적으로 질병에 걸린 사람에게 묻는 생각이다. 꾸준히 건강을 관리하지 않은 사람이나 비만, 허약 체질인 사람이 더 쉽게 병균에 노출된다고 생각하는 경향도 강하다. 그러나 발병한 사람들 전체를 고려하면, 성별, 계층, 직업 등의 사회적 요인에 따라 건강 상태나 질병 종류 및 그 심각성 등이 다르게 나타난다. 따라서 어떤 질병의 성격을 파악할 때 질병의 발생이 개인적 요인뿐만 아니라 계층이나 직업 등의 요인과도 관련될 수 있음을 고려해야 한다.

질병에 대처할 때도 사회적 요인을 고려해야 한다. 물론 어떤 사람들에게는 질병으로 인한 고통과 치료에 대한 부담이 가장 심각한 문제일 수 있다. 그러나 또 다른 사람들에게는 질병에 대한 사회적 편견과 낙인이 오히려 더 심각한 문제일 수 있다. 그들에게는 그러한 편견과 낙인이 더 큰 고통을 안겨 주기 때문이다. 질병이 나타나는 몸은 개인적 영역이면서 동시에 가족이나 직장과도 연결된 사회적인 것이다. 질병의 치료 역시 개인의 문제만으로 그치지 않고 가족과 사회의 문제로 확대되곤 한다. 나의 질병은 내 삶의 위기이자 가족의 근심거리가 되며 나아가 회사와 지역사회에도 긴장을 조성하기 때문이다. 요컨대 질병의 치료가 개인적 영역을 넘어서서 사회적 영역과 관련될 수밖에 없다는 것은 질병의 대처 과정에서 사회적 요인을 반드시 고려해야 한다는 점을 잘 보여준다.

① 병균이나 바이러스로 인한 신체적 이상 증상은 가정이나 지역사회에 위기를 야기할 수 있기에 중요한 사회적 문제이다.

② 한 사람의 몸은 개인적 영역인 동시에 사회적 영역이기에 발병의 책임을 질병에 걸린 사람에게만 묻는 것은 옳지 않다.

③ 질병으로 인한 신체적 고통보다 질병에 대한 사회적 편견으로 인한 고통이 더 크므로 이에 대한 사회적 대책이 필요하다.

④ 질병의 성격을 파악하고 질병에 대처하기 위해서는 사회적인 측면을 고려해야 한다.

공무원 시험 전문 해커스공무원

gosi.Hackers.com

 유형 정보 알아보기

유형 소개

주어진 전제만으로는 결론이 타당하게 도출되지 않는 논증을 제시하고, 그 논증의 결론을 타당하게 만들기 위해 추가적으로 필요한 전제를 찾는 유형이다.

발문 형태

o 다음 밑줄 친 결론을 이끌어내기 위해 추가해야 할 전제는?
o 다음 논증이 타당하기 위해서 괄호 안에 들어갈 진술로 가장 적절한 것은?

접근 방법

논증은 전제와 결론이 유기적으로 연결된 형태로 제시된다. 전제들은 결론을 뒷받침해주기 때문에 전제에서 부족한 부분이 있으면 논증의 결론은 도출될 수가 없다. 추가해야 할 전제를 찾는 문제는 이 부분에 초점이 있다. 이 문제의 지문에 제시된 논증은 결론을 도출하는 데 필요한 전제가 부족한 상태로 제시된다. 그 부족한 전제를 찾아 추가로 보충하기 위해서는 논증에 제시된 나머지 전제와 결론으로 연결되는 구조를 파악하고, 전제에서 결론으로 이어지는 데 빠져있는 연결고리가 무엇인지 판단해주어야 한다.

정답을 빠르게 찾는 **문제풀이 전략**

STEP 1 발문이나 문제 형태를 통해 전제를 찾는 문제인지 확인하고, 지문의 논증에서 결론과 전제를 찾는다.

- 발문에 '결론을 타당하게 만들기 위해 추가해야 할 전제'와 같은 표현이 보이면 추가해야 할 전제를 찾는 문제이다.
- 빈칸을 추론하는 문제에서 빈칸의 위치가 논증의 전제 자리이면, 단순 문맥 문제가 아니라 추가해야 할 전제를 찾는 문제이다.
- 추가해야 할 전제를 찾는 문제는 논증에 결론과 나머지 전제가 제시되어 있으므로 이를 파악한다.

STEP 2 전제로부터 결론으로 가는 데 부족한 부분을 파악한다.

- 전제들을 연결하여 결론을 도출하는 데 빠진 연결고리를 찾아주면 그것이 추가해야 할 전제가 된다.

 점수 잡는 실전 TIP!

추가해야 할 전제를 찾기 위해서는 논증의 구조에 주목해야 한다!

추가해야 할 전제를 찾는 문제는 전제와 결론으로 이어지는 논증의 구조를 잘 잡아야 한다. 전제에서 결론이 도출되는 데 끊어져 있는 연결고리를 찾아 그 부분을 연결해 주면, 이것이 추가해야 할 전제가 된다.

다음 밑줄 친 결론을 이끌어내기 위해 추가해야 할 전제는?

> 만약 국제적으로 테러가 증가한다면, A국의 국방비 지출은 늘어날 것이다. 그런데 A국 앞에 놓인 선택은 국방비 지출을 늘리지 않거나 증세 정책을 실행하는 것이다. 그러나 A국이 증세 정책을 실행한다면, 세계 경제는 반드시 침체한다. 그러므로 세계 경제는 결국 침체하고 말 것이다.

① 국제적으로 테러가 증가한다.

② A국이 감세 정책을 실행한다.

③ A국의 국방비 지출이 늘어나지 않는다.

④ 만약 A국이 증세 정책을 실행한다면, A국의 국방비 지출은 늘어날 것이다.

Q. 지문에 나타난 논증의 전제와 결론을 적어봅시다.

전제

결론

| STEP 2 | 전제로부터 결론으로 가는 데 부족한 부분을 파악한다. |

Q. 아래 표에 제시된 문장이 밑줄 친 결론을 이끌어내는 데 필요한지 여부를 ○, ×로 표시해 봅시다.

문장	필요 여부
국제적으로 테러가 증가한다.	
A국이 감세 정책을 실행한다.	
A국의 국방비 지출이 늘어나지 않는다.	
만약 A국이 증세 정책을 실행한다면, A국의 국방비 지출은 늘어날 것이다.	

다음 밑줄 친 결론을 이끌어내기 위해 추가해야 할 전제는?

> 만약 국제적으로 테러가 증가한다면, A국의 국방비 지출은 늘어날 것이다. 그런데 A국 앞에 놓인 선택은 국방
> 전제 1
> 비 지출을 늘리지 않거나 증세 정책을 실행하는 것이다. 그러나 A국이 증세 정책을 실행한다면, 세계 경제는 반
> 전제 2
> 전제 3
> 드시 침체한다. 그러므로 세계 경제는 결국 침체하고 말 것이다.
> 결론

☑ 국제적으로 테러가 증가한다.

② A국이 감세 정책을 실행한다.

③ A국의 국방비 지출이 늘어나지 않는다.

④ 만약 A국이 증세 정책을 실행한다면, A국의 국방비 지출은 늘어날 것이다.

해설　지문의 논증을 정리하면 다음과 같다.
- 전제 1: 테러 증가 → 국방비 지출 늘어남
- 전제 2: 국방비 지출 늘리지 않음 or 증세 정책 실행
- 전제 3: 증세 정책 실행 → 세계 경제 침체
- 결　론: 세계 경제 침체

① 전제 3에 따르면, '세계 경제 침체'라는 결론이 도출되기 위해서는 '증세 정책 실행'이 필요하다. '증세 정책 실행'이 만족
되려면 전제 2에 의해 '국방비 지출 늘어남'이 만족되어야 하고, '국방비 지출 늘어남'이 만족되기 위해서는 전제 1에 의할
때 '테러 증가'가 만족되어야 한다. 따라서 추가해야할 전제는 '테러 증가', 즉 '국제적으로 테러가 증가한다.'는 것이다.

STEP 1 정답

전제

- · 전제 1: 만약 국제적으로 테러가 증가한다면, A국의 국방비 지출은 늘어날 것이다.
- · 전제 2: A국 앞에 놓인 선택은 국방비 지출을 늘리지 않거나 증세 정책을 실행하는 것이다.
- · 전제 3: A국이 증세 정책을 실행한다면, 세계 경제는 반드시 침체한다.

결론

세계 경제는 결국 침체하고 말 것이다.

STEP 2 정답

문장	필요 여부
국제적으로 테러가 증가한다.	○
A국이 감세 정책을 실행한다.	X
A국의 국방비 지출이 늘어나지 않는다.	X
만약 A국이 증세 정책을 실행한다면, A국의 국방비 지출은 늘어날 것이다.	X

01 **다음 글의 밑줄 친 결론을 이끌어내기 위해 추가해야 할 것은?** 9급 출제기조 변화 예시문제 20번

> 문학을 좋아하는 사람은 모두 자연의 아름다움을 좋아하는 사람이다. 자연의 아름다움을 좋아하는 어떤 사람은 예술을 좋아하는 사람이다. 따라서 <u>예술을 좋아하는 어떤 사람은 문학을 좋아하는 사람이다.</u>

① 자연의 아름다움을 좋아하는 사람은 모두 문학을 좋아하는 사람이다.

② 문학을 좋아하는 어떤 사람은 자연의 아름다움을 좋아하는 사람이다.

③ 예술을 좋아하는 어떤 사람은 자연의 아름다움을 좋아하는 사람이다.

④ 예술을 좋아하지만 문학을 좋아하지 않는 사람은 모두 자연의 아름다움을 좋아하는 사람이다.

02 **다음 논증이 타당하기 위해서 괄호 안에 들어갈 진술로 가장 적절한 것은?** 2012년 민간경력자 채용 23번

> 실천적 지혜가 있는 사람은 덕이 있는 성품을 가진 사람이다. 그런데 덕을 아는 것만으로 실천적 지혜가 있는 사람이 될 수는 없다. 실천적 지혜가 있는 사람은 덕을 알 뿐만 아니라 그것을 실행에 옮기는 사람이다. 그리고 그런 사람이 실천적 지혜가 있다고 할 수 있다. 그런데 (   ) 따라서 실천적 지혜가 있는 사람은 자제력도 있다.

① 자제력이 없는 사람은 성품이 나약한 사람이다.

② 덕이 있는 성품을 가진 사람도 자제력이 없을 수 있다.

③ 덕이 있는 성품을 가진 사람은 실천적 지혜가 있는 사람이다.

④ 자제력이 없는 사람은 아는 덕을 실행에 옮기는 사람이 아니다.

A국은 현실적으로 실행 가능한 대안만을 채택하는 합리적인 국가이다. A국의 외교는 B원칙의 실현을 목표로 하고 있으며 앞으로도 이 목표는 변하지 않는다. 그러나 문제는 B원칙을 실현하는 방안이다. B원칙을 실현하기 위해서는 적어도 하나의 전략이 실행되어야 한다. 최근 외교전문가들 간에 뜨거운 토론의 대상이 되었던 C전략은 B원칙을 실현하기에 충분한 방안으로 평가된다. 그러나 C전략의 실행을 위해서는 과다한 비용이 소요되기 때문에, A국이 C전략을 실행하는 것은 현실적으로 불가능하다. 한편 일부 전문가가 제시했던 D전략은 그 자체로는 B원칙을 실현하기에 충분하지 않다. 하지만 금년부터 A국 외교정책의 기조로서 일관성 있게 실행될 E정책과 더불어 D전략이 실행될 경우, B원칙은 실현될 것이다. 뿐만 아니라 E정책 하에서 D전략의 실행 가능성도 충분하다. 그러므로 <u>A국의 외교정책에서 D전략이 채택될 것은 확실하다.</u>

① D전략은 C전략과 목표가 같다.

② A국의 외교정책 상 C전략은 B원칙에 부합한다.

③ C전략과 D전략 이외에 B원칙을 실현할 다른 전략은 없다.

④ B원칙의 실현을 위해 C전략과 D전략은 함께 실행될 수 없다.

견해 분석

유형 정보 알아보기

유형 소개

두 명 이상의 견해가 제시된 지문에서 각각의 견해를 비교하고 분석하여 공통점과 차이점을 판단하는 문제 유형이다.

발문 형태

○ 다음 (가)~(다)의 주장 간의 관계를 바르게 파악한 것을 <보기>에서 모두 고르면?
○ 다음 논쟁에 대한 분석으로 적절한 것을 <보기>에서 모두 고르면?
○ 다음 주장에 대한 분석으로 적절한 것을 <보기>에서 모두 고르면?
○ 다음 견해들 간의 관계에 대한 진술로 가장 적절한 것은?

접근 방법

지문에는 하나의 지문에 필자 한 명이 아니라, 여러 명의 견해가 동시에 제시되는 경우가 많다. 이러한 경우 어떤 한 사람의 견해가 아니라 제시된 모든 사람의 견해가 동일한 중요도로 다뤄진다. 따라서 지문을 읽을 때도 지문 전체에서 가장 중요한 한 문장이 아니라 지문에서 제시된 각각의 견해를 모두 찾아주어야 한다. 결국 견해를 제시하고 있는 사람의 수에 따라 지문에서 주목해야 하는 중요 문장의 수도 달라진다고 볼 수 있다.

정답을 빠르게 찾는 **문제풀이 전략**

STEP 1   제시된 등장인물 각자의 주장을 찾는다.

- 선택지나 지문 형태를 통해 등장인물을 확인한다.
- 각 등장인물이 말하고 있는 내용 중 최종적인 주장을 찾는다.

STEP 2   선택지의 내용에 따라 각 주장 간의 관계를 파악한다.

- 각 등장인물이 같은 주장을 하고 있는지, 다른 주장을 하고 있는지 구분한다.
- 선택지에서 두 주장의 '양립 가능성'을 묻는다면, 동시에 참이 될 수 있는 주장인지를 판단한다.
- 선택지에서 두 주장이 '모순관계'인지를 묻는다면, 동시에 참이 될 수 없는 주장인지를 판단한다.

 점수 잡는 실전 TIP!

견해는 각 단락별로 논지를 찾는 방법으로 접근한다!

지문에 여러 명의 견해가 제시되는 경우에는 각각의 견해에 모두 주목해야 한다. 예컨대 '갑:을:병' 구조의 지문은 갑, 을, 병, 세 명의 견해에 각각 다른 측면이 있음을 의미한다. 따라서 지문을 읽을 때 각 단락별로 논지를 찾는 방식으로 접근하는 것이 좋다.

갑~병의 논증에 대한 분석으로 적절한 것만을 <보기>에서 모두 고르면?

> 갑: 절대적으로 확실한 지식은 존재하지 않는다. 왜냐하면 그런 지식으로 인도해 줄 방법은 없기 때문이다. 첫째, 사람의 감각은 믿을 수가 없으며, 실제 외부세계의 본질에 대해서 아무것도 말해 주지 않는다. 둘째, 확실한 것으로 받아들여지는 논리적 방법도, 주어진 사실에 바탕을 두고 그것을 전제로 해서 새로운 사실을 결론짓는 것이므로, 결국 불확실한 것에 바탕을 두었을 따름이다.
>
> 을: 정상적인 감각기관을 통하여 얻어낸 감각 경험은 믿을만하고, 우리는 이 감각 경험에 기초한 판단이 참인지 아닌지를 가릴 수 있다. 그러므로 감각 경험을 통해서 우리는 절대적으로 확실한 지식을 얻게 된다.
>
> 병: 나는 인간의 경험에 의존한 방법이나 이성적 추론을 통한 방법은 의심이 가능하며 믿을 수 없다고 생각했었다. 하지만 이런 의심을 거듭한 결과 나는 놀라운 결론에 이르렀다. 그것은 모든 것을 의심한다고 하더라도 의심할 수 없는 것이 있다는 사실이다. 그것은 바로 의심하는 내가 있다는 것이다. 결국 나는 거듭 의심하는 방법을 사용하여 절대적으로 확실한 지식을 발견하였다.

───── <보기> ─────

ㄱ. 갑의 결론은 을의 결론과 양립 불가능하다.
ㄴ. 갑의 결론은 병의 결론과 양립 불가능하다.
ㄷ. 을과 병은 모두 절대적으로 확실한 지식이 있다고 주장한다.

① ㄱ
② ㄴ
③ ㄴ, ㄷ
④ ㄱ, ㄴ, ㄷ

STEP 1	제시된 등장인물 각자의 주장을 찾는다.

Q. 지문의 갑, 을, 병의 견해를 한 문장으로 적어봅시다.

갑의 견해

을의 견해

병의 견해

STEP 2	선택지의 내용에 따라 각 주장 간의 관계를 파악한다.

Q. 지문을 읽고 쟁점에 대한 답변을 작성한 후, 제시된 문장의 정오를 ○, ×로 표시해 봅시다.

절대적으로 확실한 지식은 존재하는가?		
↓	↓	↓
갑의 답변	을의 답변	병의 답변

ㄱ. 갑의 결론은 을의 결론과 양립 불가능하다. (   )

ㄴ. 갑의 결론은 병의 결론과 양립 불가능하다. (   )

ㄷ. 을과 병은 모두 절대적으로 확실한 지식이 있다고 주장한다. (   )

갑~병의 논증에 대한 분석으로 적절한 것만을 <보기>에서 모두 고르면?

> 갑: 절대적으로 확실한 지식은 존재하지 않는다. 왜냐하면 그런 지식으로 인도해 줄 방법은 없기 때문이다. 첫째,
> <u>사람의 감각은 믿을 수가 없으며, 실제 외부세계의 본질에 대해서 아무것도 말해 주지 않는다. 둘째, 확실한</u>
> (갑의 견해)
> 것으로 받아들여지는 논리적 방법도, 주어진 사실에 바탕을 두고 그것을 전제로 해서 새로운 사실을 결론짓
> 는 것이므로, 결국 불확실한 것에 바탕을 두었을 따름이다.
>
> 을: 정상적인 감각기관을 통하여 얻어낸 감각 경험은 믿을만하고, 우리는 이 감각 경험에 기초한 판단이 참인지
> 아닌지를 가릴 수 있다. 그러므로 <u>감각 경험을 통해서 우리는 절대적으로 확실한 지식을 얻게 된다.</u>
> 을의 견해 (↔갑)
>
> 병: 나는 인간의 경험에 의존한 방법이나 이성적 추론을 통한 방법은 의심이 가능하며 믿을 수 없다고 생각했었
> 다. 하지만 이런 의심을 거듭한 결과 나는 놀라운 결론에 이르렀다. 그것은 모든 것을 의심한다고 하더라도 의
> 심할 수 없는 것이 있다는 사실이다. 그것은 바로 의심하는 내가 있다는 것이다. 결국 <u>나는 거듭 의심하는 방</u>
> 병의 견해 (↔갑)
> <u>법을 사용하여 절대적으로 확실한 지식을 발견하였다.</u>

―――――――――― <보기> ――――――――――

ㄱ. 갑의 결론은 을의 결론과 양립 불가능하다.
ㄴ. 갑의 결론은 병의 결론과 양립 불가능하다.
ㄷ. 을과 병은 모두 절대적으로 확실한 지식이 있다고 주장한다.

① ㄱ
② ㄴ
③ ㄴ, ㄷ
④ ㄱ, ㄴ, ㄷ

해설 ㄱ. 절대적으로 확실한 지식은 존재하지 않는다는 갑의 결론은 감각 경험을 통해서 우리는 확실한 지식을 얻게 된다는 을
의 결론과 대립되므로 양립 불가능하다.
ㄴ. 절대적으로 확실한 지식은 존재하지 않는다는 갑의 결론은 거듭 의심하는 방법을 사용하여 절대적으로 확실한 지식을
발견하였다는 병의 결론과 대립되므로 양립 불가능하다.
ㄷ. 을과 병은 절대적으로 확실한 지식을 획득하는 방법이 다를 뿐 모두 절대적으로 확실한 지식이 있다고 주장한다.

STEP 1 정답

갑의 견해

절대적으로 확실한 지식은 존재하지 않는다.

을의 견해

감각 경험을 통해서 우리는 절대적으로 확실한 지식을 얻게 된다.

병의 견해

나는 거듭 의심하는 방법을 사용하여 절대적으로 확실한 지식을 발견하였다.

STEP 2 정답

절대적으로 확실한 지식은 존재하는가?		
↓	↓	↓
갑의 답변	을의 답변	병의 답변
NO	YES	YES

ㄱ. 갑의 결론은 을의 결론과 양립 불가능하다. (O)

ㄴ. 갑의 결론은 병의 결론과 양립 불가능하다. (O)

ㄷ. 을과 병은 모두 절대적으로 확실한 지식이 있다고 주장한다. (O)

참고

- 양립이란 두 가지 주장이 동시에 따로 성립함을 의미한다.
  - '양립할 수 있다': 두 주장이 동시에 참이 될 수 있다는 뜻
  - '양립할 수 없다': 두 주장이 동시에 참이 될 수 없다는 뜻

01 다음 대화를 분석한 내용으로 가장 적절한 것은? 9급 출제기조 변화 예시문제 17번

갑: 전염병이 창궐했을 때 마스크를 착용하는 것은 당연한 일인데, 그것을 거부하는 사람이 있다니 도대체 이해가 안 돼.

을: 마스크 착용을 거부하는 사람들을 무조건 비난하지 말고 먼저 왜 그러는지 정확하게 이유를 파악하는 것이 필요해.

병: 그 사람들은 개인의 자유가 가장 존중받아야 하는 기본권이라고 생각하기 때문일 거야.

갑: 개인의 자유로운 선택이 타인의 생명을 위협한다면 기본권이라 하더라도 제한하는 것이 보편적 상식 아닐까?

병: 맞아. 개인이 모여 공동체를 이루는데 나의 자유만을 고집하면 결국 사회는 극단적 이기주의에 빠져 붕괴하고 말 거야.

을: 마스크를 쓰지 않는 행위를 윤리적 차원에서만 접근하지 말고, 문화적 차원에서도 고려할 필요가 있어. 어떤 사회에서는 얼굴을 가리는 것이 범죄자의 징표로 인식되기도 해.

---

① 화제에 대해 남들과 다른 측면에서 탐색하는 사람이 있다.

② 자신의 의견이 반박되자 질문을 던져 화제를 전환하는 사람이 있다.

③ 대화가 진행되면서 논점에 대한 찬반 입장이 바뀌는 사람이 있다.

④ 사례의 공통점을 종합하여 자신의 주장을 강화하는 사람이 있다.

갑: 우리는 보통 인간이나 동물이 어떤 특성을 지니고 있어서 그에 부합하는 도덕적 지위를 갖는다고 생각한다. 의식이 바로 그런 특성이다. 나는 인공지능 로봇도 같은 방식으로 그 도덕적 지위를 결정해야 한다고 생각한다. 그래서 우리는 그런 로봇에게 의식이 있는지를 따져 봐야 할 것이다. 나는 인공지능 로봇이 의식을 갖는다고 생각한다.

을: 도덕적 지위를 결정하는 기준에 대해서는 나도 갑과 생각이 같다. 하지만 나는 바로 그런 이유에서 인공지능 로봇에게 도덕적 지위를 부여할 수 없다고 생각한다. 로봇은 기계이므로 의식을 갖는 것이 가능하지 않기 때문이다.

병: 나는 인공지능 로봇에게 의식이 있는지 없는지가 그것에게 도덕적 지위를 부여하느냐 마느냐를 결정하는 근거가 될 수 없다고 생각한다. 인공지능 로봇에게 의식이 있을 수도 있겠지만, 인간의 필요에 의해서 만든 도구적 존재에게 도덕적 지위를 부여하는 것은 말이 안 된다.

정: 어떤 존재의 도덕적 지위는 우리가 그 존재와 어떤 관계를 맺고 있는지에 따라 결정된다. 우리가 로봇과 가족이나 친구와 같은 유의미한 관계를 맺고 있다면, 인공지능 로봇이 의식을 갖지 않는 경우라 해도, 로봇에게 도덕적 지위를 부여해야 한다.

―――――――― <보기> ――――――――

ㄱ. 을과 정은 인공지능 로봇에게는 의식이 없다고 생각한다.

ㄴ. 인공지능 로봇에게 의식이 있어도 도덕적 지위를 부여할 수 없다고 생각하는 사람이 있다.

ㄷ. 인공지능 로봇에게 실제로 의식이 있다고 밝혀진다면, 네 명 중 한 명은 인공지능 로봇에게 도덕적 지위를 부여해야 하는가에 대한 입장을 바꿔야 한다.

① ㄱ

② ㄴ

③ ㄴ, ㄷ

④ ㄱ, ㄴ, ㄷ

03 다음 글의 (가)~(다)에 대한 분석으로 옳은 것만을 <보기>에서 모두 고르면?

2017년 민간경력자 채용 8번

바람직한 목적을 지닌 정책을 달성하기 위해 옳지 않은 수단을 사용하는 것이 정당화될 수 있는가? 공동선의 증진을 위해 일반적인 도덕률을 벗어난 행동을 할 수밖에 없을 때, 공직자들은 이러한 문제에 직면한다. 이에 대해서 다음과 같은 세 가지 주장이 제기되었다.

(가) 공직자가 공동선을 증진하기 위해 전문적 역할을 수행할 때는 일반적인 도덕률이 적용되어서는 안 된다. 공직자의 비난받을 만한 행동은 그 행동의 결과에 의해서 정당화될 수 있다. 즉 공동선을 증진하는 결과를 가져온다면 일반적인 도덕률을 벗어난 공직자의 행위도 정당화될 수 있다.

(나) 공직자의 행위를 평가함에 있어 결과의 중요성을 과장해서는 안 된다. 일반적인 도덕률을 어긴 공직자의 행위가 특정 상황에서 최선의 것이었다고 하더라도, 그가 잘못된 행위를 했다는 것은 부정할 수 없다. 공직자 역시 일반적인 도덕률을 공유하는 일반 시민 중 한 사람이며, 이에 따라 일반 시민이 가지는 도덕률에서 자유로울 수 없다.

(다) 민주사회에서 권력은 선거를 통해 일반 시민들로부터 위임 받은 것이고, 이에 의해 공직자들이 시민들을 대리한다. 따라서 공직자들의 공적 업무 방식은 일반 시민들의 의지를 반영한 것일 뿐만 아니라 동의를 얻은 것이다. 그러므로 민주사회에서 공직자의 모든 공적 행위는 정당화될 수 있다.

─── <보기> ───

ㄱ. (가)와 (나) 모두 공직자가 공동선의 증진을 위해 일반적인 도덕률을 벗어난 행위를 하는 경우는 사실상 일어날 수 없다는 것을 전제하고 있다.

ㄴ. 어떤 공직자가 일반적인 도덕률을 어기면서 공적 업무를 수행하여 공동선을 증진했을 경우, (가)와 (다) 모두 그 행위는 정당화될 수 있다고 주장할 것이다.

ㄷ. (나)와 (다) 모두 공직자도 일반 시민이라는 것을 주요 근거로 삼고 있다.

① ㄱ
② ㄴ
③ ㄴ, ㄷ
④ ㄱ, ㄴ, ㄷ

공무원 시험 전문 해커스공무원

gosi.Hackers.com

유형 정보 알아보기

유형 소개

지문으로 주어진 논증의 결론이 타당하지 않다는 것을 보이기 위해 논증의 전제와 결론을 공격하는 내용의 선택지를 제시하고, 타당한 공격 방법을 고르는 문제 유형이다.

발문 형태

ㅇ 다음 논지를 비판하는 진술로 가장 적절한 것은?
ㅇ 다음 논증에 대한 반박으로 가장 적절한 것은?
ㅇ 다음 글에 대한 비판으로 가장 적절한 것은?
ㅇ 다음 글에 대한 반례로 가장 적절한 것은?

접근 방법

주장이 제시된 글에 대한 반응은 두 가지로 나타난다. 글의 주장에 동의하여 그 주장을 지지하는 것과 글의 주장에 반대하여 그 주장을 비판하고 반박하는 것이다. 이처럼 비판과 반박은 글을 공격하는 데 목적이 있다. 글을 공격할 때는 글의 세부적인 정보를 모두 파악하려 하기보다는 공격의 대상이 되는 부분에만 집중하는 것이 좋다. 공격의 대상 중 가장 핵심이 되는 것이 글의 주장이나 결론이다. 비판과 반박의 궁극적인 목표는 글의 주장이나 결론을 공격하는 데 있기 때문이다. 따라서 비판과 반박은 일정한 방향성, 즉 제시된 지문의 방향과 반대 방향으로 가는 방향성을 가진다. 주장이나 결론과 반대 방향의 진술을 제시하면 글을 비판하거나 반박할 수 있다.

정답을 빠르게 찾는 **문제풀이 전략**

STEP 1 | 제시된 논증의 결론과 전제를 찾는다.

- 논증을 비판할 때, 그 비판의 대상은 논증의 결론과 전제이므로 이를 찾는 데 집중한다.
- 논증의 결론은 논증을 통해 필자가 최종적으로 하려는 주장이다.
- 논증의 전제는 결론을 지지하는 역할을 하는 문장이다.

STEP 2 | 선택지의 내용이 지문의 논증에 대해 어떤 '방향성'을 가지는지 파악한다.

- 선택지의 내용이 지문의 논증과 반대 방향이면 논증을 비판·반박하는 것이다.
- 선택지의 내용이 지문의 논증과 같은 방향이면 논증을 비판·반박하는 것이 아니다.

 점수 잡는 실전 TIP!

비판과 반박을 하기 위해서는 비판과 반박의 대상에 주목해야 한다!

비판과 반박 문제는 비판과 반박의 대상을 우선 파악해야 한다. 예컨대 논증에 대한 반박 문제는 우선 지문에 나타난 논증의 구조, 즉 논증의 결론과 전제를 제대로 파악해야 한다. 그런 후에 그 논증의 결론이나 전제에 대해 반대 방향의 진술을 하고 있는 것이 타당한 반박이 될 수 있다.

다음 글에 나타난 논증에 대한 반박으로 적절하지 않은 것은?

> 쾌락과 관련된 사실에 대해서 충분한 정보를 갖고, 오랜 시간 숙고하여 자신의 선호를 합리적으로 판별할 수 있는 사람을 높은 수준의 합리적 사람이라고 한다. 이런 사람은 가치 수준이 다른 두 종류의 쾌락에 대해서 충분히 판단할 만한 위치에 있다. 그리하여 높은 수준의 합리적 사람이 선호하는 쾌락은 실제로 더 가치 있는 쾌락이다. 예컨대 그가 호떡 한 개를 먹고 느끼는 쾌락보다 수준 높은 시 한 편이 주는 쾌락을 선호한다면 시 한 편이 주는 쾌락이 더 가치 있다. 그것이 더 가치가 있는 것은 높은 수준의 합리적 사람이 더 선호하기 때문이다. 이런 방법으로 우리는 높은 수준의 합리적 사람이 선호하는 것을 통해서 쾌락의 가치 서열을 정할 수 있다. 나아가 우리는 최고 가치에 도달할 수 있다. 가령 높은 수준의 합리적 사람이 그 어떤 쾌락보다도 행복을 선호한다면, 이는 행복이 최고 가치라는 것을 뜻한다. 따라서 우리는 최고 가치가 무엇인지 알 수 있다.

① 대부분의 사람은 시 한 편과 호떡 한 개 중에서 호떡을 선택한다.
② 높은 수준의 합리적 개인들 사이에서도 쾌락의 선호가 다를 수 있다.
③ 높은 수준의 합리적 사람이 행복을 최고 가치로 여긴다고 해서 행복이 최고 가치인 것은 아니다.
④ 자신의 선호를 판별할 수 있는 높은 수준의 합리적 능력을 지닌 사람들은 실제로 존재하지 않는다.

| STEP 1 | 제시된 논증의 결론과 전제를 찾는다. |

Q. 지문에 나타난 논증의 전제와 결론을 찾아 적어봅시다.

전제

결론

| STEP 2 | 선택지의 내용이 지문의 논증에 대해 어떤 '방향성'을 가지는지 파악한다. |

Q. 아래 표에 제시된 문장이 지문의 내용을 비판·반박하는지 여부를 ○, ×로 표시해 봅시다.

문장	비판·반박 여부
대부분의 사람은 시 한 편과 호떡 한 개 중에서 호떡을 선택한다.	
높은 수준의 합리적 개인들 사이에서도 쾌락의 선호가 다를 수 있다.	
높은 수준의 합리적 사람이 행복을 최고 가치로 여긴다고 해서 행복이 최고 가치인 것은 아니다.	
자신의 선호를 판별할 수 있는 높은 수준의 합리적 능력을 지닌 사람들은 실제로 존재하지 않는다.	

다음 글에 나타난 논증에 대한 반박으로 적절하지 않은 것은?

쾌락과 관련된 사실에 대해서 충분한 정보를 갖고, 오랜 시간 숙고하여 자신의 선호를 합리적으로 판별할 수 있는 사람을 높은 수준의 합리적 사람이라고 한다. [전제 1] 이런 사람은 가치 수준이 다른 두 종류의 쾌락에 대해서 충분히 판단할 만한 위치에 있다. [주요 키워드] 그리하여 높은 수준의 합리적 사람이 선호하는 쾌락은 실제로 더 가치 있는 쾌락이다. [전제 2] 예컨대 그가 호떡 한 개를 먹고 느끼는 쾌락보다 수준 높은 시 한 편이 주는 쾌락을 선호한다면 시 한 편이 주는 쾌락이 더 가치 있다. 그것이 더 가치가 있는 것은 높은 수준의 합리적 사람이 더 선호하기 때문이다. 이런 방법으로 우리는 높은 수준의 합리적 사람이 선호하는 것을 통해서 쾌락의 가치 서열을 정할 수 있다. 나아가 우리는 최고 가치에 도달할 수 있다. [전제 3] 가령 높은 수준의 합리적 사람이 그 어떤 쾌락보다도 행복을 선호한다면, 이는 행복이 [전제 4] 최고 가치라는 것을 뜻한다. 따라서 우리는 최고 가치가 무엇인지 알 수 있다. [결론]

☑ 대부분의 사람은 시 한 편과 호떡 한 개 중에서 호떡을 선택한다.
② 높은 수준의 합리적 개인들 사이에서도 쾌락의 선호가 다를 수 있다.
③ 높은 수준의 합리적 사람이 행복을 최고 가치로 여긴다고 해서 행복이 최고 가치인 것은 아니다.
④ 자신의 선호를 판별할 수 있는 높은 수준의 합리적 능력을 지닌 사람들은 실제로 존재하지 않는다.

해설　① 대부분의 사람은 시 한 편과 호떡 한 개 중에서 호떡을 선택한다는 것은, 논증의 내용과 직접적인 관련성이 없으므로 논증에 대한 반박으로 적절하지 않다.
② 높은 수준의 합리적 개인들 사이에서도 쾌락의 선호가 다를 수 있다는 것은, 높은 수준의 합리적 사람이 선호하는 것을 통해서 쾌락의 가치 서열을 정할 수 있다는 논증의 전제를 반박한다.
③ 높은 수준의 합리적 사람이 행복을 최고 가치로 여긴다고 해서 행복이 최고 가치인 것은 아니라는 것은, 높은 수준의 합리적 사람이 그 어떤 쾌락보다도 행복을 선호한다면, 이는 행복이 최고 가치라는 것을 뜻한다는 논증의 전제를 반박한다.
④ 자신의 선호를 판별할 수 있는 높은 수준의 합리적 능력을 지닌 사람들은 실제로 존재하지 않는다는 것은, 높은 수준의 합리적 사람이 존재한다는 논증의 전제를 반박한다.

STEP 1 정답

전제

- 전제 1: 자신의 선호를 합리적으로 판별할 수 있는 사람은 높은 수준의 합리적 사람이다.
- 전제 2: 높은 수준의 합리적 사람이 선호하는 쾌락은 더 가치 있는 쾌락이다.
- 전제 3: 높은 수준의 합리적 사람이 선호하는 것을 통해 쾌락의 가치 서열을 정할 수 있다.
- 전제 4: 우리는 최고 가치에 도달할 수 있다.

결론

우리는 최고 가치가 무엇인지 알 수 있다.

STEP 2 정답

문장	비판·반박 여부
대부분의 사람은 시 한 편과 호떡 한 개 중에서 호떡을 선택한다.	×
높은 수준의 합리적 개인들 사이에서도 쾌락의 선호가 다를 수 있다.	O
높은 수준의 합리적 사람이 행복을 최고 가치로 여긴다고 해서 행복이 최고 가치인 것은 아니다.	O
자신의 선호를 판별할 수 있는 높은 수준의 합리적 능력을 지닌 사람들은 실제로 존재하지 않는다.	O

01 다음 글의 논지를 비판하는 진술로 가장 적절한 것은?　　　　　2016년 민간경력자 채용 9번

> 자신의 스마트폰 없이는 도무지 일과를 진행하지 못하는 K의 경우를 생각해 보자. 그의 일과표는 전부 그의 스마트폰에 저장되어 있어서 그의 스마트폰은 적절한 때가 되면 그가 해야 할 일을 알려줄 뿐만 아니라 약속 장소로 가기 위해 무엇을 타고 어떻게 움직여야 할지까지 알려준다. K는 어릴 때 보통 사람보다 기억력이 매우 나쁘다는 진단을 받았지만 스마트폰 덕분에 어느 동료에게도 뒤지지 않는 업무 능력을 발휘하고 있다. 이와 같은 경우, K는 스마트폰 덕분에 인지 능력이 보강된 것으로 볼 수 있는데, 그 보강된 인지 능력을 K 자신의 것으로 볼 수 있는가? 이 물음에 대한 답은 긍정이다. 즉 우리는 K의 스마트폰이 그 자체로 K의 인지 능력 일부를 실현하고 있다고 보아야 한다. 그런 판단의 기준은 명료하다. 스마트폰의 메커니즘이 K의 손바닥 위나 책상 위가 아니라 그의 두뇌 속에서 작동하고 있다고 가정해 보면 된다. 물론 사실과 다른 가정이지만 만일 그렇게 가정한다면 우리는 필경 K 자신이 모든 일과를 정확하게 기억하고 있고 또 약속 장소를 잘 찾아간다고 평가할 것이다. 이처럼 '만일 K의 두뇌 속에서 일어난다면'이라는 상황을 가정했을 때 그것을 K 자신의 기억이나 판단이라고 인정할 수 있다면, 그런 과정은 K 자신의 인지 능력이라고 평가해야 한다.

① K가 자신이 미리 적어 놓은 메모를 참조해서 기억력 시험 문제에 답한다면 누구도 K가 그 문제의 답을 기억한다고 인정하지 않는다.

② K가 종이 위에 연필로 써가며 253 × 87 같은 곱셈을 할 경우 종이와 연필의 도움을 받은 연산 능력 역시 K 자신의 인지 능력으로 인정해야 한다.

③ K가 집에 두고 나온 스마트폰에 원격으로 접속하여 거기 담긴 모든 정보를 알아낼 수 있다면 그는 그 스마트폰을 손에 가지고 있는 것과 다름없다.

④ 스마트폰의 모든 기능을 두뇌 속에서 작동하게 하는 것이 두뇌 밖에서 작동하게 하는 경우보다 우리의 기억력과 인지 능력을 향상시키지 않는다.

> 의무와 합의의 관계에 대한 데이빗 흄의 생각이 시험대에 오르는 일이 발생했다. 흄은 집을 한 채 갖고 있었는데, 이 집을 자신의 친구에게 임대해 주었고, 그 친구는 이 집을 다시 다른 사람에게 임대했다. 이렇게 임대받은 사람은 집을 수리해야겠다고 생각했고, 흄과 상의도 없이 사람을 불러 일을 시켰다. 집을 수리한 사람은 일을 끝낸 뒤 흄에게 청구서를 보냈다. 흄은 집수리에 합의한 적이 없다는 이유로 지불을 거절했다. 그는 집을 수리할 사람을 부른 적이 없었다. 사건은 법정 공방으로 이어졌다. 집을 수리한 사람은 흄이 합의한 적이 없다는 사실을 인정했다. 그러나 집은 수리해야 하는 상태였기에 수리를 마쳤다고 그는 말했다. 집을 수리한 사람은 단순히 '그 일은 꼭 필요했다'고 주장했다. 흄은 "그런 논리라면, 에든버러에 있는 집을 전부 돌아다니면서 수리할 곳이 있으면 집주인과 합의도 하지 않은 채 수리를 해놓고 지금처럼 자기는 꼭 필요한 일을 했으니 집수리 비용을 달라고 하지 않겠는가"라고 주장했다.

① 집수리에 대한 합의가 없었다면 필요한 집수리를 했더라도 집수리 비용을 지불할 의무는 없다.

② 집수리에 대한 합의가 있었더라도 필요한 집수리를 하지 않았다면, 집수리 비용을 지불할 의무는 없다.

③ 집수리에 대한 합의가 있었고 필요한 집수리를 했다면, 집수리 비용을 지불할 의무가 생겨난다.

④ 집수리에 대한 합의가 없었더라도 필요한 집수리를 했다면, 집수리 비용을 지불할 의무가 생겨난다.

유형 정보 알아보기

유형 소개

지문으로 주어진 귀납 논증의 결론을 더 강하게 지지하는 전제(강화하는 진술)를 찾거나, 반대로 논증의 결론이 참이 될 가능성을 낮추는 전제(약화하는 진술)를 찾는 문제 유형이다.

발문 형태

ㅇ 다음 글의 논지를 강화하는 진술로 가장 적절한 것은?
ㅇ 다음 글의 논지를 지지하는 진술로 가장 적절한 것은?
ㅇ 다음 글의 논지를 약화하는 진술로 가장 적절한 것은?
ㅇ 다음 ~을 강화하는 진술로 적절한 것만을 <보기>에서 모두 고르면?
ㅇ 다음 ㉠을 약화하는 진술로 적절한 것만을 <보기>에서 모두 고르면?
ㅇ 다음 논증에 대한 평가로 적절한 것은?

접근 방법

강화한다거나 약화한다는 표현은 논증에 대해 쓸 수 있는 표현이다. 논증은 전제와 결론으로 이루어진 글을 의미한다. 논증을 강화한다는 것은 새로운 전제를 추가하여 논증의 결론이 참이 될 확률을 높이는 것이다. 한편 논증을 약화한다는 것은 새로운 전제를 추가하여 논증의 결론이 참이 될 확률을 낮추는 것이다. 추가되는 전제는 주어진 전제를 지지하거나 공격하는 쪽이 될 것이다. 즉, 논증을 강화하거나 약화하는 문제는 지문에 제시된 논증과 같은 방향의 진술이나 반대 방향의 진술을 선택지에서 찾아주는 문제이다. 방향성이 중요하다는 측면에서 앞서 연습했던 비판과 반박 문제와 동일한 접근 방법을 가진다.

정답을 빠르게 찾는 **문제풀이 전략**

STEP 1
발문에서 무엇을 강화하고 무엇을 약화하는 것인지 확인한다.

- 논증의 내용을 강화하거나 약화하는 문제일 경우, 지문에서 논증의 전제와 결론을 찾는다.
- 특정 대상을 강화하거나 약화하는 문제일 경우, 그 대상의 구체적인 내용을 지문에서 확인한다.

STEP 2
선택지의 내용이 강화 · 약화의 대상에 대해 어떤 '방향성'을 갖는지 파악한다.

- 선택지의 내용이 강화·약화의 대상과 방향성이 같은 경우, 그 대상을 '강화하는 진술'이거나 '지지하는 진술'이다.
- 선택지의 내용이 강화·약화의 대상과 방향성이 반대인 경우, 그 대상을 '약화하는 진술'이다.

 점수 잡는 실전 TIP!

강화와 약화를 하기 위해서는 강화와 약화의 대상에 주목해야 한다!

문제에서 강화와 약화의 대상은 다양하게 제시될 수 있다. 따라서 강화하거나 약화하는 대상이 무엇인지 먼저 확인해야 한다. 만약 논지가 그 대상이라면 지문에서 논지를 찾는 것에 집중해야 한다. 그리고 논지를 지지할 수 있는 전제 부분도 확인해 주면 선택지의 방향성을 판단하는 데 도움이 된다.

다음 글의 논증을 약화하는 것만을 <보기>에서 모두 고르면?

인간 본성은 기나긴 진화 과정의 결과로 생긴 복잡한 전체다. 여기서 '복잡한 전체'란 그 전체가 단순한 부분들의 합보다 더 크다는 의미이다. 인간을 인간답게 만드는 것, 즉 인간에게 존엄성을 부여하는 것은 인간이 갖고 있는 개별적인 요소들이 아니라 이것들이 모여 만들어내는 복잡한 전체이다. 또한 인간 본성이라는 복잡한 전체를 구성하고 있는 하부 체계들은 상호 간에 극단적으로 밀접하게 연관되어 있다. 따라서 그중 일부라도 인위적으로 변경하면, 이는 불가피하게 전체의 통일성을 무너지게 한다. 이 때문에 과학기술을 이용해 인간 본성을 인위적으로 변경하여 지금의 인간을 보다 향상된 인간으로 만들려는 시도는 금지되어야 한다. 이런 시도를 하는 사람들은 인간이 가져야 할 훌륭함이 무엇인지 스스로 잘 안다고 생각하며, 거기에 부합하지 않는 특성들을 선택해 이를 개선하고자 한다. 그러나 인간 본성의 '좋은' 특성은 '나쁜' 특성과 밀접하게 연결되어 있기 때문에, 후자를 개선하려는 시도는 전자에 대해서도 영향을 미칠 수밖에 없다. 예를 들어, 우리가 질투심을 느끼지 못한다면 사랑 또한 느끼지 못하게 된다는 것이다. 사랑을 느끼지 못하는 인간들이 살아가는 사회에서 어떤 불행이 펼쳐질지 우리는 가늠조차 할 수 없다. 즉 인간 본성을 선별적으로 개선하려 들면, 복잡한 전체를 무너뜨리는 위험성이 불가피하게 발생하게 된다. 따라서 우리는 인간 본성을 구성하는 어떠한 특성에 대해서도 그것을 인위적으로 개선하려는 시도에 반대해야 한다.

―――――――――― <보기> ――――――――――

ㄱ. 인간 본성은 인간이 갖는 도덕적 지위와 존엄성의 궁극적 근거이다.
ㄴ. 모든 인간은 자신을 포함하여 인간 본성을 지닌 모든 존재가 지금의 상태보다 더 훌륭하게 되길 희망한다.
ㄷ. 인간 본성의 하부 체계는 상호 분리된 모듈들로 구성되어 있기 때문에 인간 본성의 특정 부분을 인위적으로 변경하더라도 그 변화는 모듈 내로 제한된다.

① ㄱ
② ㄷ
③ ㄴ, ㄷ
④ ㄱ, ㄴ, ㄷ

STEP 1
발문에서 무엇을 강화하고 무엇을 약화하는 것인지 확인한다.

Q. 지문의 논증을 약화하는 문장을 적어봅시다.

논증을 약화하는 문장

STEP 2
선택지의 내용이 강화 · 약화의 대상에 대해 어떤 '방향성'을 갖는지 파악한다.

Q. 아래 표에 제시된 문장이 지문의 논지를 강화하는지, 약화하는지 적어봅시다.

문장	강화 · 약화 여부
인간 본성은 인간이 갖는 도덕적 지위와 존엄성의 궁극적 근거이다.	
모든 인간은 자신을 포함하여 인간 본성을 지닌 모든 존재가 지금의 상태보다 더 훌륭하게 되길 희망한다.	
인간 본성의 하부 체계는 상호 분리된 모듈들로 구성되어 있기 때문에 인간 본성의 특정 부분을 인위적으로 변경하더라도 그 변화는 모듈 내로 제한된다.	

펜터치 해설

다음 글의 논증을 약화하는 것만을 <보기>에서 모두 고르면?

<u>인간 본성은 기나긴 진화 과정의 결과로 생긴 복잡한 전체다.</u> 여기서 '복잡한 전체'란 그 전체가 단순한 부분들
전제 1: 중심 소재인 '인간 본성'에 대한 개념 정의
의 합보다 더 크다는 의미이다. 인간을 인간답게 만드는 것, 즉 인간에게 존엄성을 부여하는 것은 인간이 갖고 있
는 개별적인 요소들이 아니라 이것들이 모여 만들어내는 복잡한 전체이다. 또한 인간 본성이라는 복잡한 전체를
구성하고 있는 하부 체계들은 상호 간에 극단적으로 밀접하게 연관되어 있다. 따라서 <u>그중 일부라도 인위적으로</u>
<u>변경하면, 이는 불가피하게 전체의 통일성을 무너지게 한다.</u> 이 때문에 과학기술을 이용해 인간 본성을 인위적으
전제 2: 복잡한 전체인 인간 본성의 특성 언급
로 변경하여 지금의 인간을 보다 향상된 인간으로 만들려는 시도는 금지되어야 한다. 이런 시도를 하는 사람들
은 인간이 가져야 할 훌륭함이 무엇인지 스스로 잘 안다고 생각하며, 거기에 부합하지 않는 특성들을 선택해 이
를 개선하고자 한다. 그러나 인간 본성의 '좋은' 특성은 '나쁜' 특성과 밀접하게 연결되어 있기 때문에, 후자를 개
선하려는 시도는 전자에 대해서도 영향을 미칠 수밖에 없다. 예를 들어, 우리가 질투심을 느끼지 못한다면 사랑
또한 느끼지 못하게 된다는 것이다. 사랑을 느끼지 못하는 인간들이 살아가는 사회에서 어떤 불행이 펼쳐질지 우
리는 가늠조차 할 수 없다. 즉 인간 본성을 선별적으로 개선하려 들면, 복잡한 전체를 무너뜨리는 위험성이 불가
피하게 발생하게 된다. <u>따라서 우리는 인간 본성을 구성하는 어떠한 특성에 대해서도 그것을 인위적으로 개선하</u>
<u>려는 시도에 반대해야 한다.</u>
논증의 결론: 인간 본성의 인위적인 개선을 부정함

─── <보기> ───

ㄱ. 인간 본성은 인간이 갖는 도덕적 지위와 존엄성의 궁극적 근거이다.
ㄴ. 모든 인간은 자신을 포함하여 인간 본성을 지닌 모든 존재가 지금의 상태보다 더 훌륭하게 되길 희망한다.
ㄷ. 인간 본성의 하부 체계는 상호 분리된 모듈들로 구성되어 있기 때문에 인간 본성의 특정 부분을 인위적으로 변
   경하더라도 그 변화는 모듈 내로 제한된다.

① ㄱ　　　　　　②ㄷ　　　　　　③ ㄴ, ㄷ　　　　　　④ ㄱ, ㄴ, ㄷ

해설　ㄱ. 인간 본성은 인간이 갖는 도덕적 지위와 존엄성의 궁극적 근거라는 것은 논증의 내용과 관련이 없는 진술이므로 논증
　　　을 약화하는 진술로 볼 수 없다.
　　　ㄴ. 모든 인간은 자신을 포함하여 인간 본성을 지닌 모든 존재가 지금의 상태보다 더 훌륭하게 되길 희망한다는 것은 논증
　　　의 내용과 관련이 없는 진술이므로 논증을 약화하는 진술로 볼 수 없다.
　　　ㄷ. 인간 본성의 하부 체계는 상호 분리된 모듈들로 구성되어 있기 때문에 인간 본성의 특정 부분을 인위적으로 변경하더
　　　라도 그 변화는 모듈 내로 제한된다는 것은 인간 본성을 일부라도 인위적으로 변경하면 이는 불가피하게 전체의 통일
　　　성을 무너지게 한다는 논증의 내용을 약화하는 진술이다.

STEP 1 정답

논증을 약화하는 문장

인간 본성을 구성하는 특성 중 일부는 인위적으로 개선해도 복잡한 전체에 영향을 미치지 않는다.

STEP 2 정답

문장	강화·약화 여부
인간 본성은 인간이 갖는 도덕적 지위와 존엄성의 궁극적 근거이다.	무관
모든 인간은 자신을 포함하여 인간 본성을 지닌 모든 존재가 지금의 상태보다 더 훌륭하게 되길 희망한다.	무관
인간 본성의 하부 체계는 상호 분리된 모듈들로 구성되어 있기 때문에 인간 본성의 특정 부분을 인위적으로 변경하더라도 그 변화는 모듈 내로 제한된다.	약화

01 다음 글의 논지를 지지하는 진술로 적절한 것만을 <보기>에서 모두 고르면?

2017년 민간경력자 채용 17번

> 　과학과 예술이 무관하다는 주장의 첫 번째 근거는 과학과 예술이 인간의 지적 능력의 상이한 측면을 반영한다는 것이다. 즉 과학은 주로 분석·추론·합리적 판단과 같은 지적 능력에 기인하는 반면에, 예술은 종합·상상력·직관과 같은 지적 능력에 기인한다고 생각한다. 두 번째 근거는 과학과 예술이 상이한 대상을 다룬다는 것이다. 과학은 인간 외부에 실재하는 자연의 사실과 법칙을 다루기에 과학자는 사실과 법칙을 발견하지만, 예술은 인간의 내면에 존재하는 심성을 탐구하며, 미적 가치를 창작하고 구성하는 활동이라고 본다. 그러나 이렇게 과학과 예술을 대립시키는 태도는 과학과 예술의 특성을 지나치게 단순화하는 것이다. 과학이 단순한 발견의 과정이 아니듯이 예술도 순수한 창조와 구성의 과정이 아니기 때문이다. 과학에는 상상력을 이용하는 주체의 창의적 과정이 개입하며, 예술 활동은 전적으로 임의적인 창작이 아니라 논리적 요소를 포함하는 창작이다. 과학 이론이 만들어지기 위해 필요한 것은 냉철한 이성과 객관적 관찰만이 아니다. 새로운 과학 이론의 발견을 위해서는 상상력과 예술적 감수성이 필요하다. 반대로 최근의 예술적 성과 중에는 과학기술의 발달에 의해 뒷받침된 것이 많다.

―――――― <보기> ――――――

ㄱ. 과학자 왓슨과 크릭이 없었더라도 누군가 DNA 이중나선 구조를 발견하였겠지만, 셰익스피어가 없었다면 「오셀로」는 결코 창작되지 못 하였을 것이다.
ㄴ. 물리학자 파인만이 주장했듯이 과학에서 이론을 정립하는 과정은 가장 아름다운 그림을 그려나가는 예술가의 창작 작업과 흡사하다.
ㄷ. 입체파 화가들은 수학자 푸앵카레의 기하학 연구를 자신들의 그림에 적용하고자 하였으며, 이런 의미에서 피카소는 "내 그림은 모두 연구와 실험의 산물이다."라고 말하였다.

① ㄱ
② ㄷ
③ ㄴ, ㄷ
④ ㄱ, ㄴ, ㄷ

최근에 트랜스 지방은 그 건강상의 위해 효과 때문에 주목받고 있다. 우리가 즐겨 먹는 많은 식품에는 트랜스 지방이 숨어 있다. 그렇다면 트랜스 지방이란 무엇일까?

지방에는 불포화 지방과 포화 지방이 있다. 식물성 기름의 주성분인 불포화 지방은 포화 지방에 비하여 수소의 함유 비율이 낮고 녹는점도 낮아 상온에서 액체인 경우가 많다.

불포화 지방은 그 안에 존재하는 이중 결합에서 수소 원자들의 결합 형태에 따라 시스(cis)형과 트랜스(trans)형으로 나뉘는데 자연계에 존재하는 대부분의 불포화 지방은 시스형이다. 그런데 조리와 보존의 편의를 위해 액체 상태인 식물성 기름에 수소를 첨가하여 고체 혹은 반고체 상태로 만드는 과정에서 트랜스 지방이 만들어진다. 그래서 대두, 땅콩, 면실유를 경화시켜 얻은 마가린이나 쇼트닝은 트랜스 지방의 함량이 높다. 또한 트랜스 지방은 식물성 기름을 고온으로 가열하여 음식을 튀길 때도 발생한다. 따라서 튀긴 음식이나 패스트푸드에는 트랜스 지방이 많이 들어 있다.

<u>트랜스 지방은 포화 지방인 동물성 지방처럼 심혈관계에 해롭다.</u> 트랜스 지방은 혈관에 나쁜 저밀도지방단백질(LDL)의 혈중 농도를 증가시키는 한편 혈관에 좋은 고밀도지방단백질(HDL)의 혈중 농도는 감소시켜 혈관벽을 딱딱하게 만들어 심장병이나 동맥경화를 유발하고 악화시킨다.

─── <보기> ───

ㄱ. 쥐의 먹이에 함유된 트랜스 지방 함량을 2% 증가시키자 쥐의 심장병 발병률이 25% 증가하였다.

ㄴ. 사람들이 마가린을 많이 먹는 지역에서 마가린의 트랜스 지방 함량을 낮추자 동맥경화의 발병률이 1년 사이에 10% 감소하였다.

ㄷ. 성인 1,000명에게 패스트푸드를 일정 기간 지속적으로 섭취하게 한 후 검사해 보니, HDL의 혈중 농도가 섭취 전에 비해 20% 감소하였다.

① ㄱ

② ㄱ, ㄷ

③ ㄴ, ㄷ

④ ㄱ, ㄴ, ㄷ

03 다음 글의 밑줄 친 원리를 지지하는 진술을 <보기>에서 모두 고르면?

배리 반스와 데이빗 블로어 등이 주도한 <u>강한 프로그램의 원리</u>를 과학의 영역에 적용하면, 자연과학자들의 활동과 인문학자나 사회과학자들의 활동이 동일한 방식으로 설명되어야 한다. 그리고 자연과학과 인문·사회과학의 영역에서 동일한 설명방식을 사용하기 위해 수정해야 할 부분은 사회과학의 탐구에 대한 견해가 아니라 자연과학의 탐구에 대한 견해이다. 즉 강한 프로그램의 원리에 의하면, 우리는 자연과학이 제공하는 믿음이 특정 전문가 집단의 공동체적 활동에 의해 생산된다는 점에 유의해야 한다. 이런 공동체들은 저마다 특수한 역사와 사회적 특성을 갖고 있으며 또 그렇게 형성된 집단 내부의 의사결정 구조를 가지고 있다. 어떤 문제가 우선적으로 탐구되어야 할 중요한 문제인지, 그 문제를 어떤 방식으로 풀어야 옳은지 등에 대한 판단도 역시 이런 사회적 맥락 속에서 이루어진다. 그렇다면 주어진 문제에 대한 답으로 제안되는 이론들 가운데 어떤 것이 채택되고 당대의 정설로 자리 잡게 되는지도 마찬가지라는 것을 알 수 있다.

— <보기> —

ㄱ. 자연과학자들의 탐구조차도 과학자들의 공동체에서 이루어지는 활동의 산물이다.

ㄴ. 어떤 연구 주제가 중요한지, 어떤 이론을 선택할지 등은 사회적 맥락 속에서 결정된다.

ㄷ. 자연과학 이론은 사회과학 이론보다 더 객관적 사실에 근거하여 형성된다.

ㄹ. 전문 학술지에 발표되는 논문의 수로 분야별 생산성을 평가하자면 자연과학 분야의 연구들이 학문의 발전을 선도하고 있다.

① ㄱ, ㄴ

② ㄱ, ㄷ

③ ㄴ, ㄹ

④ ㄷ, ㄹ

흔히 '일곱 빛깔 무지개'라는 말을 한다. 서로 다른 빛깔의 띠 일곱 개가 무지개를 이루고 있다는 뜻이다. 영어나 프랑스어를 비롯해 다른 자연언어들에도 이와 똑같은 표현이 있는데, 이는 해당 자연언어가 무지개의 색상에 대응하는 색채 어휘를 일곱 개씩 지녔기 때문이라고 할 수 있다.

언어학자 사피어와 그의 제자 워프는 여기서 어떤 영감을 얻었다. 그들은 서로 다른 언어를 쓰는 아메리카 원주민들에게 무지개의 띠가 몇 개냐고 물었다. 대답은 제각각 달랐다. 사피어와 워프는 이 설문 결과에 기대어, 사람들은 자신의 언어에 얽매인 채 세계를 경험한다고 판단했다. 이 판단으로부터, "우리는 모국어가 그어놓은 선에 따라 자연세계를 분단한다."라는 유명한 발언이 나왔다. 이에 따르면 특정 현상과 관련한 단어가 많을수록 해당 언어권의 화자들은 그 현상에 대해 심도 있게 경험하는 것이다. 언어가 의식을, 사고와 세계관을 결정한다는 이 견해는 ⊙ 사피어-워프 가설이라 불리며 언어학과 인지과학의 논란거리가 되어왔다.

─────── <보기> ───────

ㄱ. 눈[雪]을 가리키는 단어를 4개 지니고 있는 이누이트족이 1개 지니고 있는 영어 화자들보다 눈을 넓고 섬세하게 경험한다는 것은 ⊙을 강화한다.
ㄴ. 수를 세는 단어가 '하나', '둘', '많다' 3개뿐인 피라하족의 사람들이 세 개 이상의 대상을 모두 '많다'고 인식하는 것은 ⊙을 강화한다.
ㄷ. 색채 어휘가 적은 자연언어 화자들이 색채 어휘가 많은 자연언어 화자들에 비해 색채를 구별하는 능력이 뛰어나다는 것은 ⊙을 약화한다.

① ㄱ
② ㄱ, ㄴ
③ ㄴ, ㄷ
④ ㄱ, ㄴ, ㄷ

공무원 시험 전문 해커스공무원

gosi.Hackers.com

PART 2
논리

논리의 기초 개념 잡기

개념 잡기 1 논리 명제

1. 정언 명제

정언 명제는 '모든 / 어떤'의 양화사와 '이다 / 아니다'의 질로 구성되어 있는 명제이다.

<u>모든/어떤</u> <u>A는/은</u>   <u>B</u> <u>이다/아니다.</u>
양화사(양) 주어   술어 긍정/부정(질)

<주부>   <술부>

이를 조합하면 다음 네 가지 표준 명제 형태가 도출된다.

정언 명제	양	질	유형
모든 A는 B이다.	전칭	긍정	전칭긍정
모든 A는 B가 아니다.	전칭	부정	전칭부정
어떤 A는 B이다.	특칭	긍정	특칭긍정
어떤 A는 B가 아니다.	특칭	부정	특칭부정

2. 가언 명제

가언 명제는 "A라면 B이다.", "A인 경우 B이다."처럼 두 명제 A와 B가 조건절과 서술절로 연결되어 있는 합성명제이다. 가언 명제에서 조건절에 해당하는 요소명제를 '전건'이라 하고, 서술절에 해당하는 요소명제를 '후건'이라 한다.

<u>A라면</u>   <u>B이다/아니다.</u>

조건절   서술절

\<전건\>   \<후건\>

예제 1

① 욕망이나 분노에서 비롯된 행위들을 모두 비자발적이라고 할 수는 없다.
② 날 수 있는 동물은 예외 없이 벌레를 먹고 산다.
③ 누구의 행동이든 다른 사람의 권리를 침해하면, 그것은 규제의 대상이 된다.
④ 어떠한 불합격자도 경제학 전공자가 아니다.
⑤ 우리반 학생 가운데 일부는 화장을 하지 않는다.

Q. 다음 빈칸에 들어갈 명제의 종류를 '전칭 긍정, 전칭 부정, 특칭 긍정, 특칭 부정, 가언' 중에서 골라봅시다.

(1) 명제 ①은 (   ) 명제이다.

(2) 명제 ②는 (   ) 명제이다.

(3) 명제 ③은 (   ) 명제이다.

(4) 명제 ④는 (   ) 명제이다.

(5) 명제 ⑤는 (   ) 명제이다.

정답   (1) 특칭 긍정
            (2) 전칭 긍정
            (3) 가언
            (4) 전칭 부정
            (5) 특칭 부정

3. 논리 명제의 기호화

언어논리에서 출제되는 논리 명제의 핵심은 내용이 아니라 형식이므로 논리 명제는 간단하게 기호화하는 방법을 알아두는 것이 좋다. 논리 명제를 기호화하는 것은 명제의 단순화 작업이며, 이를 통해 문제에 조금 더 효율적으로 접근할 수 있다. 논리 명제를 기호화하는 방식은 수학 공식처럼 정해져 있는 법칙에 따른다. 논리 명제 기호의 의미를 정리하면 아래와 같다.

기호	의미
→	가언 명제의 조건절과 서술절을 연결한다. 정언 명제의 주부와 술부를 연결한다.
~	부정(not)의 의미를 나타낸다.
∧	'그리고(and)'와 '하지만(but)'의 의미를 나타낸다.
∨	'…거나, 혹은, 적어도 둘 중 하나(or)'의 의미를 나타낸다.

예제 2

① X가 일어나지 않으면 Y도 일어나지 않는다.
② 비가 오고 바람이 불면, 소풍을 가지 않는다.
③ 도덕적 판단이 객관성을 지닌다면 도덕적 판단은 경험적 근거를 가지며 유전적 요인과는 무관할 것이다.
④ 단기 거주 목적의 부동산을 소유하고 있거나 투기 지역에 위치한 부동산을 소유하고 있는 경우, 특별보유세 부과 대상이다.

Q. 위 명제를 기호화 해봅시다.

(1) 명제 ①을 기호화하면 ( ) 이다.

(2) 명제 ②를 기호화하면 ( ) 이다.

(3) 명제 ③을 기호화하면 ( ) 이다.

(4) 명제 ④를 기호화하면 ( ) 이다.

정답   (1) ~X → ~Y

        (2) 비 ∧ 바람 → ~소풍

        (3) 객관성 → 경험적 근거 ∧ ~유전적 요인

        (4) 단기 거주 ∨ 투기 지역 → 특별보유세

4. 논리 명제의 변형

하나의 논리 명제는 전건과 후건의 위치를 바꾸거나 전건과 후건을 부정하는 방법으로 다양하게 변형될 수 있다. 예를 들어 'A인 경우 B이다.(A → B)'라는 명제는 다음과 같이 변형될 수 있다.

명제 변형	기호화	변형 방법
역 명제	B → A	전건과 후건의 위치를 바꿈
이 명제	~A → ~B	전건과 후건을 각각 부정함
대우 명제	~B → ~A	전건과 후건의 위치를 바꾸고, 전건과 후건을 각각 부정함

예제 3

① 고온에서 저온으로 열의 이동이 발생하면 열에서 동력을 얻을 수 있다.
② 박쥐가 후각 능력이 약하거나 탁월한 청각 능력이 없다면, 어둠 속을 빠르게 날아갈 수 없다.
③ 우리는 어떤 것이 존재한다고 믿지 않는다면 그것에 대해 감정을 갖지 않는다.

Q. 위 명제를 변형하고 그에 맞게 기호화 해봅시다.

(1) 명제 ①의 역 명제는 (   ) 이고,
    이를 기호화 하면 (   ) 이다.

(2) 명제 ②의 이 명제는 (   ) 이고,
    이를 기호화 하면 (   ) 이다.

(3) 명제 ③의 대우 명제는 (   ) 이고,
    이를 기호화 하면 (   ) 이다.

정답 (1) 열에서 동력을 얻을 수 있다면 고온에서 저온으로 열의 이동이 발생한다. / 동력 → 열의 이동
      (2) 박쥐가 후각 능력이 약하지 않고 탁월한 청각 능력이 있다면, 어둠 속을 빠르게 날아갈 수 있다. / 후각 ∧ 청각 → 빠르게 날아
      (3) 우리는 어떤 것에 대해 감정을 갖는다면 그것이 존재한다고 믿는다. / 감정 → 존재한다고 믿음

5. 변형된 논리 명제의 진리값

명제의 진리값이란 명제의 참·거짓 여부를 의미한다. 하나의 논리 명제를 변형했을 때 기출에서 출제되는 포인트는 명제의 참·거짓 여부이다. 즉 기준 명제를 참이라고 가정했을 때 각 변형 명제가 어떠한 진리값을 갖는지 판단할 수 있어야 한다. 기준 명제인 'A인 경우 B이다.(A → B)'의 진리값을 참이라고 할 때, 각 변형 명제의 진리값은 다음과 같다. (참은 'T'라고 표기하고 거짓은 'F'라고 표기한다.)

기준 명제	명제 변형	기호화	진리값
A → B	역 명제	B → A	T / F
	이 명제	~A → ~B	T / F
	대우 명제	~B → ~A	T

예제 4

① 고온에서 저온으로 열의 이동이 발생하면 열에서 동력을 얻을 수 있다.
② 박쥐가 후각 능력이 약하거나 탁월한 청각 능력이 없다면, 어둠 속을 빠르게 날아갈 수 없다.
③ 우리는 어떤 것이 존재한다고 믿지 않는다면 그것에 대해 감정을 갖지 않는다.

Q. 위 명제에 대하여 올바른 설명이면 O, 틀린 설명이면 X에 표시해 봅시다.

(1) 명제 ①이 참일 때, '고온에서 저온으로 열의 이동이 발생하지 않으면 열에서 동력을 얻을 수 없다.'는 명제의 진리값은 참이다.　　　　　　　　　　　　　　　　　　　　　　　　　　　　　　　　　　　　O | X

(2) 명제 ②가 참일 때, '박쥐가 어둠 속을 빠르게 날아갈 수 있다면, 박쥐는 후각 능력이 약하지 않고 탁월한 청각 능력이 있다.'는 명제의 진리값은 참이다.　　　　　　　　　　　　　　　　　　　　　　O | X

(3) 명제 ③이 참일 때, '우리는 어떤 것에 대해 감정을 갖지 않는다면 그것이 존재한다고 믿지 않는다.'는 명제의 진리값은 참이다.　　　　　　　　　　　　　　　　　　　　　　　　　　　　　　　　O | X

정답　　(1) ×, (2) ○, (3) ×

해설　　(1) '고온에서 저온으로 열의 이동이 발생하지 않으면 열에서 동력을 얻을 수 없다.'는 명제는 명제 ①의 이 명제이므로 진리값은 참이 될 수도 있고 거짓이 될 수도 있다.

　　　　(2) '박쥐가 어둠 속을 빠르게 날아갈 수 있다면, 박쥐는 후각 능력이 약하지 않고 탁월한 청각 능력이 있다.'는 명제는 명제 ②의 대우 명제이므로 진리값은 참이다.

　　　　(3) '우리는 어떤 것에 대해 감정을 갖지 않는다면 그것이 존재한다고 믿지 않는다.'는 명제는 명제 ③의 역 명제이므로 진리값은 참이 될 수도 있고 거짓이 될 수도 있다.

개념 잡기 2   명제 간의 관계

1. 모순

'모순'이란 두 명제의 진리값이 동시에 참이 될 수도 없고 동시에 거짓이 될 수도 없는 관계를 의미한다. 즉, 한 명제가 참이면 다른 명제는 반드시 거짓이 되고, 한 명제가 거짓이면 다른 명제는 반드시 참이 되는 관계이다. 논리 관련 기출에서 매년 출제되는 논리의 핵심 개념이므로 모순관계에 있는 명제를 숙지해 두는 것이 필요하다.

예제 5

> ① 핵전쟁이 일어난다면 아무도 살아남지 못한다.
> ② 핵전쟁이 일어나도 하늘이 돕는 사람은 살아남는다.
> ③ 핵전쟁이 일어나도 누군가는 살아남는다.
> ④ 이 문제는 어려운 문제이거나 잘못된 문제이다.
> ⑤ 이 문제는 어렵지 않고 잘못된 문제가 아니다.

Q. 위 명제 간의 관계에 대하여 올바른 설명이면 O, 틀린 설명이면 X에 표시해 봅시다.

(1) 명제 ①과 명제 ②는 모순관계이다.   O | X

(2) 명제 ③이 참일 때 명제 ①은 반드시 거짓이고, 명제 ③이 거짓일 때 명제 ①은 반드시 참이다.   O | X

(3) 명제 ④가 거짓일 때, 명제 ⑤는 반드시 참이다.   O | X

정답   (1) ×, (2) ○, (3) ○

해설   (1) 명제 ①이 참일 때 명제 ②는 반드시 거짓이지만, 명제 ①이 거짓일 때 명제 ②가 반드시 참이지는 않으므로 두 명제는 모순관계가 아니다.

　　　　(2) 명제 ③이 참일 때 명제 ①은 반드시 거짓이고, 명제 ③이 거짓일 때 명제 ①은 반드시 참인 모순관계이다.

　　　　(3) 명제 ④가 참일 때 명제 ⑤는 반드시 거짓이고, 명제 ④가 거짓일 때 명제 ⑤는 반드시 참인 모순관계이다.

2. 반대

'반대'란 두 명제의 진리값이 동시에 참이 될 수는 없지만 동시에 거짓이 될 수는 있는 관계를 의미한다. 즉, 한 명제가 참이면 다른 명제는 반드시 거짓이 되지만, 한 명제가 거짓이면 다른 명제는 참이 될 수도 있고 거짓이 될 수도 있는 관계이다. 기출에서는 모순관계와 비교 대상으로 출제된다.

예제 6

① 화장을 하는 학생은 모두 우리반 학생이다.
② 화장을 하는 학생은 모두 우리반 학생이 아니다.
③ 화장을 하는 학생 중 일부는 우리반 학생이 아니다.
④ 갑돌이는 인사부에 배치되고 을순이는 총무부에 배치된다.
⑤ 갑돌이는 인사부에 배치되고 을순이는 총무부에 배치되지 않는다.

Q. 위 명제 간의 관계에 대하여 올바른 설명이면 O, 틀린 설명이면 X에 표시해 봅시다.

(1) 명제 ①과 명제 ②는 반대관계이다.   O | X

(2) 명제 ③이 참일 때 명제 ①은 반드시 거짓이고, 명제 ③이 거짓일 때 명제 ①은 반드시 참이다.   O | X

(3) 명제 ④가 거짓일 때, 명제 ⑤는 거짓이 될 수 있다.   O | X

정답   (1) O, (2) O, (3) O

해설   (1) 명제 ①이 참일 때 명제 ②는 반드시 거짓이지만, 명제 ①이 거짓일 때 명제 ②는 참이 될 수도 있고 거짓이 될 수도 있으므로 두 명제는 반대관계이다.

(2) 명제 ③이 참일 때 명제 ①은 반드시 거짓이고, 명제 ③이 거짓일 때 명제 ①은 반드시 참인 모순관계이다.

(3) 명제 ④가 참일 때 명제 ⑤는 반드시 거짓이고, 명제 ④가 거짓일 때 명제 ⑤는 참이 될 수도 있고 거짓이 될 수도 있으므로 두 명제는 반대관계이다.

3. 양립

'양립'이란 두 명제의 진리값이 동시에 참이 될 수 있는 관계를 의미한다. 즉, 한 명제가 참이면 다른 명제는 반드시 참이 되지는 않더라도 참이 될 가능성이 있는 관계이다. 기출에서는 여러 등장인물의 견해를 분석하는 문제에서 견해 간의 양립 가능성을 판단하는 형태로 자주 출제된다.

예제 7

> ① 절대적으로 확실한 지식은 존재하지 않는다.
> ② 감각 경험을 통해서 우리는 절대적으로 확실한 지식을 얻게 된다.
> ③ 우리는 거듭 의심하는 방법을 사용하여 절대적으로 확실한 지식을 발견한다.
> ④ 고중세 시대의 자연철학은 언제나 사변에 의지한 것이었다.
> ⑤ 현대의 자연철학은 사변에 의지하고 있는 것이 아니다.

Q. 위 명제 간의 관계에 대하여 올바른 설명이면 O, 틀린 설명이면 X에 표시해 봅시다.

(1) 명제 ①과 명제 ②는 양립 가능하다.   O | X

(2) 명제 ①이 참일 때 명제 ③은 참이 될 수 있다.   O | X

(3) 명제 ④와 명제 ⑤는 양립 가능하다.   O | X

정답 (1) ×, (2) ×, (3) ○

해설 (1) 명제 ①이 참일 때 명제 ②는 참이 될 수 없으므로 두 명제는 양립 불가능하다.
　　　 (2) 명제 ①이 참일 때 명제 ③은 참이 될 수 없으므로 두 명제는 양립 불가능하다.
　　　 (3) 명제 ④가 참일 때 명제 ⑤는 참이 될 수 있으므로 두 명제는 양립 가능하다.

4. 함축

'함축'이란 한 명제가 참일 때 다른 명제도 반드시 참이 되는 관계를 의미한다. 기출에서는 하나의 명제가 참일 때 다른 명제의 진리값을 묻는 형태로 출제된다.

예제 8

> ① 운동을 열심히 하고 식이요법을 하면 체중이 줄어든다.
> ② 운동을 열심히 하면 체중이 줄어든다.
> ③ 운동을 열심히 하면 체중이 줄어들고 건강이 좋아진다.
> ④ 운동을 열심히 하거나 식이요법을 하면 체중이 줄어든다.
> ⑤ 운동을 열심히 하면 체중이 줄어들거나 건강이 좋아진다.

Q. 위 명제 간의 관계에 대하여 올바른 설명이면 O, 틀린 설명이면 X에 표시해 봅시다.

(1) 명제 ①이 참이면, 명제 ②도 반드시 참이다.   O | X

(2) 명제 ②가 참이면, 명제 ③도 반드시 참이다.   O | X

(3) 명제 ③이 참이면, 명제 ④도 반드시 참이다.   O | X

(4) 명제 ④가 참이면, 명제 ②도 반드시 참이다.   O | X

(5) 명제 ②가 참이면, 명제 ⑤도 반드시 참이다.   O | X

정답   (1) ×, (2) ×, (3) ×, (4) ○, (5) ○

해설   (1) '운동을 열심히 하고 식이요법을 하면 체중이 줄어든다.'가 참이면, '운동을 열심히 하면 체중이 줄어든다.'는 참이 될 수도 있고 거짓이 될 수도 있다.

       (2) '운동을 열심히 하면 체중이 줄어든다.'가 참이면, '운동을 열심히 하면 체중이 줄어들고 건강이 좋아진다.'는 참이 될 수도 있고 거짓이 될 수도 있다.

       (3) '운동을 열심히 하면 체중이 줄어들고 건강이 좋아진다.'가 참이면, '운동을 열심히 하거나 식이요법을 하면 체중이 줄어든다.'는 참이 될 수도 있고 거짓이 될 수도 있다.

       (4) '운동을 열심히 하거나 식이요법을 하면 체중이 줄어든다.'가 참이면, '운동을 열심히 하면 체중이 줄어든다.'는 반드시 참이다.

       (5) '운동을 열심히 하면 체중이 줄어든다.'가 참이면, '운동을 열심히 하면 체중이 줄어들거나 건강이 좋아진다.'는 반드시 참이다.

개념 잡기 3 논리 명제의 조합

1. 명제의 연결

기출에서 논리 문제의 핵심은 제시된 논리 명제를 기호화하여 각 명제를 연결하는 것에 있다. 명제의 연결고리를 잡을 수 있어야 여러 개의 명제를 연결해 확정적인 정보를 도출할 수 있다. 명제를 연결하는 데에는 앞서 배운 명제의 기호화 방식, 명제 변형 방법, 명제 간 진리값 판단 등 여러 논리 이론들이 종합적으로 사용된다.

예제 9

> ① 알파 행성은 델타 행성을 침공하지 않는다.
> ② 알파 행성은 베타 행성을 침공하거나 델타 행성을 침공한다.
> ③ 알파 행성이 베타 행성을 침공한다면 감마 행성을 침공하지 않는다.

Q. 위 명제들을 연결하여 정보를 도출해 적어 봅시다.

(1) 명제 ①과 명제 ②를 연결하면, (   )라는 정보가 도출된다.

(2) (1)에서 도출된 정보와 명제 ③을 연결하면, (   )라는 정보가 도출된다.

(3) 베타, 감마, 델타 행성 중 알파 행성이 침공하는 행성은 (   ) 이다.

정답　(1) 알파 행성은 베타 행성을 침공한다.
　　　(2) 알파 행성은 감마 행성을 침공하지 않는다.
　　　(3) 베타 행성

2. 논증의 타당성 판단

논증의 타당성은 전제가 참일 때 결론이 반드시 참이 되는지 여부로 판단한다. 기출에서는 논증의 전제와 결론을 논리 명제로 제시하여 타당성을 판단하는 문제가 출제된다. 이 경우 전제와 결론으로 제시된 명제를 기호화하여 연결고리를 잡아주는 방식으로 접근하는데, 이 과정에서 논증의 타당성을 판단하는 규칙을 적용한다. 이 규칙을 적용하여 전제에서부터 결론까지 연결고리가 잡히면 타당한 논증이라고 판단한다. 타당성을 판단하는 규칙은 수학 공식처럼 쓰이므로 암기해 두는 것이 필요하다.

규칙	의미
전건 긍정법	A → B가 참일 때, A가 참이면 B는 반드시 참이다.
후건 부정법	A → B가 참일 때, ~B가 참이면 ~A는 반드시 참이다.
선언지 제거법	A ∨ B가 참일 때, ~A가 참이면 B는 반드시 참이다

이와 더불어 논증이 타당하지 않음을 나타내는 논리적 오류도 알아두어야 한다. 이 오류를 범하는 논증은 부당한 논증이 된다.

규칙	의미
전건 부정의 오류	A → B가 참일 때, ~A → ~B를 참이라고 하면 오류이다.
후건 긍정의 오류	A → B가 참일 때, B → A를 참이라고 하면 오류이다.
선언지 긍정의 오류	A ∨ B가 참일 때, A → ~B를 참이라고 하면 오류이다.

예제 10

① 운동을 열심히 하면 체중이 줄어든다. 영희는 최근 운동을 전혀 하지 않았다. 그러므로 영희는 체중이 늘었음에 틀림없다.

② 영희는 학생이다. 그녀는 철학도이거나 과학도임이 틀림없다. 그녀는 과학도가 아니라는 것이 밝혀졌다. 따라서 그녀는 철학도이다.

③ 여당 지도부의 지지 없이는 새로운 증세안은 국무회의에서 기각될 것이다. 그러나 국무회의에서 새로운 증세안이 통과되었으므로 여당 지도부는 증세안을 지지했음에 틀림없다.

Q. 위 논증이 타당하면 O, 타당하지 않으면 X에 표시해 봅시다.

(1) 논증 ①은 타당한 논증이다.　　　　　　　　　　　　　　　　　　　O | X

(2) 논증 ②는 타당한 논증이다.　　　　　　　　　　　　　　　　　　　O | X

(3) 논증 ③은 타당한 논증이다.　　　　　　　　　　　　　　　　　　　O | X

정답　(1) ×, (2) ○, (3) ○

해설

구분	기호화	타당성
(1) 논증 ①	운동 → 체중 줄어듦 ~운동 ∴ 체중이 늘었음	X
(2) 논증 ②	철학도 or 과학도 ~과학도 ∴ 철학도	O
(3) 논증 ③	~지지 → 기각 ~기각 ∴ 지지	O

대표유형 01 논증의 타당성 판단

유형 정보 알아보기

유형 소개

지문이나 선택지에서 논증이 주어지고, 이 논증이 전제가 참일 때 결론이 반드시 참이 되는지 여부를 판단하는 유형이다.

발문 형태

○ 다음 논증 중 타당하지 않은 것은?
○ 다음 추론 중 논리적으로 타당한 것은?
○ 다음에서 전제가 참일 때 결론이 반드시 참이 되지 않는 논증을 모두 고르면?
○ 다음 중 논리적 추리의 방법이 다른 하나는?
○ 다음 논증에 대한 평가로 적절한 것은?
○ 다음 논증에 대한 분석으로 적절한 것은?

접근 방법

전제가 참일 때 결론이 참이 되는 논증을 '타당한 논증'이라고 한다. 즉, '논증의 타당성'이란 전제가 참일 경우 결론이 반드시 참이 되는 것을 의미한다. 전제가 참일 경우 결론이 반드시 참이 되는 논증이 연역 논증이므로 연역 논증은 타당한 논증이 된다. 반면 전제가 참인데도 결론이 참이라 할 수 없는 논증은 타당하지 않은 논증, 즉 부당한 논증이라고 한다. 결국 논증의 타당성을 판단하기 위해서는 전제가 참이라고 가정했을 때, 결론이 반드시 참이 되는지 여부를 판단하면 된다. 전제가 참일 때 결론이 참이 되는지 여부는 내용적으로 판단할 수도 있지만, 복잡하고 어려운 논리 문장일수록 기계적인 접근이 더 효율적이다.

STEP 1 제시된 논증을 전제와 결론으로 구분하고, 간단히 기호화한다.

- 논증은 전제와 결론으로 이루어져 있으므로 논증의 전제가 되는 문장과 결론인 문장을 구별하여 기호화해야 타당성을 명확히 파악할 수 있다.

STEP 2 논증 규칙이나 논리적 오류를 적용하여 기호화한 전제가 참일 때, 결론이 반드시 참이 되는지 확인한다.

- 전제가 참일 때 결론이 반드시 참으로 도출되면 타당한 논증이다.
- 전제가 참일 때 결론이 반드시 참으로 도출되지 않으면 타당하지 않은 논증이다.

 점수 잡는 실전 TIP!

논증의 타당성을 판단하는 것은 논리적이고 기계적인 작업이다!

논증의 타당성을 판단하면서 흔히 저지르는 실수 중 하나는 논증의 내용에 따라 타당성을 판단하려고 하는 것이다. 그러나 지문이 독해 문제처럼 길게 주어져 있다고 해도, 논리 문제는 내용이 아니라 논리 이론에 근거하여 매우 기계적으로 접근해야 한다.

전제가 참일 때 결론이 반드시 참인 논증을 펼친 사람만을 모두 고르면?

> 영희: 갑이 A부처에 발령을 받으면, 을은 B부처에 발령을 받아. 그런데 을이 B부처에 발령을 받지 않았어. 그러므로 갑은 A부처에 발령을 받지 않았어.
>
> 철수: 갑이 A부처에 발령을 받으면, 을도 A부처에 발령을 받아. 그런데 을이 B부처가 아닌 A부처에 발령을 받았어. 따라서 갑은 A부처에 발령을 받았어.
>
> 현주: 갑이 A부처에 발령을 받지 않거나, 을과 병이 C부처에 발령을 받아. 그런데 갑이 A부처에 발령을 받았어. 그러므로 을과 병 모두 C부처에 발령을 받았어.

① 영희

② 철수, 현주

③ 영희, 철수

④ 영희, 현주

STEP 1	제시된 논증을 전제와 결론으로 구분하고, 간단히 기호화한다.

Q. 지문에서 전제와 결론을 구분하고, 논증에 제시된 명제를 기호화 해봅시다.

전제와 결론 구별	명제 기호화
영희	
철수	
현주	

STEP 2	논증 규칙이나 논리적 오류를 적용하여 기호화한 전제가 참일 때, 결론이 반드시 참이 되는지 확인한다.

Q. 전제가 모두 참일 때 결론이 반드시 참이 되는지 여부를 판단해 보고, 타당성을 판단하는 데 사용된 규칙과 타당성 일치 여부를 적어 봅시다.

결론의 참·거짓 여부	타당성 판단 규칙
영희	
철수	
현주	

전제가 참일 때 결론이 반드시 참인 논증을 펼친 사람만을 모두 고르면?

> 영희: 갑이 A부처에 발령을 받으면, 을은 B부처에 발령을 받아. 그런데 을이 B부처에 발령을 받지 않았어. 그러
>
> 결론을 나타내는 접속사
>
> <u>므로</u> 갑은 A부처에 발령을 받지 않았어.
>
> 철수: 갑이 A부처에 발령을 받으면, 을도 A부처에 발령을 받아. 그런데 을이 B부처가 아닌 A부처에 발령을 받았
>
> 어. 따라서 갑은 A부처에 발령을 받았어.
>
>   결론을 나타내는 접속사
>
> 현주: 갑이 A부처에 발령을 받지 않거나, 을과 병이 C부처에 발령을 받아. 그런데 갑이 A부처에 발령을 받았어.
>
> <u>그러므로</u> 을과 병 모두 C부처에 발령을 받았어.
>
> 결론을 나타내는 접속사

① 영희
② 철수, 현주
③ 영희, 철수
☑ 영희, 현주

해설

구분	기호화	결론
영희	갑A → 을B ~을B ∴ ~갑A	전제가 참일 때 결론이 반드시 참이다.
철수	갑A → 을A 을A ∴ 갑A	전제가 참일 때 결론이 반드시 참이라고 할 수 없다.
현주	~갑A ∨ 을병C 갑A ∴ 을병C	전제가 참일 때 결론이 반드시 참이다.

전제와 결론 구별		명제 기호화
영희	전제 1: 갑이 A부처에 발령을 받으면, 을은 B부처에 발령을 받아. 전제 2: 을이 B부처에 발령을 받지 않았어. 결론: 갑은 A부처에 발령을 받지 않았어.	갑A → 을B ~을B ∴ ~갑A
철수	전제 1: 갑이 A부처에 발령을 받으면, 을도 A부처에 발령을 받아. 전제 2: 을이 B부처가 아닌 A부처에 발령을 받았어. 결론: 갑은 A부처에 발령을 받았어.	갑A → 을A 을A ∴ 갑A
현주	전제 1: 갑이 A부처에 발령을 받지 않거나, 을과 병이 C부처에 발령을 받아. 전제 2: 갑이 A부처에 발령을 받았어. 결론: 을과 병 모두 C부처에 발령을 받았어.	~갑A ∨ 을병C 갑A ∴ 을병C

STEP 2 정답

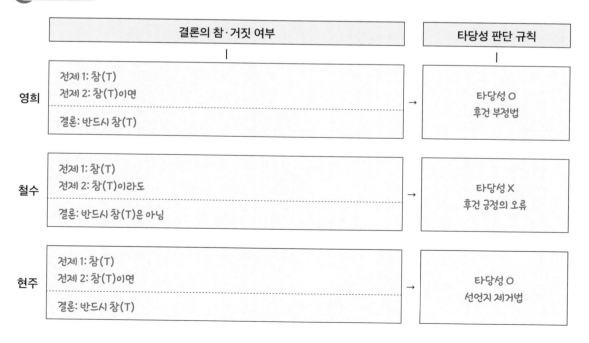

결론의 참·거짓 여부		타당성 판단 규칙
영희	전제 1: 참(T) 전제 2: 참(T)이면 결론: 반드시 참(T)	타당성 O 후건 부정법
철수	전제 1: 참(T) 전제 2: 참(T)이라도 결론: 반드시 참(T)은 아님	타당성 X 후건 긍정의 오류
현주	전제 1: 참(T) 전제 2: 참(T)이면 결론: 반드시 참(T)	타당성 O 선언지 제거법

01 다음 (가)~(마) 각각의 논증에서 전제가 모두 참일 때, 결론이 반드시 참인 것을 모두 고르면?

2012년 민간경력자 채용 8번

(가) 삼촌은 우리를 어린이대공원에 데리고 간다고 약속했다. 삼촌이 이 약속을 지킨다면, 우리는 어린이대공원에 갈 것이다. 우리는 어린이대공원에 갔다. 따라서 삼촌이 이 약속을 지킨 것은 확실하다.

(나) 내일 비가 오면, 우리는 박물관에 갈 것이다. 내일 날씨가 좋으면, 우리는 소풍을 갈 것이다. 내일 비가 오거나 날씨가 좋을 것이다. 따라서 우리는 박물관에 가거나 소풍을 갈 것이다.

(다) 영희는 학생이다. 그녀는 철학도이거나 과학도임이 틀림없다. 그녀는 과학도가 아니라는 것이 밝혀졌다. 따라서 그녀는 철학도이다.

(라) 그가 나를 싫어하지 않는다면, 나를 데리러 올 것이다. 그는 나를 싫어한다. 따라서 그는 나를 데리러 오지 않을 것이다.

(마) 그가 유학을 간다면, 그는 군대에 갈 수 없다. 그가 군대에 갈 수 없다면, 결혼을 미루어야 한다. 그가 결혼을 미룬다면, 그녀와 헤어지게 될 것이다. 따라서 그녀와 헤어지지 않으려면, 그는 군대에 가서는 안 된다.

① (가), (나)
② (가), (라)
③ (나), (다)
④ (다), (마)

02 다음 중 논증 형식이 같은 것끼리 묶인 것은?

2006년 견습직원 선발 9번

> ㄱ. A교수가 국립대학 교수라면 그는 대통령에 의해 임용되었을 것이다. 그러나 그는 대통령에 의해 임용되지 않았다. 따라서 A교수는 국립대학 교수가 아니다.
>
> ㄴ. 여당 지도부의 지지 없이는 새로운 증세안은 국무회의에서 기각될 것이다. 그러나 국무회의에서 새로운 증세안이 통과되었으므로 여당 지도부는 증세안을 지지했음에 틀림없다.
>
> ㄷ. 축구 대회에 참가한 모든 팀은 조별 리그에서 최소 1승을 한 경우에만 본선 2라운드에 진출할 수 있다. B팀은 조별 리그에서 1승을 했다. 따라서 B팀은 본선 2라운드에 진출하였다.
>
> ㄹ. 논리학 과목에서 총 강의 시간의 1/4 이상 결석한 학생은 모두 그 과목에서 F학점을 받는다. C군은 지난 학기 논리학 과목에서 F학점을 받았다. 그는 지난 학기 그 과목에서 1/4 이상 결석했음에 틀림없다.

① (ㄱ, ㄴ)-(ㄷ, ㄹ)

② (ㄱ, ㄷ)-(ㄴ, ㄹ)

③ (ㄱ, ㄹ)-(ㄴ, ㄷ)

④ (ㄴ)-(ㄱ, ㄷ, ㄹ)

03 (가)와 (나)를 전제로 할 때 빈칸에 들어갈 결론으로 가장 적절한 것은?

9급 출제기조 변화 예시문제 12번

> (가) 노인복지 문제에 관심이 있는 사람 중 일부는 일자리 문제에 관심이 있는 사람이 아니다.
>
> (나) 공직에 관심이 있는 사람은 모두 일자리 문제에 관심이 있는 사람이다.
>
> 따라서 [   ].

① 노인복지 문제에 관심이 있는 사람 중 일부는 공직에 관심이 있는 사람이 아니다

② 공직에 관심이 있는 사람 중 일부는 노인복지 문제에 관심이 있는 사람이 아니다

③ 공직에 관심이 있는 사람은 모두 노인복지 문제에 관심이 있는 사람이 아니다

④ 일자리 문제에 관심이 있지만 노인복지 문제에 관심이 없는 사람은 모두 공직에 관심이 있는 사람이 아니다

논리 퀴즈

유형 소개

지문에 논리 명제를 제시하고, 그 명제의 참과 거짓 여부, 혹은 명제의 연결에 의해 어떠한 정보가 반드시 참인지 거짓인지를 판단하는 유형이다.

발문 형태

o 다음 글의 내용이 참일 때, 반드시 참인 것만을 <보기>에서 모두 고르면?
o 다음 글의 내용이 참일 때, 반드시 참이라고 할 수 없는 것은?
o 다음 조건에 따를 때, 반드시 참인 것은?
o 다음 중 오직 한 사람만이 거짓말을 하고 있다. 거짓말을 하고 있는 사람은?

접근 방법

논리 퀴즈는 논리와 논증에서 알아두어야 할 이론들이 집약되어 출제되는 유형이다. 출제위원이 수험생들에게 묻고 싶은 논리적인 추론 능력이 최종적으로 문제화된 형태가 논리 퀴즈이다. 따라서 논리 퀴즈 문제를 풀 때는 논리 명제의 기호화 방법, 명제를 연결하는 방법, 논리 명제 간에 진리값을 판단하는 방법 등을 종합적으로 고려해야 한다. 즉, 논리 명제를 간단히 기호화하여 기계적이고 정형화된 접근법에 따라 문제를 해결하는 것이 효율적이다.

정답을 빠르게 찾는 **문제풀이 전략**

STEP 1 지문에 주어진 명제를 간단히 기호화한다.

- 명제를 기호화하는 방식에 따라 지문에 주어진 논리 명제를 간단히 기호화한다.

STEP 2 선택지나 <보기>에 제시된 명제를 기호화하고, 지문의 명제를 조합하여 도출될 수 있는지 확인한다.

- 선택지나 <보기>에 제시된 명제도 지문의 명제와 동일한 방식으로 기호화한다.
- 선택지나 <보기>의 명제가 지문에서 기호화한 명제들을 연결하여 도출될 수 있으면 그 명제는 반드시 참이다.
- 선택지나 <보기>의 명제가 지문에서 기호화한 명제들을 연결하여 도출될 수 없으면 그 명제는 반드시 참이라고 할 수 없다.

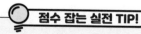
점수 잡는 실전 TIP!

기호화한 명제를 연결하자!

조건명제는 하나만 있을 때는 큰 의미가 없지만, 조건명제가 여러 개 연결되면 문제 해결의 열쇠가 될 수 있다. 문장을 연결시키면 따로 떨어져 있을 때는 보이지 않던 새로운 정보가 보이기 때문이다. 이런 작업은 선택지의 참, 거짓 여부를 판별하는 데도 유용하다.

A, B, C, D 네 개의 국책 사업 추진 여부를 두고, 정부가 다음과 같은 기본 방침을 정했다고 하자. 이를 따를 때 반드시 참이라고는 할 수 없는 것은?

---

1) A를 추진한다면, B도 추진한다.

2) C를 추진한다면, D도 추진한다.

3) A나 C 가운데 적어도 한 사업은 추진한다.

---

① 적어도 두 사업은 추진한다.

② A를 추진하지 않기로 결정한다면, 추진하는 사업은 정확히 두 개이다.

③ B를 추진하지 않기로 결정한다면, C는 추진한다.

④ D를 추진하지 않기로 결정한다면, 다른 세 사업의 추진 여부도 모두 정해진다.

STEP 1	지문에 주어진 명제를 간단히 기호화한다.

Q. 지문의 명제를 기호화하여 명제들을 연결해 봅시다.

명제 기호화	명제 연결
1)	
2)	
3)	

STEP 2	선택지나 <보기>에 제시된 명제를 기호화하고, 지문의 명제를 조합하여 도출될 수 있는지 확인한다.

Q. 지문의 명제를 참이라고 할 때 아래 표에 제시된 문장이 반드시 참인지 여부를 ○, ×로 표시해 봅시다.

문장	반드시 참인지 여부
적어도 두 사업은 추진한다.	
A를 추진하지 않기로 결정한다면, 추진하는 사업은 정확히 두 개이다.	
B를 추진하지 않기로 결정한다면, C는 추진한다.	
D를 추진하지 않기로 결정한다면, 다른 세 사업의 추진 여부도 모두 정해진다.	

A, B, C, D 네 개의 국책 사업 추진 여부를 두고, 정부가 다음과 같은 기본 방침을 정했다고 하자. 이를 따를 때 반드시 참이라고는 할 수 없는 것은?

> 1) A를 추진한다면, B도 추진한다.
> 2) C를 추진한다면, D도 추진한다.
> 3) A나 C 가운데 적어도 한 사업은 추진한다.

① 적어도 두 사업은 추진한다.

② A를 추진하지 않기로 결정한다면, 추진하는 사업은 정확히 두 개이다.

③ B를 추진하지 않기로 결정한다면, C는 추진한다.

④ D를 추진하지 않기로 결정한다면, 다른 세 사업의 추진 여부도 모두 정해진다.

해설   지문에 제시된 조건을 기호화하면 다음과 같다.
- 명제 1: A → B
- 명제 2: C → D
- 명제 3: A or C

① 명제 3에서 A를 추진하면 B를 추진하고, C를 추진하면 D를 추진하게 되므로 적어도 두 사업은 추진한다는 것은 반드시 참이다.

② A를 추진하지 않기로 결정한다면, 명제 3에서 C를 추진하고 명제 2에서 D를 추진하지만, B도 추진될 수 있으므로 추진하는 사업이 정확히 두 개라는 것은 반드시 참이라고 할 수 없다.

③ B를 추진하지 않기로 결정한다면, 명제 1에서 A를 추진하지 않고 명제 3에서 C는 추진한다.

④ D를 추진하지 않기로 결정한다면, 명제 2에서 C를 추진하지 않고 명제 3에서 A를 추진하고 명제 1에서 B를 추진하므로 다른 세 사업의 추진 여부도 모두 정해진다.

STEP 1 정답

명제 기호화	명제 연결
1) A → B	
2) C → D	A or C ↓ ↓ B D
3) A or C	

STEP 2 정답

문장	반드시 참인지 여부
적어도 두 사업은 추진한다.	O
A를 추진하지 않기로 결정한다면, 추진하는 사업은 정확히 두 개이다.	X
B를 추진하지 않기로 결정한다면, C는 추진한다.	O
D를 추진하지 않기로 결정한다면, 다른 세 사업의 추진 여부도 모두 정해진다.	O

01 사무관 A, B, C, D, E는 다음 조건에 따라 회의에 참석할 예정이다. 반드시 참이라고는 할 수 없는 것은?

2012년 민간경력자 채용 18번

- A가 회의에 참석하면, B도 참석한다.
- A가 참석하면 E도 참석하고, C가 참석하면 E도 참석한다.
- D가 참석하면, B도 참석한다.
- C가 참석하지 않으면, B도 참석하지 않는다.

① A가 참석하면, C도 참석한다.

② A가 참석하면, D도 참석한다.

③ C가 참석하지 않으면, D도 참석하지 않는다.

④ E가 참석하지 않으면, B도 참석하지 않는다.

02 다음을 참이라고 가정할 때, 회의를 반드시 개최해야 하는 날의 수는?

2016년 민간경력자 채용 6번

- 회의는 다음 주에 개최한다.
- 월요일에는 회의를 개최하지 않는다.
- 화요일과 목요일에 회의를 개최하거나 월요일에 회의를 개최한다.
- 금요일에 회의를 개최하지 않으면, 화요일에도 회의를 개최하지 않고 수요일에도 개최하지 않는다.

① 1　　　　　② 2　　　　　③ 3　　　　　④ 4

03 다음 글의 내용이 참일 때, 반드시 참인 것만을 <보기>에서 모두 고르면? 2017년 민간경력자 채용 6번

> 교수 갑~정 중에서 적어도 한 명을 국가공무원 5급 및 7급 민간경력자 일괄채용 면접위원으로 위촉한다.
> 위촉 조건은 아래와 같다.
> - 갑과 을 모두 위촉되면, 병도 위촉된다.
> - 병이 위촉되면, 정도 위촉된다.
> - 정은 위촉되지 않는다.

<보기>

> ㄱ. 갑과 병 모두 위촉된다.
> ㄴ. 정과 을 누구도 위촉되지 않는다.
> ㄷ. 갑이 위촉되지 않으면, 을이 위촉된다.

① ㄱ

② ㄷ

③ ㄴ, ㄷ

④ ㄱ, ㄴ, ㄷ

04 다음 진술이 모두 참일 때 반드시 참인 것은? 9급 출제기조 변화 예시문제 5번

> - 오 주무관이 회의에 참석하면, 박 주무관도 참석한다.
> - 박 주무관이 회의에 참석하면, 홍 주무관도 참석한다.
> - 홍 주무관이 회의에 참석하지 않으면, 공 주무관도 참석하지 않는다.

① 공 주무관이 회의에 참석하면, 박 주무관도 참석한다.

② 오 주무관이 회의에 참석하면, 홍 주무관은 참석하지 않는다.

③ 박 주무관이 회의에 참석하지 않으면, 공 주무관은 참석한다.

④ 홍 주무관이 회의에 참석하지 않으면, 오 주무관도 참석하지 않는다.

독해형 논리

유형 정보 알아보기

유형 소개

독해 지문과 비슷한 형태의 글이 지문으로 주어지고, 이 글의 내용이 모두 참일 때 선택지나 <보기>에 주어진 정보가 반드시 참이 되는지 여부를 판단하는 유형이다.

발문 형태

○ 다음 글의 내용이 참일 때, 반드시 참인 것만을 <보기>에서 모두 고르면?
○ 다음 글의 내용이 참일 때, 반드시 참이라고 할 수 없는 것은?
○ 다음 글의 내용이 참일 때, 반드시 거짓인 것은?
○ 다음 논증이 타당하기 위해서 괄호 안에 들어갈 진술로 가장 적절한 것은?

접근 방법

논리 문제는 앞의 논리 퀴즈 유형처럼 논리 명제를 지문에 직접적으로 제시하는 형태로 출제되기도 하고, 독해 지문처럼 줄글 형태의 지문으로 출제되기도 한다. 이 경우 논리 문제임을 판단할 수 있는 근거는 '발문'이다. 문제가 '다음 글의 내용이 참일 때'로 시작한다면, 지문의 형태에 상관없이 논리 문제로 판단하고 접근해야 한다. 즉, 지문의 내용을 독해하는 것이 아니라, 논리 명제를 찾아 기호화하고 명제들을 연결하는 방식으로 접근하는 것이 효율적인 풀이 방법이다.

정답을 빠르게 찾는 **문제풀이 전략**

STEP 1 발문을 통해 논리 문제인지를 확인하고, 지문에서 기호화가 필요한 문장을 찾아 기호화한다.

- 지문이 독해 문제와 같은 형태로 제시되더라도 발문에 '다음 글의 내용일 참일 때'라는 표현이 보이면 독해형 논리 문제이다.
- 줄글 형태의 지문에서 정언 명제와 가언 명제 등 논리 명제를 찾아 기호화한다.
- 논리 명제가 아닌 일반 문장은 기호화하지 않는다.

STEP 2 선택지와 <보기>의 문장도 기호화하고, 지문의 명제와 비교하여 참·거짓 여부를 판별한다.

- 선택지나 <보기>의 문장도 지문과 동일한 방식으로 기호화한다.
- 지문에서 기호화한 문장을 연결하여 선택지나 <보기>를 기호화한 문장이 도출되는지 판별한다.

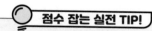 **점수 잡는 실전 TIP!**

확정적인 정보를 제시하고 있는 문장에 주목하자!

논리 문제는 대부분 '주어진 내용이 참일 때 반드시 참인 것'을 찾으라는 형태로 출제된다. 따라서 지문에 제시된 문장 중 논리 명제가 아니더라도 확정적인 정보를 제시하고 있는 문장을 놓치지 말아야 한다. 왜냐하면 그 정보가 문제 해결의 시작점이 되기 때문이다.

다음 글의 내용이 참일 때, 반드시 참인 것은?

> 도덕성에 결함이 있는 어떤 사람도 공무원으로 채용되지 않는다. 업무 능력을 검증받았고 인사추천위원회의 추천을 받았으며 공직관이 투철한, 즉 이 세 조건을 모두 만족하는 지원자는 누구나 올해 공무원으로 채용된다. 올해 공무원으로 채용되는 사람들 중에 봉사정신이 없는 사람은 아무도 없다. 공직관이 투철한 철수는 올해 공무원 채용 시험에 지원하여 업무 능력을 검증받았다.

① 만일 철수가 도덕성에 결함이 없다면, 그는 올해 공무원으로 채용된다.
② 만일 철수가 봉사정신을 갖고 있다면, 그는 올해 공무원으로 채용된다.
③ 만일 철수가 도덕성에 결함이 있다면, 그는 인사추천위원회의 추천을 받지 않았다.
④ 만일 철수가 올해 공무원으로 채용된다면, 그는 인사추천위원회의 추천을 받았다.

STEP 1 발문을 통해 논리 문제인지를 확인하고, 지문에서 기호화가 필요한 문장을 찾아 기호화한다.

Q. 지문에 제시된 논리 명제를 찾아 기호화하여 적어봅시다.

논리 명제	기호화

STEP 2 선택지와 <보기>의 문장도 기호화하고, 지문의 명제와 비교하여 참·거짓 여부를 판별한다.

Q. 지문을 참이라고 할 때 아래 표에 제시된 문장이 반드시 참인지 여부를 ○, ×로 표시해 봅시다.

문장	반드시 참인지 여부
만일 철수가 도덕성에 결함이 없다면, 그는 올해 공무원으로 채용된다.	
만일 철수가 봉사정신을 갖고 있다면, 그는 올해 공무원으로 채용된다.	
만일 철수가 도덕성에 결함이 있다면, 그는 인사추천위원회의 추천을 받지 않았다.	
만일 철수가 올해 공무원으로 채용된다면, 그는 인사추천위원회의 추천을 받았다.	

다음 글의 내용이 참일 때, 반드시 참인 것은?

도덕성에 결함이 있는 어떤 사람도 공무원으로 채용되지 않는다. 업무 능력을 검증받았고 인사추천위원회의 추천을 받았으며 공직관이 투철한, 즉 이 세 조건을 모두 만족하는 지원자는 누구나 올해 공무원으로 채용된다. 올해 공무원으로 채용되는 사람들 중에 봉사정신이 없는 사람은 아무도 없다. <u>공직관이 투철한 철수는 올해 공무원</u> 채용 시험에 지원하여 업무 능력을 검증받았다.

_{철수에 대한 확정적인 정보 : 논리 명제가 아니더라도 문제 해결에 중요한 문장이다.}

① 만일 철수가 도덕성에 결함이 없다면, 그는 올해 공무원으로 채용된다.
② 만일 철수가 봉사정신을 갖고 있다면, 그는 올해 공무원으로 채용된다.
☑ 만일 철수가 도덕성에 결함이 있다면, 그는 인사추천위원회의 추천을 받지 않았다.
④ 만일 철수가 올해 공무원으로 채용된다면, 그는 인사추천위원회의 추천을 받았다.

해설 지문에 제시된 문장을 기호화하면 다음과 같다.
• 명제 1: 도덕성에 결함 → ~공무원 채용
• 명제 2: (업무 능력 & 인사추천위원회 & 공직관) → 공무원 채용
• 명제 3: 공무원 채용 → 봉사정신
• 명제 4: 철수 : 공직관 & 업무 능력

① 만일 철수가 도덕성에 결함이 없다면, 그는 올해 공무원으로 채용되는지는 알 수 없다.
② 만일 철수가 봉사정신을 갖고 있다면, 그는 올해 공무원으로 채용되는지는 알 수 없다.
③ 명제 1과 명제 2에 따르면 '도덕성에 결함 → ~공무원 채용 → (~업무 능력 or ~인사추천위원회 or ~공직관)'인데, 명제 4에 따르면 철수는 '공직관 & 업무 능력' 이므로 '~인사추천위원회' 라는 결론에 도달하여 반드시 참이다.
④ 만일 철수가 올해 공무원으로 채용된다면, 그는 인사추천위원회의 추천을 받았는지는 알 수 없다.

논리 명제
도덕성에 결함이 있는 어떤 사람도 공무원으로 채용되지 않는다.
업무 능력을 검증받았고 인사추천위원회의 추천을 받았으며 공직관이 투철한, 즉 이 세 조건을 모두 만족하는 지원자는 누구나 올해 공무원으로 채용된다.
올해 공무원으로 채용되는 사람들 중에 봉사정신이 없는 사람은 아무도 없다.
공직관이 투철한 철수는 올해 공무원 채용 시험에 지원하여 업무 능력을 검증받았다.

기호화
도덕성에 결함 → ~공무원 채용
(업무 능력 & 인사추천위원회 & 공직관) → 공무원 채용
공무원 채용 → 봉사정신
철수 : 공직관 & 업무 능력

문장	반드시 참인지 여부
만일 철수가 도덕성에 결함이 없다면, 그는 올해 공무원으로 채용된다.	X
만일 철수가 봉사정신을 갖고 있다면, 그는 올해 공무원으로 채용된다.	X
만일 철수가 도덕성에 결함이 있다면, 그는 인사추천위원회의 추천을 받지 않았다.	O
만일 철수가 올해 공무원으로 채용된다면, 그는 인사추천위원회의 추천을 받았다.	X

01 다음 글의 내용이 참일 때, 반드시 참인 것만을 <보기>에서 모두 고르면? 2015년 민간경력자 채용 16번

> 지혜로운 사람은 정열을 갖지 않는다. 정열을 가진 사람은 고통을 피할 수 없다. 정열은 고통을 수반하기 때문이다. 그런데 사랑을 원하는 사람은 정열을 가진 사람이다. 정열을 가진 사람은 행복하지 않다. 지혜롭지 않은 사람은 사랑을 원하면서 동시에 고통을 피하고자 한다. 그러나 지혜로운 사람만이 고통을 피할 수 있다.

─────── <보기> ───────

ㄱ. 지혜로운 사람은 행복하다.
ㄴ. 사랑을 원하는 사람은 행복하지 않다.
ㄷ. 지혜로운 사람은 사랑을 원하지 않는다.

① ㄱ
② ㄱ, ㄷ
③ ㄴ, ㄷ
④ ㄱ, ㄴ, ㄷ

다음 글의 내용이 참일 때, 반드시 참인 것만을 <보기>에서 모두 고르면? 2022년 국가직 7급 19번

신입사원을 대상으로 민원, 홍보, 인사, 기획 업무에 대한 선호를 조사하였다. 조사 결과 민원 업무를 선호하는 신입사원은 모두 홍보 업무를 선호하였지만, 그 역은 성립하지 않았다. 모든 업무 중 인사 업무만을 선호하는 신입사원은 있었지만, 민원 업무와 인사 업무를 모두 선호하는 신입사원은 없었다. 그리고 넷 중 세 개 이상의 업무를 선호하는 신입사원도 없었다. 신입사원 갑이 선호하는 업무에는 기획 업무가 포함되어 있었으며, 신입사원 을이 선호하는 업무에는 민원 업무가 포함되어 있었다.

─── <보기> ───

ㄱ. 어떤 업무는 갑도 을도 선호하지 않는다.
ㄴ. 적어도 두 명 이상의 신입사원이 홍보 업무를 선호한다.
ㄷ. 조사 대상이 된 업무 중에, 어떤 신입사원도 선호하지 않는 업무는 없다.

① ㄱ
② ㄷ
③ ㄱ, ㄴ
④ ㄴ, ㄷ

다음 글의 내용이 참일 때, 반드시 참인 것만을 <보기>에서 모두 고르면? 2023년 국가직 7급 14번

갑은 <공직 자세 교육과정>, <리더십 교육과정>, <글로벌 교육과정>, <직무 교육과정>, <전문성 교육과정>의 다섯 개 과정으로 이루어진 공직자 교육 프로그램에 참여할 것을 고려하고 있다. 갑이 <공직 자세 교육과정>을 이수한다면 <리더십 교육과정>도 이수한다. 또한 갑이 <글로벌 교육과정>을 이수한다면 <직무 교육과정>과 <전문성 교육과정>도 모두 이수한다. 그런데 갑은 <리더십 교육과정>을 이수하지 않거나 <전문성 교육과정>을 이수하지 않는다.

─── <보기> ───

ㄱ. 갑은 <공직 자세 교육과정>을 이수하지 않거나 <글로벌 교육과정>을 이수하지 않는다.
ㄴ. 갑이 <직무 교육과정>을 이수하지 않는다면 <글로벌 교육과정>도 이수하지 않는다.
ㄷ. 갑은 <공직 자세 교육과정>을 이수하지 않는다.

① ㄱ
② ㄷ
③ ㄱ, ㄴ
④ ㄱ, ㄴ, ㄷ

공무원 시험 전문 해커스공무원

gosi.Hackers.com

해커스공무원 조은정 암기없는 국어 **논리 독해 기본서**

PART 3
독해

독해의 기초 개념 잡기

개념 잡기 1　글의 흐름 파악

1. 중심 내용

중심 내용이란 글에서 말하고자 하는 가장 중요한 내용을 의미한다. 논증에서 주장이나 논지의 역할을 하는 것이 설명문에서의 중심 내용이라고 할 수 있다. 따라서 중심 내용을 찾는 방식은 주장이나 논지를 찾는 방식과 동일하게 글에서 가장 중요한 문장에 집중하면 된다. 기출에서는 글의 '중심 내용'이나 '핵심 내용'을 찾으라는 형태로 출제된다.

예제 1

> 　학교는 우리 아이들에게 무엇을 가르쳐야 할까? 교육이 아이들의 삶뿐만 아니라 한 나라의 미래를 결정한다는 사실을 고려하면 이것은 우리 모두의 운명을 좌우할 물음이다. 문제는 세계의 환경이 급속히 변하고 있다는 것이다. 2030년이면 현존하는 직종 가운데 80%가 사라질 것이고, 2011년에 초등학교에 입학한 어린이 중 65%는 아직 존재하지도 않는 직업에 종사하게 되리라는 예측이 있다. 이런 상황에서 교육이 가장 먼저 고려해야 할 것은 변화하는 직업 환경에 성공적으로 대응하는 능력에 초점을 맞추는 일이다.

Q. 윗글의 중심 내용을 빈칸에 적어 봅시다.

　윗글의 중심 내용은 (　　　　　　　　　　　　　　　　　　　　　　　　　　　　) 이다.

정답　'교육은 다음 세대가 사회 환경의 변화에 대응하는 데 필요한 역량을 함양하는 방향으로 변해야 한다.'

해설　'학교는 우리 아이들에게 무엇을 가르쳐야 할까?'에 대한 질문에 답이 될 수 있는 부분은 '변화하는 직업 환경에 성공적으로 대응하는 능력에 초점을 맞추는 일이다'가 해당한다.

2. 요약

글의 '요약'이란 글에 제시된 핵심 정보를 종합하여 정리하는 것이다. 논지와 중심 내용은 글에서 가장 중요한 한 문장을 찾는 것이지만, 요약은 중요한 문장을 빠짐없이 찾아 전체 맥락을 놓치지 말아야 한다는 점에서 차이가 있다. 기출에서는 글의 내용을 요약한 것을 찾으라거나 포괄하는 진술을 찾으라는 형태로 출제된다.

예제 2

유럽연합(EU)의 기원은 1951년 독일, 프랑스, 이탈리아 및 베네룩스 3국이 창설한 유럽석탄철강공동체(ECSC)이다. ECSC는 당시 가장 중요한 자원의 하나였던 석탄과 철강이 국제 분쟁의 주요 요인이 되면서 자유로운 교류의 필요성이 대두됨에 따라 관련 국가들이 체결한 관세동맹이었다. 이 관세동맹을 통해 다른 산업분야에서도 상호 의존이 심화되었으며, 그에 따라 1958년에 원자력 교류 동맹체인 유럽원자력공동체(EURATOM)와 여러 산업 부문들을 포괄하는 유럽경제공동체(EEC)가 설립되었다. 그 후 1967년에는 이 세 공동체가 통합하여 공동시장을 목표로 하는 유럽공동체(EC)로 발전하였다. 이어 1980년대에 경제위기로 인한 경색이 나타나기도 했으나, 1991년에는 거의 모든 산업 분야를 아울러 단일시장을 지향하는 유럽연합(EU) 조약이 체결되었다. 이러한 과정과 효과가 비경제적 부문으로 확산되어 1997년 암스테르담 조약과 2001년 니스 조약체결을 통해 유럽은 정치적 공동체를 지향하게 되었다. 비록 2004년 유럽헌법제정조약을 통하여 국가를 대체하게 될 새로운 단일 정치체제를 수립하려던 시도는 일부 회원국 내에서의 비준 반대로 실패로 돌아갔지만, 상당수의 전문가들은 장기적으로는 유럽지역이 하나의 연방체제를 구성하는 정치공동체가 될 것이라고 예측하고 있다.

Q. 윗글을 요약한 자료를 토대로 빈칸을 채워봅시다.

다음 두 문장 중 윗글에 대한 요약으로 적절한 것은 (　　　)이다.

① 유럽통합은 자본주의에서 나타나는 위기를 부분적으로 해결하려는 지배계급의 시도이며, 유럽연합은 이들의 이익을 대변하는 장치인 국가의 연합체이다.
② 유럽 지역통합 과정은 산업발전의 파급효과에 따른 국가간 상호의존도 강화가 지역 경제 통합을 이끌어 내고 이를 바탕으로 해당 지역의 정치 통합으로 이어지는 모습을 보여주고 있다.

정답　②

해설　윗글은 유럽연합의 설립 과정을 순차적으로 설명하면서 정치공동체로까지의 변화를 예측하고 있다. 따라서 '유럽 지역통합 과정은 산업발전의 파급효과에 따른 국가간 상호의존도 강화가 지역 경제 통합을 이끌어 내고 이를 바탕으로 해당 지역의 정치 통합으로 이어지는 모습을 보여주고 있다'는 것이 윗글의 요약으로 더 적절하다.

3. 문맥

'문맥'이란 글의 맥락, 즉 흐름을 의미한다. 글의 맥락을 잘 잡는 것은 전체 글의 흐름을 잘 파악하는 것을 의미하고, 이는 효율적인 독해에 필요한 중요 스킬이다. 기출에서 문맥을 파악하는 문제는 글의 순서를 나열하거나 글의 앞이나 뒤에 놓일 내용을 판단하는 형태로 출제되기도 하고, 글의 특정 문장을 문맥에 맞게 수정하는 형태로 출제되기도 한다.

예제 3

테레민이라는 악기는 손을 대지 않고 연주하는 악기이다. 이 악기를 연주하기 위해 연주자는 허리 높이쯤에 위치한 상자 앞에 선다. 연주자의 오른손은 상자에 수직으로 세워진 안테나 주위에서 움직인다. 오른손의 엄지와 집게손가락으로 고리를 만들고 손을 흔들면서 나머지 손가락을 하나씩 펴면 안테나에 손이 닿지 않고서도 음이 들린다.

오른손으로는 수직 안테나와의 거리에 따라 음고(音高)를 조절하고 왼손으로는 수평 안테나와의 거리에 따라 음량을 조절한다. 따라서 오른손과 수직 안테나는 음고를 조절하는 회로에 속하고 왼손과 수평 안테나는 음량을 조절하는 또 다른 회로에 속한다. 이 두 회로가 하나로 합쳐지면서 두 손의 움직임에 따라 음고와 음량을 변화시킬 수 있다.

어떻게 테레민에서 다른 음고의 음이 발생되는지 알아보자. 음고를 조절하는 회로는 가청주파수 범위 바깥의 주파수를 갖는 서로 다른 두 개의 음파를 발생시킨다. 이 두 개의 음파 사이에 존재하는 주파수의 차이값에 의해 가청주파수를 갖는 새로운 진동이 발생하는데 그것으로 소리를 만든다. 가청주파수 범위 바깥의 주파수 중 하나는 고정된 주파수를 갖고 다른 하나는 연주자의 손 움직임에 따라 주파수가 바뀐다. 이렇게 발생한 주파수의 변화에 의해 진동이 발생되고 이 진동의 주파수는 가청주파수 범위 내에 있기 때문에 그 진동을 증폭시켜 스피커로 보내면 소리가 들린다.

Q. 윗글에 대한 설명으로 올바른 것은 O, 틀린 것은 X표시해 봅시다.

(1) 윗글의 뒤에는 왼손의 손가락의 모양에 따라 음고가 바뀌는 원리가 이어지는 것이 적절하다.   O ǀ X

(2) 윗글의 뒤에는 수평 안테나와 왼손 사이의 거리에 따라 음량이 조절되는 원리가 이어지는 것이 적절하다.   O ǀ X

(3) 윗글의 뒤에는 음고를 조절하는 회로에서 가청주파수의 진동이 발생하는 원리가 이어지는 것이 적절하다.   O ǀ X

정답   (1) ×, (2) ○, (3) ×

해설   두 번째 단락에서 오른손으로 음고를 조절하고 왼손으로 음량을 조절한다는 내용이 있고, 세 번째 단락에서 오른손으로 음고를 조절하는 원리가 구체적으로 제시되어 있으므로, 이어질 네 번째 단락에서는 왼손으로 음량이 조절되는 원리가 제시되는 것이 가장 적절하다.

4. 빈칸 채우기

지문에 제시된 '빈칸'을 채우는 과정은 글의 맥락을 파악하는 과정이다. 글을 구성하고 있는 문장들은 유기적인 흐름에 따른다. 그 일부가 빈칸으로 처리되어 있다면, 빈칸 주변의 문장의 흐름을 파악하여 빈칸에 들어갈 문장의 방향을 판단할 수 있다. 기출에서 빈칸을 채우는 문제는 논증에서 주장의 이유를 찾거나 결론을 찾는 방식으로 출제되기도 하고, 여러 개의 빈칸에 들어갈 단어를 매칭하는 형태로 출제되기도 한다.

예제 4

생물다양성을 증가시키는 유인책 중에서 _____(가)_____ 의 효과가 큰 편이다. 시장 형성이 마땅치 않아 이전에는 무료로 이용할 수 있었던 것에 대해 요금을 부과함으로써 생태계의 무분별한 이용을 억제하는 것이 이 제도의 골자이다. 최근 이 제도의 도입 사례가 증가하고 있으며 앞으로도 늘어날 전망이다.

생물다양성 친화적 제품 시장에 대한 전망에는 관련 정보를 지닌 소비자들이 _____(나)_____ 을(를) 선택할 것이라는 가정이 전제되어야 한다. 친환경 농산물, 무공해 비누, 생태 관광 등에 대한 인기가 증대되고 있는 현상은 소비자들이 친환경 제품이나 서비스에 더 비싼 값을 지불할 수도 있다는 사실을 보여주는 사례이다.

Q. 윗글에 대한 설명으로 올바른 것은 O, 틀린 것은 X표시해 봅시다.

(1) 윗글의 (가)에는 '생태계 사용료'가 들어가는 것이 적절하다.   O | X

(2) 윗글의 (가)에는 '경제 유인책'이 들어가는 것이 적절하다.   O | X

(3) 윗글의 (나)에는 '생물다양성 보호 제품'이 들어가는 것이 적절하다.   O | X

정답   (1) O, (2) ×, (3) O

해설   (가) '요금을 부과함으로써 생태계의 무분별한 이용을 억제하는 것이 이 제도의 골자이다'라는 부분에서 '생태계 사용료'가 들어가는 것이 적절하다고 추론할 수 있다.

(나) '생물다양성 친화적 제품 시장에 대한 전망'과 관련하여 '소비자들이 친환경 제품이나 서비스에 더 비싼 값을 지불할 수도 있다는 사실을 보여주는 사례'라는 부분에서 '생물다양성 보호 제품'이 들어가는 것이 적절하다고 추론할 수 있다.

개념 잡기 2   글의 세부 정보 파악

1. 내용 일치 여부

독해의 핵심은 지문에 제시된 정보와 선택지에 제시된 정보가 일치하는지 일치하지 않는지를 판단하는 것이다. 이를 위해서는 지문의 중요 정보에 집중해야 한다. 설명문인 독해 지문에서 중요 정보에 해당하는 것은 개념 정의나 특징이 대표적이다. 기출에서 이러한 독해 능력의 평가는 글의 내용에 '부합'하는 내용을 찾으라는 형태로 출제된다.

예제 5

> 화랑도는 군사력 강화와 인재 양성을 위해 신라 진흥왕대에 공식화되었다. 화랑도는 신라가 삼국을 통일하기까지 국가가 필요로 하는 많은 인재를 배출하였다. 화랑도 내에는 여러 무리가 있었는데 각 무리는 화랑 한 명과 자문 역할의 승려 한 명 그리고 진골 이하 평민에 이르는 천 명 가까운 낭도들로 이루어졌다. 화랑은 이 무리의 중심인물로 진골 귀족 가운데 낭도의 추대를 받아 선발되었다. 낭도들은 자발적으로 화랑도에 가입하였으며 연령은 대체로 15세에서 18세까지였다. 수련 기간 동안 무예는 물론 춤과 음악을 익혔고, 산천 유람을 통해 심신을 단련하였다. 수련 중인 낭도들은 유사시에 군사 작전에 동원되기도 하였고, 수련을 마친 낭도들은 정규 부대에 편입되어 정식 군인이 되었다.
> 화랑도는 불교의 미륵 신앙과 결부되어 있었다. 진골 출신만이 될 수 있었던 화랑은 도솔천에서 내려온 미륵으로 여겨졌고 그 집단 자체가 미륵을 숭상하는 무리로 일컬어졌다. 화랑 김유신이 거느린 무리를 당시 사람들은 '용화향도'라고 불렀다. 용화라는 이름은 미륵이 인간세계에 내려와 용화수 아래에서 설법을 한다는 말에서 유래했으며, 향도는 불교 신앙 단체를 가리키는 말이다.

Q. 윗글에 대한 설명으로 옳은 것은 O, 틀린 것은 X표시해 봅시다.

(1) '평민도 화랑이 될 수 있었다.'는 것은 윗글의 내용에 부합한다.　　　　　　　　　　O | X

(2) '미륵이라고 간주되는 화랑이 여러 명 있었다.'는 것은 윗글의 내용에 부합한다.　　　　O | X

(3) '낭도는 화랑의 추천을 거쳐 화랑도에 가입하였다.'는 것은 윗글의 내용에 부합한다.　　O | X

정답　(1) ×, (2) ○, (3) ×

해설　(1) 화랑도 내에는 진골 이하 평민에 이르는 낭도들이 있었지만, 화랑은 진골 귀족만 될 수 있었다. 따라서 평민도 화랑이 될 수 있다는 것은 윗글의 내용에 부합하지 않는다.

　　　　(2) 화랑은 도솔천에서 내려온 미륵으로 여겨졌고, 화랑도 내에 여러 무리가 있었으므로 미륵이라고 간주되는 화랑이 여러 명 있었다는 것은 윗글의 내용에 부합한다.

　　　　(3) 낭도들은 자발적으로 화랑도에 가입하였지, 화랑의 추천을 거쳐 가입한 것은 아니다.

2. 패러프라이징(paraphrasing)

'패러프라이징'이란 지문에 제시된 정보가 표현을 바꾸어 선택지에 제시되는 것을 의미한다. 표현은 다르지만 의미는 같은 동의어를 사용하는 것이 대표적인 패러프라이징 방법이다. 기출에서는 선택지에 패러프라이징 된 정보를 어느 정도까지 지문에 부합하는 선택지로 볼 것인지 판단하는 것이 관건이다. 이를 위해서는 꾸준한 연습을 통해 언어 감각을 키우는 것이 필요하다.

> **예제 6**
>
> 묵자(墨子)의 '겸애(兼愛)'는 '차별이 없는 사랑' 그리고 '서로 간의 사랑'을 의미한다. 얼핏 묵자의 이런 겸애는 모든 사람이 평등한 지위에서 서로를 존중하고 사랑하는 관계를 뜻하는 듯 보이지만, 이는 겸애를 잘못 이해한 것이다. 겸애는 '나'와 '남'이라는 관점의 차별을 지양하자는 것이지 사회적 위계질서를 철폐하자는 것이 아니다. 겸애는 정치적 질서나 위계적 구조를 긍정한다는 특징을 지니고 있다. 이런 의미에서 묵자의 겸애는 평등한 사랑이라기보다 불평등한 위계질서 속에서의 사랑이라고 규정할 수 있다.
>
> 또 겸애의 개념에는 일종의 공리주의적 요소가 들어있다. 즉 묵자에게 있어 누군가를 사랑한다는 것은 그 사람을 현실적으로 이롭게 하겠다는 의지를 함축한다. 겸애는 단지 아끼고 사랑하는 마음이나 감정을 넘어선다. 묵자가 살았던 전국시대에 민중의 삶은 고통 그 자체였다. 묵자는 "굶주린 자가 먹을 것을 얻지 못하고, 추운 자가 옷을 얻지 못하며, 수고하는 자가 휴식을 얻지 못하는 것, 이 세 가지가 백성들의 커다란 어려움이다."라고 했다. 군주의 겸애는 백성을 향한 사랑의 마음만으로 결코 완성될 수 없다. 군주는 굶주린 백성에게 먹을 것을 주어야 하고, 추운 자에게 옷을 주어야 하며, 노동이나 병역으로 지친 자는 쉽게 해 주어야 한다. 이처럼 백성에게 요긴한 이익을 베풀 수 있는 사람이 바로 군주다. 이런 까닭에 묵자는 "윗사람을 높이 받들고 따라야 한다."는 이념을 세울 수 있었다. 군주는 그런 이익을 베풀 수 있는 재력과 힘을 지니고 있었기 때문이다.

Q. 윗글에 대한 설명으로 옳은 것은 O, 틀린 것은 X표시해 봅시다.

(1) '이웃의 부모를 자기 부모처럼 여기는 것은 겸애이다.'는 윗글의 내용에 부합한다.　　　　　　　O | X

(2) '묵자의 겸애에는 상대방에게 실질적인 이익을 베푸는 것이 함축되어 있다.'는 것은 윗글의 내용에 부합한다.　　　　　　　O | X

(3) '겸애는 군주와 백성이 서로를 사랑하고 섬기게 함으로써 만민평등이라는 이념의 실현을 촉진한다.'는 것은 윗글의 내용에 부합한다.　　　　　　　O | X

정답　(1) O, (2) O, (3) X

해설　(1) 겸애는 나와 남이라는 관점의 차별을 지양하는 것이므로 이웃의 부모를 자기 부모처럼 여기는 것이 겸애라는 것은 윗글의 내용에 부합한다.

　　　(2) 누군가를 사랑한다는 것은 그 사람을 현실적으로 이롭게 하겠다는 의지를 함축하므로 묵자의 겸애에는 상대방에게 실질적인 이익을 베푸는 것이 함축되어 있다는 것은 윗글의 내용에 부합한다.

　　　(3) 묵자의 겸애는 평등한 사랑이라기보다 불평등한 위계질서 속에서의 사랑이므로 겸애는 군주와 백성이 서로를 사랑하고 섬기게 함으로써 만민평등이라는 이념의 실현을 촉진한다는 것은 윗글의 내용에 부합하지 않는다.

3. 2차 정보 도출

'2차 정보 도출'이란 지문에 제시된 정보를 조합하여 지문에 나타나 있지 않은 정보를 '추론'하는 것이다. 지문에 부합하는 내용은 지문에 직접적인 단서가 되는 문장이 제시되어 있는 반면, 지문에서 추론할 수 있는 내용은 지문에 직접적인 단서가 되는 문장이 드러나지 않는 경우가 많다. 기출에서는 선택지에 제시된 2차 정보를 어느 정도까지 지문에서 추론 가능한 선택지로 볼 것인지 판단하는 것이 관건이다.

예제 7

어떤 고대 그리스 철학자는 눈, 우박, 얼음의 생성에 대해 다음과 같이 주장했다. 특정한 구름이 바람에 의해 강력하고 지속적으로 압축될 때 그 구름에 구멍이 있다면, 작은 물 입자들이 구멍을 통해서 구름 밖으로 배출된다. 그리고 배출된 물은 하강하여 더 낮은 지역에 있는 구름 내부의 극심한 추위 때문에 동결되어 눈이 된다. 또는 습기를 포함하고 있는 구름들이 옆에 나란히 놓여서 서로 압박할 때, 이를 통해 압축된 구름 속에서 물이 동결되어 배출 되면서 눈이 된다. 구름은 물을 응고시켜서 우박을 만드는데, 특히 봄에 이런 현상이 빈번하게 생긴다.

얼음은 물에 있던 둥근 모양의 입자가 밀려나가고 이미 물 안에 있던 삼각형 모양의 입자들이 함께 결합하여 만들어진다. 또는 밖으로부터 들어온 삼각형 모양의 물 입자가 함께 결합하여 둥근 모양의 물 입자를 몰아내고 물을 응고시킬 수도 있다.

Q. 윗글에서 추론할 수 있는 내용으로 적절한 것은 O, 적절하지 않은 것은 X표시해 봅시다.

(1) '구름의 압축은 바람에 의해 발생하는 경우도 있고, 구름들의 압박에 의해 발생하는 경우도 있다.'는 것은 윗글의 철학자의 주장으로부터 추론할 수 있다.   O | X

(2) '날씨가 추워지면 둥근 모양의 물 입자가 삼각형 모양의 물 입자로 변화한다.'는 것은 윗글의 철학자의 주장으로부터 추론할 수 있다.   O | X

(3) '물에는 둥근 모양의 입자뿐 아니라 삼각형 모양의 입자도 있다.'는 것은 윗글의 철학자의 주장으로부터 추론할 수 있다.   O | X

정답   (1) O, (2) ×, (3) O

해설   (1) '구름이 바람에 의해 강력하고 지속적으로 압축될 때', '습기를 포함하고 있는 구름들이 옆에 나란히 놓여서 서로 압박할 때'라는 표현에서 구름의 압축은 바람에 의해 발생하는 경우도 있고, 구름들의 압박에 의해 발생하는 경우도 있다는 것을 추론할 수 있다.

(2) 애초에 물에는 둥근 모양의 물 입자와 삼각형 모양의 물 입자가 모두 존재하며, 둥근 모양의 물 입자가 밀려나가거나 삼각형 모양의 물 입자가 둥근 모양의 물 입자를 몰아내어 얼음이 만들어지는 것이다. 따라서 물 입자의 모양이 둥근 모양에서 삼각형 모양으로 변화한다는 것은 추론할 수 없다.

(3) 얼음은 물에 있던 둥근 모양의 입자가 밀려나가고 이미 물 안에 있던 삼각형 모양의 입자들이 함께 결합하여 만들어진다는 사실로부터 물에는 둥근 모양의 입자뿐 아니라 삼각형 모양의 입자도 있다는 것을 추론할 수 있다.

4. 적용

'적용'은 지문에 제시된 정보를 기준으로 선택지에 제시된 사례의 옳고 그름을 평가하는 것을 의미한다. 선택지에 제시된 사례는 지문에 직접적으로 제시되지 않은 경우가 많으므로 지문에서 사례를 판단할 수 있는 기준을 잘 잡는 것이 중요하다. 기출에서는 '추론' 문제 형태로 출제된다.

예제 8

많은 재화나 서비스는 경합성과 배제성을 지닌 '사유재'이다. 여기서 경합성이란 한 사람이 어떤 재화나 서비스를 소비하면 다른 사람의 소비를 제한하는 특성을 의미하며, 배제성이란 공급자에게 대가를 지불하지 않으면 그 재화를 소비하지 못하는 특성을 의미한다. 반면 '공공재'란 사유재와는 반대로 비경합적이면서도 비배제적인 특성을 가진 재화나 서비스를 말한다.

그러나 우리 주위에서는 이렇듯 순수한 사유재나 공공재와는 또 다른 특성을 지닌 재화나 서비스도 많이 찾아볼 수 있다. 예를 들어 영화 관람이라는 소비 행위는 비경합적이지만 배제가 가능하다. 왜냐하면 영화는 사람들과 동시에 즐길 수 있으나 대가를 지불하지 않고서는 영화관에 입장할 수 없기 때문이다.

비배제적이지만 경합적인 재화들도 찾아낼 수 있다. 예를 들어 출퇴근 시간대의 무료 도로의 소비는 비배제적이지만 내가 그 도로에 존재함으로 인해서 다른 사람의 소비를 제한하게 된다. 따라서 출퇴근 시간대의 도로 사용은 경합적인 성격을 갖는다.

이상의 내용을 아래의 표에 분류해 보면 다음과 같다.

경합성 배제성	배제적	비배제적
경합적	a	b
비경합적	c	d

Q. 윗글에서 추론할 수 있는 내용으로 적절한 것은 O, 적절하지 않은 것은 X표시해 봅시다.

(1) '체증이 심한 유료 도로 이용은 a에 해당한다.'는 것은 윗글로부터 추론할 수 있다. O | X

(2) '국방 서비스와 같은 공공재는 c에 해당한다.'는 것은 윗글로부터 추론할 수 있다. O | X

(3) '케이블 TV 시청은 b에 해당한다.'는 것은 윗글로부터 추론할 수 있다. O | X

정답 (1) O, (2) ×, (3) ×

해설 (1) 체증이 심한 유료 도로 이용은 경합적이고 배제적이므로 a에 해당한다.
　　　(2) 국방 서비스와 같은 공공재는 비경합적이고 비배제적이므로 d에 해당한다.
　　　(3) 케이블 TV 시청은 비경합적이지만 배제적이므로 c에 해당한다.

5. 단어의 계열

'단어의 계열'이란 방향성이 같은 단어들의 묶음을 의미한다. 지문에 방향성이 다른 정보가 제시되었을 때 각 정보에 해당하는 중요 단어를 구별되게 체크하는 방식으로 글을 읽을 때 사용한다. 이 경우 선택지를 판단할 때도 선택지의 중요 단어가 지문에 제시된 단어의 계열 중 어디에 해당하는지 판단하는 방식으로 접근한다. 기출에서는 방향이 대조되는 개념이 지문화 되는 경우가 많아 자주 활용되는 독해법이다.

예제 9

영국의 식민지였던 시기의 미국 남부와 북부 지역에서는 사회 형성과 관련하여 전혀 다른 상황이 전개되었다. 가난한 형편을 면하기 위해 남부로 이주한 영국 이주민들은 행실이 방정하지 못하고 교육도 받지 못한 하층민이었다. 이들 중에는 황금에 눈이 먼 모험가와 투기꾼 기질이 강한 사람들도 있었다. 반면에 뉴잉글랜드 해안에 정착한 북부 이주민들은 모두 영국에서 경제적으로 여유 있던 사람들로서, 새 보금 자리인 아메리카에서 빈부귀천의 차이가 없는 특이한 사회 유형을 만들어냈다. 적은 인구에도 불구하고 그들은 거의 예외 없이 훌륭한 교육을 받았으며, 상당수는 뛰어난 재능과 업적으로 유럽 대륙에도 이미 널리 알려져 있었다.

북부 이주민들을 아메리카로 이끈 것은 순수한 종교적 신념과 새로운 사회에 대한 열망이었다. 그들은 청교도라는 별칭을 가진 교파에 속한 이들로, 스스로를 '순례자'로 칭했을 만큼 엄격한 규율을 지켰다. 이들의 종교적 교리는 민주공화이론과 일치했다. 뉴잉글랜드의 이주자들이 가족을 데리고 황량한 해안에 상륙하자마자 맨 먼저 한 일은 자치를 위한 사회 규약을 만드는 일이었다. 유럽인들이 전제적인 신분질서에 얽매여 있는 동안, 뉴잉글랜드에서는 평등한 공동사회가 점점 모습을 드러냈다. 반면에 남부 이주민들은 부양가족이 없는 모험가들로서 기존의 사회 체계를 기반으로 자신들의 사회를 건설하였다.

Q. 윗글에 대한 설명으로 옳은 것은 O, 틀린 것은 X표시해 봅시다.

(1) '북부 이주민은 종교 규율과 사회 규약을 중시했다.'는 것은 윗글에서 알 수 있다.　　　　　　O | X

(2) '남·북부 이주민 사이에 이주 목적의 차이가 있었다.'는 것은 윗글에서 알 수 있다.　　　　　　O | X

(3) '북부 이주민은 남부 이주민보다 영국의 사회 체계를 유지하려는 성향이 강했다.'는 것은 윗글에서 알 수 있다.

　　　　　　O | X

정답　(1) O, (2) O, (3) ×

해설　(1) 북부 이주민은 종교적 신념을 가지고 있었고, 사회 규약을 만드는 것을 중요하게 생각했다.

(2) 남부 이주민의 목적은 가난을 면하기 위해서였고, 북부 이주민의 목적은 새로운 사회를 건설하기 위해서였다.

(3) 북부 이주민은 새로운 사회에 대한 열망을 가지고 있었다.

6. 인과관계

'인과관계'란 원인과 결과를 나타내는 관계를 의미한다. 기출에서는 지문에 제시된 정보 간에 어떠한 관련성이 있는지를 판단하는 선택지가 주로 출제된다. 그중에서 인과관계는 원인과 결과 관계가 있음을 확인할 수 있는 직접적인 근거가 제시되어야 판단할 수 있다. 인과관계로 판단되기 위해서는 원인과 결과 간에 선후 관계가 있어야 하고, 나아가 원인과 결과 간에 논리적인 연관성이 있어야 한다. 따라서 이 부분에 대한 확실한 근거가 지문에 제시되어 있는지 꼼꼼히 확인해야 한다.

예제 10

1964년 1월에 열린 아랍 정상회담의 결정에 따라 같은 해 5월 팔레스타인 사람들은 팔레스타인 해방기구(PLO)를 조직했다. 아랍연맹은 팔레스타인 해방기구를 팔레스타인의 유엔 대표로 인정하였으며, 팔레스타인 해방기구는 아랍 전역에 흩어진 난민들을 무장시켜 해방군을 조직했다. 바야흐로 주변 아랍국가들의 지원에 의지하던 팔레스타인 사람들이 자기 힘으로 영토를 되찾기 위해 총을 든 것이다. 그러나 팔레스타인 해방기구의 앞길이 순탄한 것은 결코 아니었다. 아랍국가 중 군주제 국가들은 이스라엘과 정면충돌할까 두려워 팔레스타인 해방기구를 자기 영토 안에 받아들이지 않으려 했고, 소련과 같은 사회주의 국가들과 이집트, 시리아만이 팔레스타인 해방기구를 지원했다.

1967년 6월 5일에 이스라엘의 기습공격으로 제 3차 중동 전쟁이 시작되었다. 이 '6일 전쟁'에서 아랍연합군은 참패했고, 이집트는 시나이반도를 빼앗겼다. 참패 이후 팔레스타인 해방기구의 온건한 노선을 비판하며 여러 게릴라 조직들이 탄생하였다. 팔레스타인 해방인민전선(PFLP)을 비롯한 수많은 게릴라 조직들은 이스라엘은 물론이고 제국주의에 봉사하는 아랍국가들의 집권층, 그리고 미국을 공격 목표로 삼았다. 1970년 9월에 아랍민족주의와 비동맹운동의 기수였던 이집트 대통령 나세르가 사망함으로써 팔레스타인 해방운동은 더욱 불리해졌다. 왜냐하면 사회주의로 기울었던 나세르와 달리 후임 대통령 사다트는 국영기업을 민영화하고 친미 정책을 시행했기 때문이다.

Q. 윗글에 대한 설명으로 옳은 것은 O, 틀린 것은 X표시해 봅시다.

(1) '중동전쟁으로 인해 이집트에는 팔레스타인 해방운동을 지지했던 정권이 무너지고 반 아랍민족주의 정권이 들어섰다.'는 것은 윗글에서 알 수 있다. O | X

(2) '팔레스타인 해방기구와 달리 강경 노선을 취하는 게릴라 조직들은 아랍권 내 세력들도 공격 대상으로 삼았다.'는 것은 윗글에서 알 수 있다. O | X

(3) '사회주의에 경도된 아랍민족주의는 군주제를 부정했기 때문에 아랍의 군주제 국가들이 팔레스타인 해방기구를 꺼려했다.'는 것은 윗글에서 알 수 있다. O | X

정답 (1) ×, (2) ○, (3) ×

해설 (1) 이집트에 팔레스타인 해방운동을 지지했던 정권이 무너지고 반 아랍민족주의 정권이 들어선 원인은 중동전쟁이 아니라, 나세르가 사망한 후 후임 대통령 사다트가 국영기업을 민영화하고 친미 정책을 시행한 것이다.

(2) 팔레스타인 해방기구의 온건한 노선을 비판하며 탄생한 게릴라 조직들은 이스라엘은 물론이고 제국주의에 봉사하는 아랍국가들의 집권층, 그리고 미국을 공격 목표로 삼았다.

(3) 아랍의 군주제 국가들이 팔레스타인 해방기구를 꺼려한 이유는 사회주의에 경도된 아랍민족주의는 군주제를 부정했기 때문이 아니라 이스라엘과 정면충돌할까 두려웠기 때문이다.

7. 비교·대조

'비교·대조'는 두 개 이상의 개념이 제시되는 글에서 많이 제시되는 정보이다. '~보다 더 …하다.', '~에 비해 …하다.', '~와 달리 …하다.' 등의 표현으로 제시된다. 비교와 대조에 해당하는 정보는 선택지화 되는 주요 정보 중 하나이므로 비교 대상 간에 정확한 정보 처리가 필요하다.

예제 11

소설과 영화는 둘 다 '이야기'를 '전달'해 주는 예술 양식이다. 그래서 역사적으로 소설과 영화는 매우 가까운 관계였다. 초기 영화들은 소설에서 이야기의 소재를 많이 차용했으며, 원작 소설을 각색하여 영화의 시나리오로 만들었다.

하지만 소설과 영화는 인물, 배경, 사건과 같은 이야기 구성 요소들을 공유하고 있다 하더라도 이야기를 전달하는 방법에 뚜렷한 차이를 보인다. 예컨대 어떤 인물의 내면 의식을 드러낼 때 소설은 문자 언어를 통해 표현하지만, 영화는 인물의 대사나 화면 밖의 목소리를 통해 전달하거나 혹은 연기자의 표정이나 행위를 통해 암시적으로 표현한다. 또한 소설과 영화의 중개자는 각각 서술자와 카메라이기에 그로 인한 서술 방식의 차이도 크다. 가령 1인칭 시점의 원작 소설과 이를 각색한 영화를 비교해 보면, 소설의 서술자 '나'의 경우 영화에서는 화면에 인물로 등장해야 하므로 이들의 서술 방식은 달라진다.

이처럼 원작 소설과 각색 영화 사이에는 이야기가 전달되는 방식에서 큰 차이가 발생한다. 소설은 시공간의 얽매임을 받지 않고 풍부한 재현이나 표현의 수단을 가지고 있지만, 영화는 모든 것을 직접적인 감각성에 의존한 영상과 음향으로 표현해야 하기 때문에 재현이 어려운 심리적 갈등이나 내면 묘사, 내적 독백 등을 소설과 다른 방식으로 나타내야 하는 것이다. 요컨대 소설과 영화는 상호 유사한 성격을 지니고 있으면서도 각자 독자적인 예술 양식으로서의 특징을 지니고 있다.

Q. 윗글에 대한 설명으로 옳은 것은 O, 틀린 것은 X표시해 봅시다.

(1) '영화는 소설과 달리 인물의 내면 의식을 직접적으로 표현하지 못한다.'는 것은 윗글에서 알 수 있다.　　　O ｜ X

(2) '매체의 표현 방식에도 진보가 있는데 영화가 소설보다 발달된 매체이다.'라는 것은 윗글에서 알 수 있다.
　　　O ｜ X

(3) '소설과 달리 영화는 카메라의 촬영 기술과 효과에 따라 주제가 달라진다.'는 것은 윗글에서 알 수 있다.
　　　O ｜ X

정답　　(1) ×, (2) ×, (3) ×

해설　　(1) 영화는 인물의 대사나 화면 밖의 목소리를 통해 인물의 내면 의식을 전달할 수 있으므로 직접적으로 표현하지 못한다고 볼 수 없다.

(2) 영화가 소설보다 발달된 매체라는 것은 윗글에 제시되지 않아 알 수 없다.

(3) 소설과 카메라는 중개자가 서술자와 카메라로 각각 다르지만, 그로 인해 서술 방식이 달라지는 것이지 주제가 달라진다고 볼 수는 없다.

공무원 시험 전문 해커스공무원

gosi.Hackers.com

중심 내용

유형 정보 알아보기

유형 소개

주어진 지문에서 필자가 설명하고자 하는 내용 중 가장 중요한 내용, 즉 최종적으로 말하고자 하는 바를 찾는 유형이다.

발문 형태

○ 다음 글의 중심 내용으로 가장 적절한 것은?
○ 다음 글의 핵심 내용으로 가장 적절한 것은?

접근 방법

글의 내용을 이해하는 핵심은 글에서 최종적으로 말하고자 하는 바, 즉 글의 결론을 잘 파악하는 것이다. 이는 논조가 있는 글인 논증에서는 논지나 주장을 찾는 것을 의미하고, 특정 개념에 대해 설명하는 설명문에서는 글의 중심 내용을 찾는 것을 의미한다. 따라서 글의 중심 내용을 찾는 방법은 논지나 주장을 찾는 방법과 유사하다. 글의 세부적인 정보보다는 전체적인 흐름에 주목하고, 각 단락별로 내용을 정리해주고 있는 문장을 놓치지 않도록 한다.

정답을 빠르게 찾는 **문제풀이 전략**

STEP 1	제시된 글에서 단락 별로 가장 중요한 하나의 문장을 찾는다.

- 각 단락의 내용을 요약하듯이 빠르게 읽는다.
- 지문을 읽으면서 각 단락의 내용을 정리하고 있는 문장에 체크한다.

STEP 2	찾은 문장 중 가장 중요한 문장을 고르고, 선택지 중 내가 찾은 문장과 가장 비슷한 내용을 담고 있는 것을 찾는다.

- 각 단락의 중요 문장 중 가장 중요하거나 포괄적인 내용을 담고 있는 문장을 선택한다.
- 선택지를 빠르게 훑으면서 지문에서 체크한 문장과 가장 비슷한 문장을 추린다.

 **점수 잡는 실전 TIP!**

중심 내용을 찾는 문제는 논지를 찾는 문제와 동일하게 접근하자!

완결된 글은 두괄식으로 첫 부분에 논지를 제시하고 들어가거나, 미괄식으로 마지막 부분에 논지를 제시할 확률이 높다는 원칙이 중심 내용을 찾는 문제에서도 그대로 적용된다. 필자가 지문에서 가장 하고 싶은 말은 지문 전반이나 후반에 제시될 확률이 높으므로 이에 주목하는 것이 좋다.

다음 글의 핵심 내용으로 가장 적절한 것은?

1948년에 제정된 대한민국 헌법은 공동체의 정치적 문제는 기본적으로 국민의 의사에 의해 결정된다는 점을 구체적인 조문으로 명시하고 있다. 그러나 이러한 공화제적 원리는 1948년에 이르러 갑작스럽게 등장한 것이 아니다. 이미 19세기 후반부터 한반도에서는 이와 같은 원리가 공공 영역의 담론 및 정치적 실천 차원에서 표명되고 있었다.

공화제적 원리는 1885년부터 발행되기 시작한 근대적 신문인『한성주보』에서도 어느 정도 언급된 바 있지만 특히 1898년에 출현한 만민공동회에서 그 내용이 명확하게 드러난다. 독립협회를 중심으로 촉발되었던 만민공동회는 민회를 통해 공론을 형성하고 이를 국정에 반영하고자 했던 완전히 새로운 형태의 정치운동이었다. 이것은 전통적인 집단상소나 민란과는 전혀 달랐다. 이 민회는 자치에 대한 국민의 자각을 기반으로 공동생활의 문제들을 협의하고 함께 행동해 나가려 하였다. 이것은 자신들이 속한 정치공동체에 대한 소속감과 연대감을 갖지 않고서는 불가능한 현상이었다. 즉 만민공동회는 국민이 스스로 정치적 주체가 되고자 했던 시도였다. 전제적인 정부가 법을 통해 제한하려고 했던 정치 참여를 국민들이 스스로 쟁취하여 정치체제를 변화시키고자 하였던 것이다.

19세기 후반부터 한반도에 공화제적 원리가 표명되고 있었다는 사례는 이뿐만이 아니다. 당시 독립협회가 정부와 함께 개최한 관민공동회에서 발표한「헌의6조」를 살펴보면 제3조에 "예산과 결산은 국민에게 공표할 일"이라고 명시하고 있는 것을 확인할 수 있다. 이것은 오늘날의 재정운용의 기본원칙으로 여겨지는 예산공개의 원칙과 정확하게 일치하는 것으로 국민과 함께 협의하여 정치를 하여야 한다는 공화주의 원리를 보여주고 있다.

① 만민공동회는 전제 정부의 법적 제한에 맞서 국민의 정치 참여를 쟁취하고자 했다.

② 한반도에서 예산공개의 원칙은 19세기 후반 관민공동회에서 처음으로 표명되었다.

③ 예산과 결산이라는 용어는 관민공동회가 열렸던 19세기 후반에 이미 소개되어 있었다.

④ 한반도에서 공화제적 원리는 이미 19세기 후반부터 담론 및 실천의 차원에서 표명되고 있었다.

STEP 1　제시된 글에서 단락 별로 가장 중요한 하나의 문장을 찾는다.

Q. 지문에서 단락별로 가장 중요한 하나의 문장을 찾아보자.

1단락

2단락

3단락

STEP 2　찾은 문장 중 가장 중요한 문장을 고르고, 선택지 중 내가 찾은 문장과 가장 비슷한 내용을 담고 있는 것을 찾는다.

Q. 지문의 중심 내용을 적어보자.

중심 내용

다음 글의 핵심 내용으로 가장 적절한 것은?

　　1948년에 제정된 대한민국 헌법은 공동체의 정치적 문제는 기본적으로 국민의 의사에 의해 결정된다는 점을 구체적인 조문으로 명시하고 있다. 그러나 이러한 공화제적 원리는 1948년에 이르러 갑작스럽게 등장한 것이 아니다. 이미 19세기 후반부터 한반도에서는 이와 같은 원리가 공공 영역의 담론 및 정치적 실천 차원에서 표명되고 있었다.
글의 중심 내용

　　공화제적 원리는 1885년부터 발행되기 시작한 근대적 신문인 『한성주보』에서도 어느 정도 언급된 바 있지만 특히 1898년에 출현한 만민공동회에서 그 내용이 명확하게 드러난다. 독립협회를 중심으로 촉발되었던 만민공동
공화제적 원리가 19세기 후반부터 표명된 사례 1
회는 민회를 통해 공론을 형성하고 이를 국정에 반영하고자 했던 완전히 새로운 형태의 정치운동이었다. 이것은 전통적인 집단상소나 민란과는 전혀 달랐다. 이 민회는 자치에 대한 국민의 자각을 기반으로 공동생활의 문제들을 협의하고 함께 행동해 나가려 하였다. 이것은 자신들이 속한 정치공동체에 대한 소속감과 연대감을 갖지 않고서는 불가능한 현상이었다. 즉 만민공동회는 국민이 스스로 정치적 주체가 되고자 했던 시도였다. 전제적인 정부가 법을 통해 제한하려고 했던 정치 참여를 국민들이 스스로 쟁취하여 정치체제를 변화시키고자 하였던 것이다.

　　19세기 후반부터 한반도에 공화제적 원리가 표명되고 있었다는 사례는 이뿐만이 아니다. 당시 독립협회가 정부와 함께 개최한 관민공동회에서 발표한 「헌의6조」를 살펴보면 제3조에 "예산과 결산은 국민에게 공표할 일"
공화제적 원리가 19세기 후반부터 표명된 사례 2
이라고 명시하고 있는 것을 확인할 수 있다. 이것은 오늘날의 재정운용의 기본원칙으로 여겨지는 예산공개의 원칙과 정확하게 일치하는 것으로 국민과 함께 협의하여 정치를 하여야 한다는 공화주의 원리를 보여주고 있다.

---

① 만민공동회는 전제 정부의 법적 제한에 맞서 국민의 정치 참여를 쟁취하고자 했다.
② 한반도에서 예산공개의 원칙은 19세기 후반 관민공동회에서 처음으로 표명되었다.
③ 예산과 결산이라는 용어는 관민공동회가 열렸던 19세기 후반에 이미 소개되어 있었다.
❹ 한반도에서 공화제적 원리는 이미 19세기 후반부터 담론 및 실천의 차원에서 표명되고 있었다.

해설　④ 첫 번째 단락에서 공화제적 원리는 갑작스럽게 등장한 것이 아니라 이미 19세기 후반부터 한반도에서는 공공 영역의 담론 및 정치적 실천 차원에서 표명되고 있었다고 언급되어 있고, 두 번째 단락과 세 번째 단락에서는 사례가 제시되어 있다. 따라서 한반도에서 공화제적 원리는 이미 19세기 후반부터 담론 및 실천의 차원에서 표명되고 있었다는 것은 글의 핵심 내용으로 가장 적절하다.

STEP 1 정답

1단락

이미 19세기 후반부터 한반도에서는 이와 같은 원리가 공공 영역의 담론 및 정치적 실천 차원에서 표명되고 있었다.

2단락

공화제적 원리는 1885년부터 발행되기 시작한 근대적 신문인 『한성주보』에서도 어느 정도 언급된 바 있지만 특히 1898년에 출현한 만민공동회에서 그 내용이 명확하게 드러난다.

3단락

당시 독립협회가 정부와 함께 개최한 관민공동회에서 발표한 「헌의6조」를 살펴보면 제3조에 "예산과 결산은 국민에게 공표할 일"이라고 명시하고 있는 것을 확인할 수 있다.

STEP 2 정답

중심 내용

이미 19세기 후반부터 한반도에서는 공화제적 원리가 공공 영역의 담론 및 정치적 실천 차원에서 표명되고 있었다.

01 다음 글의 중심 내용으로 가장 적절한 것은?

2009년 국가직 5급 21번

우리는 일상적으로 몸에 익히게 된 행위의 대부분이 뇌의 구조나 생리학적인 상태에 의해 이미 정해진 방향으로 연결되어 있다는 사실을 알고 있다. 우리는 걷고, 헤엄치고, 구두끈을 매고, 단어를 쓰고, 익숙해진 도로로 차를 모는 일 등을 수행하는 동안에 거의 대부분 그런 과정을 똑똑히 의식하지 않는다.

언어 사용 행위에 대해서도 비슷한 이야기를 할 수 있다. 마이클 가자니가는 언어 활동의 핵심이 되는 왼쪽 뇌의 언어 중추에 심한 손상을 입은 의사의 예를 들고 있다. 사고 후 그 의사는 세 단어로 된 문장도 만들 수 없게 되었다. 그런데 그 의사는 실제로 아무 효과가 없는데도 매우 비싼 값이 매겨진 특허 약에 대한 이야기를 듣자, 문제의 약에 대해 무려 5분 동안이나 욕을 퍼부어 댔다. 그의 욕설은 매우 조리 있고 문법적으로 완벽했다. 이로부터 그가 퍼부은 욕설은 손상을 입지 않은 오른쪽 뇌에 저장되어 있었다는 사실을 알게 되었다.

사람의 사유 행위도 마찬가지이다. 우리는 일상적으로 어떻게 새로운 아이디어를 얻게 되는가? 우리는 엉뚱한 생각에 골몰하거나 다른 일을 하고 있는 동안 무의식중에 멋진 아이디어가 떠오르곤 하는 경우를 종종 경험한다. '영감'의 능력으로 간주할 만한 이런 일들은 시간을 보내기 위해 언어로 하는 일종의 그림 맞추기 놀이와 비슷한 것이다. 그런 놀이를 즐길 때면 우리는 의식하지 못하는 사이에 가장 적합한 조합을 찾기도 한다. 이처럼 영감이라는 것도 의식적으로 발생하는 것이 아니라 자동화된 프로그램에 의해 나타나는 것이다.

① 인간의 사고 능력은 일종의 언어 능력이다.
② 인간의 우뇌에 저장된 정보와 좌뇌에 저장된 정보는 독립적이다.
③ 일상적인 인간 행위는 대부분 의식하지 않고도 자동적으로 이루어진다.
④ 인간의 언어 사용에서 의식이 차지하는 비중이 크지만 영감에서는 그렇지 않다.

맹자는 다음과 같은 이야기를 전한다. 송나라의 한 농부가 밭에 나갔다 돌아오면서 처자에게 말한다. "오늘 일을 너무 많이 했다. 밭의 싹들이 빨리 자라도록 하나하나 잡아당겨줬더니 피곤하구나." 아내와 아이가 밭에 나가보았더니 싹들이 모두 말라 죽어 있었다. 이렇게 자라는 것을 억지로 돕는 일, 즉 조장(助長)을 하지 말라고 맹자는 말한다. 싹이 빨리 자라기를 바란다고 싹을 억지로 잡아 올려서는 안 된다. 목적을 이루기 위해 가장 빠른 효과를 얻고 싶겠지만 이는 도리어 효과를 놓치는 길이다. 억지로 효과를 내려고 했기 때문이다. 싹이 자라기를 바라 싹을 잡아당기는 것은 이미 시작된 과정을 거스르는 일이다. 효과가 자연스럽게 나타날 가능성을 방해하고 막는 일이기 때문이다. 당연히 싹의 성장 가능성은 땅 속의 씨앗에 들어있는 것이다. 개입하고 힘을 쏟고자 하는 대신에 이 잠재력을 발휘할 수 있도록 하는 것이 중요하다.

피해야 할 두 개의 암초가 있다. 첫째는 싹을 잡아당겨서 직접적으로 성장을 이루려는 것이다. 이는 목적성이 있는 적극적 행동주의로서 성장의 자연스러운 과정을 존중하지 않는 것이다. 달리 말하면 효과가 숙성되도록 놔두지 않는 것이다. 둘째는 밭의 가장자리에 서서 자라는 것을 지켜보는 것이다. 싹을 잡아당겨서도 안 되고 그렇다고 단지 싹이 자라는 것을 지켜만 봐서도 안 된다. 그렇다면 무엇을 해야 하는가? 싹 밑의 잡초를 뽑고 김을 매주는 일을 해야 하는 것이다. 경작이 용이한 땅을 조성하고 공기를 통하게 함으로써 성장을 보조해야 한다. 기다리지 못함도 삼가고 아무것도 안함도 삼가야 한다. 작동 중에 있는 자연스런 성향이 발휘되도록 기다리면서도 전력을 다할 수 있도록 돕는 노력도 멈추지 말아야 한다.

① 인류사회는 자연의 한계를 극복하려는 인위적 노력에 의해 발전해 왔다.

② 싹이 스스로 성장하도록 그대로 두는 것이 수확량을 극대화하는 방법이다.

③ 자연의 순조로운 운행을 방해하는 인간의 개입은 예기치 못한 화를 초래할 것이다.

④ 잠재력을 발휘하도록 하려면 의도적 개입과 방관적 태도 모두를 경계해야 한다.

유형 정보 알아보기

유형 소개

주어진 지문을 읽고, 지문의 내용을 바탕으로 선택지의 내용이 일치하는지 여부를 판단하는 유형이다.

발문 형태

○ 다음 글의 내용에 부합하는 것은?
○ 다음 글을 이해한 내용으로 적절한 것은?
○ 다음 글에 대한 설명으로 적절한 것은?

접근 방법

내용 이해 및 부합 문제는 대표적인 독해 문제 유형으로서 역사, 과학, 인문학 등 다양한 소재로 지문이 구성된다. 특히 생소한 내용을 다루는 설명문 형태의 지문이 주로 제시된다. 선택지는 지문의 내용을 제대로 이해하고 있는지를 평가하기 위해 구성되므로 지문에 제시된 세부적인 정보를 바탕으로 구성된다. 또한 선택지의 내용이 단순히 지문의 내용을 그대로 가져오는 방식이 아니라 지문의 전체 맥락을 아우르게 구성되는 경우가 많으므로 지문을 전체적으로 차분히 읽는 것이 좋다.

정답을 빠르게 찾는 **문제풀이 전략**

STEP 1   지문을 읽기 전에 선택지를 먼저 읽고, 선택지에서 확인한 단어와 관련된 내용 위주로 지문의 정보를 체크한다.

- 선택지에서 반복되거나 대비되는 단어나 표현이 있는지 확인한다.
- 선택지에서 반복되는 단어가 글의 중심 소재일 확률이 높으므로 그와 관련된 정보를 중점적으로 체크한다.
- 대비되는 단어가 보이는 지문의 경우, 대비되는 단어의 특징들을 구별되게 체크한다.

STEP 2   지문에 체크한 정보를 바탕으로 선택지의 내용이 지문의 내용에 부합하는지 판단한다.

- 지문에 체크한 정보와 선택지의 내용을 비교 대조한다.
- 지문에 체크한 정보와 선택지의 내용이 일치하면 적절한 선택지이다.
- 지문에 체크한 정보와 선택지의 내용이 일치하지 않거나, 지문에서 선택지의 정보를 확인할 수 없으면 적절하지 않은 선택지이다.

 점수 잡는 실전 TIP!

대조되는 개념은 지문에 구분되게 표시해두자!

독해 문제의 지문을 읽을 때는 세부 정보를 물리적으로 표시하면서 읽는 것이 좋다. 물리적 표시는 밑줄을 긋는 것일 수도 있고, 기호를 사용하여 표시하는 것일 수도 있다. 어떤 방식이든 대조되는 개념의 키워드는 각각 다른 방식으로 표시해주는 것이 좋다. 그래야 선택지를 판별할 때 쉽게 확인이 가능하다.

다음 글의 내용과 부합하는 것은?

대체재와 대안재의 구별은 소비자뿐만 아니라 판매자에게도 중요하다. 형태는 달라도 동일한 핵심 기능을 제공하는 제품이나 서비스는 각각 서로의 대체재가 될 수 있다. 대안재는 기능과 형태는 다르나 동일한 목적을 충족하는 제품이나 서비스를 의미한다.

사람들은 회계 작업을 위해 재무 소프트웨어를 구매하여 활용하거나 회계사를 고용해 처리하기도 한다. 회계 작업을 수행한다는 측면에서, 형태는 다르지만 동일한 기능을 갖고 있는 두 방법 중 하나를 선택할 수 있다.

이와는 달리 형태와 기능이 다르지만 같은 목적을 충족시켜주는 제품이나 서비스가 있다. 여가 시간을 즐기고자 영화관 또는 카페를 선택해야 하는 상황을 보자. 카페는 물리적으로 영화관과 유사하지도 않고 기능도 다르다. 하지만 이런 차이에도 불구하고 사람들은 여가 시간을 보내기 위한 목적으로 영화관 또는 카페를 선택한다.

소비자들은 구매를 결정하기 전에 대안적인 상품들을 놓고 저울질한다. 일반 소비자나 기업 구매자 모두 그러한 의사결정 과정을 갖는다. 그러나 어떤 이유에서인지 우리가 파는 사람의 입장이 됐을 때는 그런 과정을 생각하지 못한다. 판매자들은 고객들이 대안 산업군 전체에서 하나를 선택하게 되는 과정을 주목하지 못한다. 반면에 대체재의 가격 변동, 상품 모델의 변화, 광고 캠페인 등에 대한 새로운 정보는 판매자들에게 매우 큰 관심거리이므로 그들의 의사결정에 중요한 역할을 한다.

① 판매자들은 대안재보다 대체재 관련 정보에 민감하게 반응한다.
② 영화관과 카페는 서로 대체재의 관계에 있다.
③ 재무 소프트웨어와 회계사는 서로 대안재의 관계에 있다.
④ 소비자들은 대안재보다 대체재를 선호하는 경향이 있다.

STEP 1

지문을 읽기 전에 선택지를 먼저 읽고, 선택지에서 확인한 단어와 관련된 내용 위주로 지문의 정보를 체크한다.

Q. 선택지의 주요 정보와 지문의 주요 정보를 찾아 적어보자.

선택지의 주요 정보

지문의 주요 정보

STEP 2

지문에 체크한 정보를 바탕으로 선택지의 내용이 지문의 내용에 부합하는지 판단한다.

Q. 지문에서 찾은 정보를 바탕으로 아래 문장이 지문의 내용에 부합하는지 여부를 ○, ×로 표시해보자.

문장	부합 여부
판매자들은 대안재보다 대체재 관련 정보에 민감하게 반응한다.	
영화관과 카페는 서로 대체재의 관계에 있다.	
재무 소프트웨어와 회계사는 서로 대안재의 관계에 있다.	
소비자들은 대안재보다 대체재를 선호하는 경향이 있다.	

다음 글의 내용과 부합하는 것은?

대체재와 대안재의 구별은 소비자뿐만 아니라 판매자에게도 중요하다. 형태는 달라도 동일한 핵심 기능을 제
중심 소재 A   *중심 소재 A의 키워드 1*
공하는 제품이나 서비스는 각각 서로의 대체재가 될 수 있다. 대안재는 기능과 형태는 다르나 동일한 목적을 충
                                                          중심 소재 B   *중심 소재 B의 키워드 1*
족하는 제품이나 서비스를 의미한다.

사람들은 회계 작업을 위해 재무 소프트웨어를 구매하여 활용하거나 회계사를 고용해 처리하기도 한다. 회
                              중심 소재 A의 키워드 2
계 작업을 수행한다는 측면에서, 형태는 다르지만 동일한 기능을 갖고 있는 두 방법 중 하나를 선택할 수 있다.

이와는 달리 형태와 기능이 다르지만 같은 목적을 충족시켜주는 제품이나 서비스가 있다. 여가 시간을 즐기고
자 영화관 또는 카페를 선택해야 하는 상황을 보자. 카페는 물리적으로 영화관과 유사하지도 않고 기능도 다르
   중심 소재 B의 키워드 2
다. 하지만 이런 차이에도 불구하고 사람들은 여가 시간을 보내기 위한 목적으로 영화관 또는 카페를 선택한다.

소비자들은 구매를 결정하기 전에 대안적인 상품들을 놓고 저울질한다. 일반 소비자나 기업 구매자 모두 그러
중심 소재 B의 키워드 3
한 의사결정 과정을 갖는다. 그러나 어떤 이유에서인지 우리가 파는 사람의 입장이 됐을 때는 그런 과정을 생각

하지 못한다. 판매자들은 고객들이 대안 산업군 전체에서 하나를 선택하게 되는 과정을 주목하지 못한다. 반면에

대체재의 가격 변동, 상품 모델의 변화, 광고 캠페인 등에 대한 새로운 정보는 판매자들에게 매우 큰 관심거리이
                                                                          중심 소재 A의 키워드 3
므로 그들의 의사결정에 중요한 역할을 한다.

☑ 판매자들은 대안재보다 대체재 관련 정보에 민감하게 반응한다.
② 영화관과 카페는 서로 대체재의 관계에 있다.
③ 재무 소프트웨어와 회계사는 서로 대안재의 관계에 있다.
④ 소비자들은 대안재보다 대체재를 선호하는 경향이 있다.

해설 ① 네 번째 단락에 따르면 대체재의 가격 변동, 상품 모델의 변화, 광고 캠페인 등에 대한 새로운 정보는 판매자들에게 매우
     큰 관심거리이므로 판매자들은 대안재보다 대체재 관련 정보에 민감하게 반응한다는 것은 글의 내용과 부합한다.
    ② 세 번째 단락에 따르면 영화관과 카페는 서로 대체재가 아니라 대안재의 관계에 있다.
    ③ 두 번째 단락에 따르면 재무 소프트웨어와 회계사는 서로 대안재가 아니라 대체재의 관계에 있다.
    ④ 네 번째 단락에 따르면 소비자들은 구매를 결정하기 전에 대안적인 상품들을 놓고 저울질한다. 그러나 소비자들은 대안
     재보다 대체재를 선호하는 경향이 있다는 것은 글의 내용과 부합하지 않는다.

STEP 1 정답

선택지의 주요 정보

대체재, 대안재

지문의 주요 정보

· 대체재 - 동일한 핵심 기능, 재무 소프트웨어와 회계사, 판매자
· 대안재 - 동일한 목적, 영화관과 카페, 소비자

STEP 2 정답

문장	부합 여부
판매자들은 대안재보다 대체재 관련 정보에 민감하게 반응한다.	O
영화관과 카페는 서로 대체재의 관계에 있다.	X
재무 소프트웨어와 회계사는 서로 대안재의 관계에 있다.	X
소비자들은 대안재보다 대체재를 선호하는 경향이 있다.	X

01 다음 글을 이해한 내용으로 가장 적절한 것은?

9급 출제기조 변화 예시문제 6번

이육사의 시에는 시인의 길과 투사의 길을 동시에 걸었던 작가의 면모가 고스란히 담겨 있다. 가령, 「절정」은 크게 두 부분으로 나누어지는데, 투사가 처한 냉엄한 현실적 조건이 3개의 연에 걸쳐 먼저 제시된 후, 시인이 품고 있는 인간과 역사에 대한 희망이 마지막 연에 제시된다.

우선, 투사 이육사가 처한 상황은 대단히 위태로워 보인다. 그는 "매운 계절의 채찍에 갈겨 / 마침내 북방으로 휩쓸려" 왔고, "서릿발 칼날진 그 위에 서" 바라본 세상은 "하늘도 그만 지쳐 끝난 고원"이어서 가냘픈 희망을 품는 것조차 불가능해 보인다. 이러한 상황은 "한발 제겨디딜 곳조차 없다"는 데에 이르러 극한에 도달하게 된다. 여기서 그는 더 이상 피할 수 없는 존재의 위기를 깨닫게 되는데, 이때 시인 이육사가 나서면서 시는 반전의 계기를 마련한다.

마지막 4연에서 시인은 3연까지 치달아 온 극한의 위기를 담담히 대면한 채, "이러매 눈감아 생각해" 보면서 현실을 새롭게 규정한다. 여기서 눈을 감는 행위는 외면이나 도피가 아니라 피할 수 없는 현실적 조건을 새롭게 반성함으로써 현실의 진정한 면모와 마주하려는 적극적인 행위로 읽힌다. 이는 다음 행, "겨울은 강철로 된 무지갠가보다"라는 시구로 이어지면서 현실에 대한 새로운 성찰로 마무리된다. 이 마지막 구절은 인간과 역사에 대한 희망을 놓지 않으려는 시인의 안간힘으로 보인다.

① 「절정」에는 투사가 처한 극한의 상황이 뚜렷한 계절의 변화로 드러난다.
② 「절정」에서 시인은 투사가 처한 현실적 조건을 외면하지 않고 새롭게 인식한다.
③ 「절정」은 시의 구성이 두 부분으로 나누어지면서 투사와 시인이 반목과 화해를 거듭한다.
④ 「절정」에는 냉엄한 현실에 절망하는 시인의 면모와 인간과 역사에 대한 희망을 놓지 않으려는 투사의 면모가 동시에 담겨 있다.

기원전 3천 년쯤 처음 나타난 원시 수메르어 문자 체계는 두 종류의 기호를 사용했다. 한 종류는 숫자를 나타냈고, 1, 10, 60 등에 해당하는 기호가 있었다. 다른 종류의 기호는 사람, 동물, 사유물, 토지 등을 나타 냈다. 두 종류의 기호를 사용하여 수메르인들은 많은 정보를 보존할 수 있었다.

이 시기의 수메르어 기록은 사물과 숫자에 한정되었다. 쓰기는 시간과 노고를 요구하는 일이었고, 기호 를 읽고 쓸 줄 아는 사람은 얼마 되지 않았다. 이런 고비용의 기호를 장부 기록 이외의 일에 활용할 이유가 없었다. 현존하는 원시 수메르어 문서 가운데 예외는 하나뿐이고, 그 내용은 기록하는 일을 맡게 된 견습 생이 교육을 받으면서 반복해서 썼던 단어들이다. 지루해진 견습생이 자기 마음을 표현하는 시를 적고 싶 었더라도 그는 그렇게 할 수 없었다. 원시 수메르어 문자 체계는 완전한 문자 체계가 아니었기 때문이다. 완전한 문자 체계란 구어의 범위를 포괄하는 기호 체계, 즉 시를 포함하여 사람들이 말하는 것은 무엇이 든 표현할 수 있는 체계이다. 반면에 불완전한 문자 체계는 인간 행동의 제한된 영역에 속하는 특정한 종 류의 정보만 표현할 수 있는 기호 체계다. 라틴어, 고대 이집트 상형문자, 브라유 점자는 완전한 문자 체계 이다. 이것들로는 상거래를 기록하고, 상법을 명문화하고, 역사책을 쓰고, 연애시를 쓸 수 있다. 이와 달리 원시 수메르어 문자 체계는 수학의 언어나 음악 기호처럼 불완전했다. 그러나 수메르인들은 불편함을 느 끼지 않았다. 그들이 문자를 만들어 쓴 이유는 구어를 고스란히 베끼기 위해서가 아니라 거래 기록의 보존 처럼 구어로는 하지 못할 일을 하기 위해서였기 때문이다.

① 원시 수메르어 문자 체계는 구어를 보완하는 도구였다.

② 원시 수메르어 문자 체계는 감정을 표현하는 일에 적합하지 않았다.

③ 원시 수메르어 문자는 사물과 숫자를 나타내는 데 상이한 종류의 기호를 사용하였다.

④ 원시 수메르어 문자와 마찬가지로 고대 이집트 상형문자는 구어의 범위를 포괄하지 못했다.

03 다음 글에서 알 수 있는 것은?

> 1950년대 이후 부국이 빈국에 재정지원을 하는 개발원조 계획이 점차 시행되었다. 하지만 그 결과는 그다지 좋지 못했다. 부국이 개발협력에 배정하는 액수는 수혜국의 필요가 아니라 공여국의 재량에 따라 결정되었고, 개발지원의 효과는 보잘 것 없었다. 원조에도 불구하고 빈국은 대부분 더욱 가난해졌다. 개발원조를 받았어도 라틴 아메리카와 아프리카의 많은 나라들이 부채에 시달리고 있다.
>
> 공여국과 수혜국 간에는 문화 차이가 있기 마련이다. 공여국은 개인주의적 문화가 강한 반면 수혜국은 집단주의적 문화가 강하다. 공여국 쪽에서는 실제 도움이 절실한 개인들에게 우선적으로 혜택이 가기를 원하지만, 수혜국 쪽에서는 자국의 경제 개발에 필요한 부문에 개발원조를 우선 지원하려고 한다.
>
> 개발협력의 성과는 두 사회 성원의 문화 간 상호 이해 정도에 따라 결정된다는 것이 최근 분명해졌다. 자국민 말고는 어느 누구도 그 나라를 효율적으로 개발할 수 없다. 그러므로 외국 전문가는 현지 맥락을 고려하여 자신의 기술과 지식을 이전해야 한다. 원조 내용도 수혜국에서 느끼는 필요와 우선순위에 부합해야 효과적이다. 이 일은 문화 간 이해와 원활한 의사소통을 필요로 한다.

① 공여국은 수혜국의 문화 부문에 원조의 혜택이 돌아가기를 원한다.
② 수혜국은 자국의 빈민에게 원조의 혜택이 우선적으로 돌아가기를 원한다.
③ 개발원조에서 공여국과 수혜국이 생각하는 지원의 우선순위는 일치하지 않는다.
④ 라틴 아메리카와 아프리카의 많은 나라들이 시달리고 있는 부채위기는 원조정책에 기인한다.

이슬람 금융 방식은 돈만 빌려 주고 금전적인 이자만을 받는 행위를 금지하는 이슬람 율법에 따라 실물 자산을 동반하는 거래의 대가로서 수익을 분배하는 방식을 말한다. 이슬람 금융 방식에는 '무라바하', '이자라', '무다라바', '무샤라카', '이스티스나' 등이 있다.

무라바하와 이자라는 은행이 채무자가 원하는 실물자산을 매입할 경우 그것의 소유권이 누구에게 있느냐에 따라 구별된다. 실물자산의 소유권이 은행에서 채무자로 이전되면 무라바하이고, 은행이 소유권을 그대로 보유하면 이자라이다. 무다라바와 무샤라카는 주로 투자 펀드나 신탁 금융에서 활용되는 방식으로서 투자자와 사업자의 책임 여부에 따라 구별된다. 사업 시 발생하는 손실에 대한 책임이 투자자에게만 있으면 무다라바이다. 양자의 협상에 따라 사업에 대한 이익을 배분하긴 하지만, 손실이 발생할 경우 사업자는 그 손실에 대한 책임을 가지지 않는다. 반면에 투자자와 사업자가 공동으로 사업에 대한 책임과 이익을 나누어 가지면 무샤라카이다. 이스티스나는 장기 대규모 건설 프로젝트에 활용되는 금융 지원 방식으로서 투자자인 은행은 건설 자금을 투자하고 사업자는 건설을 담당한다. 완공 시 소유권은 투자자에게 귀속되고, 사업자는 그 자산을 사용해서 얻은 수입으로 투자자에게 임차료를 지불한다.

─── <보기> ───

ㄱ. 사업에 대한 책임이 투자자가 아니라 사업자에게만 있으면 무다라바가 아니라 무샤라카이다.
ㄴ. 은행과 사업자가 공동으로 투자하여 사업을 수행하고 이익을 배분하면 무샤라카가 아니라 이스티스나이다.
ㄷ. 은행이 채무자가 원하는 부동산을 직접 매입 후 소유권 이전 없이 채무자에게 임대하면 무라바하가 아니라 이자라이다.

① ㄱ
② ㄷ
③ ㄱ, ㄴ
④ ㄴ, ㄷ

유형 정보 알아보기

유형 소개

주어진 지문을 읽고, 지문의 내용을 바탕으로 선택지의 내용이 지문에서 2차적으로 도출될 수 있는 내용인지 여부를 판단하는 유형이다.

발문 형태

○ 다음 글에서 추론할 수 있는 것은?

○ 다음 글에서 추론할 수 있는 것만을 <보기>에서 모두 고르면?

○ 다음 글에 제시된 원칙을 바르게 적용한 것은?

접근 방법

추론 문제는 역사, 과학, 인문학, 사회학 등 다양한 소재로 지문이 구성되는데, 특히 과학 소재가 많이 출제된다. 추론 문제의 지문은 단순하게 정보를 나열하는 형태보다는 구조가 명확하거나 전체적인 흐름이 잡혀있는 형태인 경우가 많다. 따라서 이 유형의 문제는 지문의 구조를 판단하여 그에 맞게 정보를 처리할 수 있는지, 지문의 세부 정보보다는 전체적인 흐름을 놓치지 않는지가 중요하다. 또한 '추론' 문제는 내용을 이해하여 추론하는 것뿐만 아니라 원리나 원칙을 제시하고 이를 적용할 수 있는지를 평가하는 문제도 출제된다.

정답을 빠르게 찾는 **문제풀이 전략**

STEP 1

지문을 읽기 전에 선택지를 먼저 읽고, 선택지에서 확인한 단어와 관련된 내용 위주로 지문의 정보를 체크한다.

- 선택지에서 반복되거나 대비되는 단어나 표현이 있는지 확인한다.
- 선택지에서 반복되는 단어가 글의 중심 소재일 확률이 높으므로 그와 관련된 정보를 중점적으로 체크한다.
- 대비되는 단어가 보이는 지문의 경우, 대비되는 단어의 특징들을 구별되게 체크한다.

STEP 2

지문에 체크한 정보를 조합하여 선택지가 추론 가능한지 판단한다.

- 지문에 체크한 정보와 선택지의 내용이 일치하면 추론할 수 있는 선택지이다.
- 지문에 직접적으로 제시되어 있지 않더라도 지문에서 체크한 정보를 조합하여 도출될 수 있는 내용의 선택지라면 추론할 수 있는 선택지이다.
- 지문에 체크한 정보와 선택지의 내용이 일치하지 않거나, 지문에서 선택지의 정보를 확인할 수 없으면 추론할 수 없는 선택지이다.

 점수 잡는 실전 TIP!

개념을 설명하는 표현 중 긍정적인 것과 부정적인 것을 구분되게 표시해두자!

하나의 개념을 제시하고 그에 대한 정의나 특징 등이 서술되어 있는 지문은 그 개념에 대해 긍정적인 서술과 부정적인 서술이 번갈아 제시되는 경우가 많다. 이때 긍정적인 표현과 부정적인 표현을 다른 방식으로 체크해두면, 선택지를 판별할 때 실수하지 않고 키워드를 적용할 수 있다.

다음 글에서 추론할 수 있는 것만을 <보기>에서 모두 고르면?

전전두엽 피질에는 뇌의 중요한 기제가 있는데, 이 기제는 당신이 다른 사람과 실시간으로 대화하고 있는 동안 당신과 그 사람을 동시에 감시한다. 이는 상대에게 적절하고 부드럽게 응답하도록 하며, 무례하게 행동하거나 분노를 표출하려는 충동을 억제하는 역할을 한다.

이 조절 기제가 잘 작동하기 위해서는 얼굴을 맞대고 대화하면서 실시간으로 피드백을 받을 수 있어야 한다. 하지만 인터넷은 그러한 피드백을 허용하지 않는다. 이는 전전두엽에 있는 충동억제회로를 당황하게 만든다. 서로를 바라보며 대화 상대방의 반응을 관찰할 수 없기 때문이다. 이로 인해 '탈억제' 현상, 즉 충동이 억제에서 풀려나는 현상이 나타날 수 있다.

탈억제는 사람들이 긍정적이거나 중립적인 감정 상태에 있는 동안에는 잘 일어나지 않는 경향이 있다. 인터넷에서 의사소통이 원활하게 이루어지는 경우는 이러한 경향 때문이다. 탈억제는 사람들이 부정적인 감정을 강하게 느낄 때 훨씬 더 잘 일어난다. 그 결과 충동이 억제되지 못하고 화를 내거나 감정적으로 거친 메시지를 보내는 현상이 나타난다. 만약 상대방을 마주 보고 있었더라면 쓰지 않았을 말을 인터넷상에서 쓰는 식이다. 충동억제회로가 제대로 작동하면 인터넷상에서는 물론 오프라인과 일상생활에서도 조심스러운 매너로 상대를 대하게 된다. 그런 경우 상호교제는 더 매끄럽게 진행될 수 있다.

───────── <보기> ─────────

ㄱ. 부정적인 감정을 조절하는 교육 프로그램은 탈억제 현상을 감소시키는 데 도움이 될 것이다.

ㄴ. 전전두엽의 충동억제회로에 이상이 생기면 상대방에게 무례한 응답을 할 가능성이 높아질 것이다.

ㄷ. 기술의 발전으로 인터넷상에서도 면대면 실시간 대화의 효과를 낼 수 있다면, 인터넷상에서 탈억제 현상이 감소할 수 있다.

① ㄱ

② ㄴ

③ ㄴ, ㄷ

④ ㄱ, ㄴ, ㄷ

STEP 1 지문을 읽기 전에 선택지를 먼저 읽고, 선택지에서 확인한 단어와 관련된 내용 위주로 지문의 정보를 체크한다.

Q. 선택지의 주요 정보와 지문의 주요 정보를 찾아 적어보자.

선택지의 주요 정보

지문의 주요 정보

STEP 2 지문에 체크한 정보를 조합하여 선택지가 추론 가능한지 판단한다.

Q. 지문에서 찾은 정보를 바탕으로 아래 문장이 지문에서 추론할 수 있는지 여부를 ○, ×로 표시해보자.

문장	추론 여부
부정적인 감정을 조절하는 교육 프로그램은 탈억제 현상을 감소시키는 데 도움이 될 것이다.	
전전두엽의 충동억제회로에 이상이 생기면 상대방에게 무례한 응답을 할 가능성이 높아질 것이다.	
기술의 발전으로 인터넷상에서도 면대면 실시간 대화의 효과를 낼 수 있다면, 인터넷상에서 탈억제 현상이 감소할 수 있다.	

다음 글에서 추론할 수 있는 것만을 <보기>에서 모두 고르면?

전전두엽 피질에는 뇌의 중요한 기제가 있는데, 이 기제는 당신이 다른 사람과 실시간으로 대화하고 있는 동안
'탈억제'와 반대 의미의 단어
당신과 그 사람을 동시에 감시한다. 이는 상대에게 적절하고 부드럽게 응답하도록 하며, 무례하게 행동하거나 분
'뇌의 중요한 기제'의 특성   *'뇌의 중요한 기제'의 특성*
노를 표출하려는 충동을 억제하는 역할을 한다.

이 조절 기제가 잘 작동하기 위해서는 얼굴을 맞대고 대화하면서 실시간으로 피드백을 받을 수 있어야 한다.
'뇌의 중요한 기제'의 작동 조건
하지만 인터넷은 그러한 피드백을 허용하지 않는다. 이는 전전두엽에 있는 충동억제회로를 당황하게 만든다. 서
'뇌의 중요한 기제'와 반대 계열의 단어, '탈억제'와 같은 계열의 단어   *'탈억제'와 반대 의미의 단어*
로를 바라보며 대화 상대방의 반응을 관찰할 수 없기 때문이다. 이로 인해 '탈억제' 현상, 즉 충동이 억제에서 풀
주요 키워드.   *'탈억제'의 개념*
'뇌의 주요한 기제',
려나는 현상이 나타날 수 있다.
'충동억제회로'와 반대 의미의 단어

탈억제는 사람들이 긍정적이거나 중립적인 감정 상태에 있는 동안에는 잘 일어나지 않는 경향이 있다. 인터넷
에서 의사소통이 원활하게 이루어지는 경우는 이러한 경향 때문이다. 탈억제는 사람들이 부정적인 감정을 강하
'탈억제'의 작동 조건
게 느낄 때 훨씬 더 잘 일어난다. 그 결과 충동이 억제되지 못하고 화를 내거나 감정적으로 거친 메시지를 보내는
'탈억제'의 특성
현상이 나타난다. 만약 상대방을 마주 보고 있더라면 쓰지 않았을 말을 인터넷상에서 쓰는 식이다. 충동억제회
로가 제대로 작동하면 인터넷상에서는 물론 오프라인과 일상생활에서도 조심스러운 매너로 상대를 대하게 된다.
그런 경우 상호교제는 더 매끄럽게 진행될 수 있다.

───── <보기> ─────

ㄱ. 부정적인 감정을 조절하는 교육 프로그램은 탈억제 현상을 감소시키는 데 도움이 될 것이다.
ㄴ. 전전두엽의 충동억제회로에 이상이 생기면 상대방에게 무례한 응답을 할 가능성이 높아질 것이다.
ㄷ. 기술의 발전으로 인터넷상에서도 면대면 실시간 대화의 효과를 낼 수 있다면, 인터넷상에서 탈억제 현상이 감
　소할 수 있다.

① ㄱ　　　　　　　② ㄴ　　　　　　　③ ㄴ, ㄷ　　　　　✓ ㄱ, ㄴ, ㄷ

해설　ㄱ. 탈억제는 사람들이 부정적인 감정을 느낄 때 훨씬 더 잘 일어나므로 부정적인 감정을 조절하는 교육 프로그램은 탈억
　　　제 현상을 감소시키는 데 도움이 될 것이다.

　　ㄴ. 탈억제는 전전두엽 피질에서 상대방에게 무례하게 행동하거나 분노를 표출하려는 충동을 억제하는 역할을 하는 조절
　　　기제가 잘 작동하지 않아 충동이 억제에서 풀려나는 현상이다. 따라서 전전두엽의 충동억제회로에 이상이 생기면 상대
　　　방에게 무례한 응답을 할 가능성이 높아질 것이다.

　　ㄷ. 충동억제회로가 잘 작동하기 위해서는 얼굴을 맞대고 대화하면서 실시간으로 피드백을 받을 수 있어야 하는데 인터넷
　　　에서는 그러한 피드백을 허용하지 않기 때문에 탈억제 현상이 발생한다. 따라서 기술의 발전으로 인터넷상에서도 면대
　　　면 실시간 대화의 효과를 낼 수 있다면, 인터넷상에서 탈억제 현상이 감소할 수 있다.

STEP 1 정답

선택지의 주요 정보

탈억제, 충동억제회로

지문의 주요 정보

탈억제의 특징
- 인터넷, 실시간 피드백 X, 충동억제회로 X, 부정적인 감정, 충동 억제 X, 화를 내거나 감정적으로 거친 메시지

STEP 2 정답

문장	추론 여부
부정적인 감정을 조절하는 교육 프로그램은 탈억제 현상을 감소시키는 데 도움이 될 것이다.	O
전전두엽의 충동억제회로에 이상이 생기면 상대방에게 무례한 응답을 할 가능성이 높아질 것이다.	O
기술의 발전으로 인터넷상에서도 면대면 실시간 대화의 효과를 낼 수 있다면, 인터넷상에서 탈억제 현상이 감소할 수 있다.	O

01 다음 글에서 추론한 내용으로 적절하지 않은 것은?

9급 출제기조 변화 예시문제 2번

'밤하늘'은 '밤'과 '하늘'이 결합하여 한 단어를 이루고 있는데, 이처럼 어휘 의미를 띤 요소끼리 결합한 단어를 합성어라고 한다. 합성어는 분류 기준에 따라 여러 방식으로 나눌 수 있다. 합성어의 품사에 따라 합성명사, 합성형용사, 합성부사 등으로 나누기도 하고, 합성의 절차가 국어의 정상적인 단어 배열법을 따르는지의 여부에 따라 통사적 합성어와 비통사적 합성어로 나누기도 하고, 구성 요소 간의 의미 관계에 따라 대등합성어와 종속합성어로 나누기도 한다.

합성명사의 예를 보자. '강산'은 명사(강) + 명사(산)로, '젊은이'는 용언의 관형사형(젊은) + 명사(이)로, '덮밥'은 용언 어간(덮) + 명사(밥)로 구성되어 있다. 명사끼리의 결합, 용언의 관형사형과 명사의 결합은 국어 문장 구성에서 흔히 나타나는 단어 배열법으로, 이들을 통사적 합성어라고 한다. 반면 용언 어간과 명사의 결합은 국어 문장 구성에 없는 단어 배열법인데 이런 유형은 비통사적 합성어에 속한다. '강산'은 두 성분 관계가 대등한 관계를 이루는 대등합성어인데, '젊은이'나 '덮밥'은 앞 성분이 뒤 성분을 수식하는 종속합성어이다.

① 아버지의 형을 이르는 '큰아버지'는 종속합성어이다.

② '흰머리'는 용언 어간과 명사가 결합한 합성명사이다.

③ '늙은이'는 어휘 의미를 지닌 두 요소가 결합해 이루어진 단어이다.

④ 동사 '먹다'의 어간인 '먹'과 명사 '거리'가 결합한 '먹거리'는 비통사적 합성어이다.

목조 건축물에서 골조 구조의 가장 기본적인 양식은 기둥과 보가 결합된 것으로서 두 기둥 사이에 보를 연결한 구조이다. 두 개의 기둥 사이에 보를 연결하여 건물의 한 단면이 형성되고 이런 연결을 계속 반복하여 공간을 만들어 갈 수 있다. 이런 구조는 기둥에 대해 수직으로 작용하는 하중에는 강하지만 수평으로 가해지는 하중에는 취약하다. 따라서 기둥과 보 사이에 가새를 넣어 주어야 하며, 이를 통해 견고한 구조가 실현된다.

가새는 보와 기둥 사이에 대각선을 이루며 연결하는 부재(部材)이다. 기둥과 보 그리고 가새가 서로 연결되어 삼각형 형태를 이루면 목조 건축물의 골조는 더 안정된 구조를 이룰 수 있다. 이러한 삼각형 형태 때문에 보에 가해지는 수평 하중이 가새를 통해 기둥으로 전달된다. 대부분의 가새는 하나의 보와 이 보의 양 끝에 수직으로 연결된 두 기둥에 설치되므로 마주보는 짝으로 구성된다. 가새는 보에 가해지는 수직 하중의 일부도 기둥으로 전달하는 역할을 한다. 그러나 가새의 크기와 그것이 설치될 위치를 설계할 때에는 수평 하중의 영향만을 고려한다.

① 가새는 수직 하중에 약한 구조를 보완한다.

② 가새는 목조 골조 구조의 안정성을 향상시킨다.

③ 가새를 얼마나 크게 할지, 어디에 설치할지를 설계할 경우에 수평 하중의 영향만을 생각한다.

④ 가새는 대부분 하나의 보를 받치는 두 개의 기둥 각각에 설치되므로 한 쌍으로 이루어진다.

03 다음 글에서 추론할 수 있는 것만을 <보기>에서 모두 고르면?

하나의 세포가 표적세포로 신호를 전달하는 방법에는 여러 종류가 있다. 이 중 직접 결합 방법은 세포가 표적세포와 직접 결합하여 신호를 전달하는 방법이다. 또한 측분비 방법은 세포가 신호 전달 물질을 분비하여 근접한 거리에 있는 표적세포에 신호를 전달하는 방법이다. 그리고 내분비 방법은 세포가 신호 전달 물질의 일종인 호르몬을 분비하여 이 물질이 순환계를 통해 비교적 먼 거리를 이동한 후 표적세포에 신호를 전달하는 방법이다.

동물의 면역세포에서 분비되는 신호 전달 물질은 세포 사이에 존재하는 공간을 통해 확산되어 근거리에 위치한 표적세포에 작용한다. 특정 면역세포가 히스타민을 분비하여 알레르기 반응을 일으키는 것이 대표적인 예이다. 신경세포 사이의 신호 전달은 신경세포에서 분비되는 신경전달물질에 의해 일어난다. 신경전달물질은 세포 사이에 존재하는 공간을 통해 확산되어 근거리에 있는 표적세포에 작용한다. 내분비샘 세포에서 분비된 호르몬은 모세혈관으로 확산되어 혈액을 따라 이동하고 표적세포의 근처에 도달했을 때 혈관으로부터 빠져나와 표적세포에 작용한다. 따라서 표적 세포에서 반응을 일으키는 데 걸리는 시간은 호르몬이 신경전달물질보다 더 오래 걸린다.

—————— <보기> ——————

ㄱ. 신경전달물질에 의한 신호 전달은 측분비 방법을 통해 이루어진다.
ㄴ. 내분비 방법이 측분비 방법보다 표적세포에서 더 빠른 반응을 일으킨다.
ㄷ. 하나의 세포가 표적세포로 신호를 전달하기 위해서는 신호 전달 물질의 분비가 필수적이다.

① ㄱ
② ㄷ
③ ㄱ, ㄴ
④ ㄱ, ㄴ, ㄷ

사람의 혈액은 적혈구, 백혈구, 혈소판처럼 혈액 내에 존재하는 세포인 혈구 성분과 이러한 혈구 성분을 제외한 나머지 액상 성분인 혈장으로 나뉜다. 사람의 혈액을 구별하는 대표적인 방법은 혈액의 성분을 기준으로 삼는 ABO형 방법이다. 이에 따르면, 혈액은 적혈구의 표면에 붙어 있는 응집원과 혈장에 들어 있는 응집소의 유무 또는 종류를 기준으로 다음 표와 같이 구분할 수 있다.

혈액형	응집원	응집소
A	A형 응집원	응집소 β
B	B형 응집원	응집소 α
AB	A형 응집원 및 B형 응집원	없음
O	없음	응집소 α 및 응집소 β

이때, A형 응집원이 응집소 α와 결합하거나 B형 응집원이 응집소 β와 결합하면, 응집 반응이 일어난다. 이 반응은 혈액의 응고를 일으키는데, 혈액이 응고되면 혈액의 정상적인 흐름이 방해되어 심각한 문제가 발생할 수 있다. 혈액의 이러한 특성을 활용하면 수혈도를 작성할 수 있다.

① A형 응집원만을 선택적으로 제거한 A형 적혈구를 B형인 사람에게 수혈해도 응집 반응이 일어나지 않는다.
② B형 응집원만을 선택적으로 제거한 AB형 적혈구를 A형인 사람에게 수혈하면 응집 반응이 일어난다.
③ 응집소 β를 선택적으로 제거한 O형 혈장을 A형인 사람에게 수혈해도 응집 반응이 일어나지 않는다.
④ O형인 사람은 어떤 적혈구를 수혈 받아도 응집 반응이 일어나지 않는다.

빈칸 추론

유형 정보 알아보기

유형 소개

일반적인 줄글 형태의 지문이나 대화체 지문의 중간에 빈칸을 한 개 이상 제시하고, 문맥에 따라 그 빈칸에 들어갈 가장 적절한 내용을 선택지에서 고르는 문제 유형이다.

발문 형태

ㅇ 다음 글의 빈칸에 들어갈 내용으로 가장 적절한 것은?
ㅇ 다음 ㉠에 들어갈 내용으로 가장 적절한 것은?
ㅇ 다음 (가)와 (나)에 들어갈 문장으로 가장 적절한 것을 <보기>에서 고르면?

접근 방법

빈칸에 들어갈 말을 찾아야 하는 문제는 그 빈칸에 들어갈 말을 추론할 수 있는 단서가 지문에 제시된다. 그렇지 않으면 네 개의 선택지 중 정답이 되는 선택지의 내용만이 빈칸에 들어갈 것이라고 단정할 수 없기 때문이다. 따라서 빈칸에 들어갈 말을 추론하기 위해서는 지문에 주어진 단서를 잘 찾아내는 것이 중요하다. 단서를 찾아내는 작업은 지문의 세부 정보를 꼼꼼히 찾는 일반적인 글 읽기 방식과는 다르다. 글 전체의 흐름에 따르되, 빈칸을 채우는 데 필요한 내용은 일부분이므로 그 부분을 찾아내는 것이 핵심이다. 빈칸을 채우기 위한 직접적인 단서는 빈칸의 주변에 있으므로 이를 빠르게 찾아내는 것에 초점을 두어야 한다.

정답을 빠르게 찾는 **문제풀이 전략**

STEP 1 빈칸의 내용을 예측할 수 있는 빈칸 주변의 정보에 주목한다.

- 빈칸이 들어가 있는 문장의 위치를 확인한다.
- 빈칸과 가까운 부분의 문장을 먼저 확인하고, 다른 부분을 확인한다.

STEP 2 빈칸에 들어갈 내용의 방향을 예측하고, 선택지에서 가장 비슷한 방향의 내용을 선택한다.

- 빈칸 추론 문제는 선택지보다 지문의 흐름을 먼저 확인한다.
- 빈칸에 들어갈 내용의 방향을 예측한 후, 선택지에서 비슷한 방향의 내용을 가지는 것을 선택한다.

 점수 잡는 실전 TIP!

빈칸 주변의 정보를 먼저 확인하자!

빈칸을 채우기 위해서는 앞뒤 문장의 흐름을 파악하는 것이 필요하기 때문에 빈칸 추론 문제의 지문을 읽을 때는 빈칸 주변의 정보를 먼저 확인해주어야 한다. 빈칸 주변을 먼저 확인하면 빈칸을 채우기 위해 어떤 정보를 더 찾아야 하는지도 쉽게 파악할 수 있다.

다음 글의 빈칸에 들어갈 내용으로 가장 적절한 것은?

지구에 조수 현상이 있는데 이 현상의 원인은 무엇일까? 우리는 조수 현상을 일으킬 수 있는 원인들을 일종의 가설로서 설정할 수 있다. 만일 지구의 물과 달 사이에 중력이나 자기력 같은 인력이 작용한다면, 이런 인력은 지구에 조수 현상을 일으키는 원인일 수 있다. 지구와 달 사이에 유동 물질이 있고 그 물질이 지구를 누른다면, 이런 누름은 지구에 조수 현상을 일으키는 원인일 수 있다. 지구가 등속도로 자전하지 않아 지구 전체가 흔들거린다면, 이런 지구의 흔들거림은 지구에 조수 현상을 일으키는 원인일 수 있다.

우리는 이런 설명들을 견주어 어떤 것이 다른 것보다 낫다는 것을 언제든 주장할 수 있으며, 나은 순으로 줄을 세워 가장 좋은 설명을 찾을 수 있다. 우리는 조수 현상에 대한 설명들로, 지구의 물과 달 사이에 인력 때문에 조수가 생긴다는 설명, 지구와 달 사이의 물질이 지구를 누르기 때문에 조수가 생긴다는 설명, 지구 전체의 흔들거림 때문에 조수가 생긴다는 설명을 갖고 있다. 이 설명들 가운데 지구 전체의 흔들거림 때문에 조수가 생긴다는 설명보다 지구와 달 사이의 물질이 지구를 누르기 때문에 조수가 생긴다는 설명이 더 낫다. _____ 따라서 우리는 조수 현상의 원인이 지구의 물과 달 사이에 작용하는 인력이라고 결론 내릴 수 있다.

① 지구 전체의 흔들거림 때문에 조수가 생긴다는 설명보다 지구와 달 사이에 인력 때문에 조수가 생긴다는 설명이 더 낫다.

② 지구의 물과 달 사이에 인력 때문에 조수가 생긴다는 설명보다 지구 전체의 흔들거림 때문에 조수가 생긴다는 설명이 더 낫다.

③ 지구의 물과 달 사이에 인력 때문에 조수가 생긴다는 설명보다 지구와 달 사이의 물질이 지구를 누르기 때문에 조수가 생긴다는 설명이 더 낫다.

④ 지구와 달 사이의 물질이 지구를 누르기 때문에 조수가 생긴다는 설명보다 지구의 물과 달 사이에 인력 때문에 조수가 생긴다는 설명이 더 낫다.

Q. 지문에서 빈칸의 내용을 예측할 수 있는 빈칸 주변의 단서를 찾아 적어보자.

단서 1

단서 2

STEP 2	빈칸에 들어갈 내용의 방향을 예측하고, 선택지에서 가장 비슷한 방향의 내용을 선택한다.

Q. 빈칸에 들어갈 문장의 내용을 예측해 적어보자.

빈칸에 들어갈 문장의 내용

다음 글의 빈칸에 들어갈 내용으로 가장 적절한 것은?

지구에 조수 현상이 있는데 이 현상의 원인은 무엇일까? 우리는 조수 현상을 일으킬 수 있는 원인들을 일종의 가설로서 설정할 수 있다. 만일 지구의 물과 달 사이에 중력이나 자기력 같은 인력이 작용한다면, 이런 인력은 지구에 조수 현상을 일으키는 원인일 수 있다. 지구와 달 사이에 유동 물질이 있고 그 물질이 지구를 누른다면, 이런 누름은 지구에 조수 현상을 일으키는 원인일 수 있다. 지구가 등속도로 자전하지 않아 지구 전체가 흔들거린다면, 이런 지구의 흔들거림은 지구에 조수 현상을 일으키는 원인일 수 있다.

우리는 이런 설명들을 견주어 어떤 것이 다른 것보다 낫다는 것을 언제든 주장할 수 있으며, 나은 순으로 줄을 세워 가장 좋은 설명을 찾을 수 있다. 우리는 조수 현상에 대한 설명들로, 지구의 물과 달 사이에 인력 때문에 조수가 생긴다는 설명, 지구와 달 사이의 물질이 지구를 누르기 때문에 조수가 생긴다는 설명, 지구 전체의 흔들거림 때문에 조수가 생긴다는 설명을 갖고 있다. 이 설명들 가운데 지구 전체의 흔들거림 때문에 조수가 생긴다는 설명보다 지구와 달 사이의 물질이 지구를 누르기 때문에 조수가 생긴다는 설명이 더 낫다. ▢ 따라서 우리는 조수 현상의 원인이 지구의 물과 달 사이에 작용하는 인력이라고 결론 내릴 수 있다.

전제 1: 흔들거림 〈 지구 누름
전제 2: '지구 누름 〈 인력'이 되어야 함.
결론: 인력

① 지구 전체의 흔들거림 때문에 조수가 생긴다는 설명보다 지구와 달 사이에 인력 때문에 조수가 생긴다는 설명이 더 낫다.

② 지구의 물과 달 사이에 인력 때문에 조수가 생긴다는 설명보다 지구 전체의 흔들거림 때문에 조수가 생긴다는 설명이 더 낫다.

③ 지구의 물과 달 사이에 인력 때문에 조수가 생긴다는 설명보다 지구와 달 사이의 물질이 지구를 누르기 때문에 조수가 생긴다는 설명이 더 낫다.

④ 지구와 달 사이의 물질이 지구를 누르기 때문에 조수가 생긴다는 설명보다 지구의 물과 달 사이에 인력 때문에 조수가 생긴다는 설명이 더 낫다.

해설 ④ 지문의 마지막 문장인 결론에서 조수 현상의 원인이 지구의 물과 달 사이에 작용하는 인력이라고 되어 있다. 빈칸에는 이러한 결론이 도출되기 위해 필요한 전제가 들어가야 한다. 위에 제시된 조수 현상의 원인 세 가지 중 지구 전체의 흔들거림 때문에 조수가 생긴다는 설명보다 지구와 달 사이의 물질이 지구를 누르기 때문에 조수가 생긴다는 설명이 더 낫다는 내용이 제시되어 있으므로 빈칸에 들어갈 내용은 '지구와 달 사이의 물질이 지구를 누르기 때문에 조수가 생긴다는 설명보다 지구의 물과 달 사이에 인력 때문에 조수가 생긴다는 설명이 더 낫다.'가 가장 적절하다.

STEP 1 정답

단서 1

이 설명들 가운데 지구 전체의 흔들거림 때문에 조수가 생긴다는 설명보다 지구와 달 사이의 물질이 지구를 누르기 때문에 조수가 생긴다는 설명이 더 낫다.

단서 2

따라서 우리는 조수 현상의 원인이 지구의 물과 달 사이에 작용하는 인력이라고 결론 내릴 수 있다.

STEP 2 정답

빈칸에 들어갈 문장의 내용

지구와 달 사이의 물질이 지구를 누르기 때문에 조수가 생긴다는 설명보다 지구의 물과 달 사이에 인력 때문에 조수가 생긴다는 설명이 더 낫다.

01 다음 글의 ㉠ ~ ㉢에 들어갈 말을 적절하게 나열한 것은?

9급 출제기조 변화 예시문제 4번

소설과 현실의 관계를 온당하게 살피기 위해서는 세계의 현실성, 문제의 현실성, 해결의 현실성을 구별해야 한다. 우리가 살고 있는 이 입체적인 시공간에서 특히 의미 있는 한 부분을 도려내어 서사의 무대로 삼을 경우 세계의 현실성이 확보된다. 그 세계 안의 인간이 자신을 둘러싼 세계와 고투하면서 당대의 공론장에서 기꺼이 논의해볼 만한 의제를 산출해낼 때 문제의 현실성이 확보된다. 한 사회가 완강하게 구조화하고 있는 '가능한 것'과 '불가능한 것'의 좌표를 흔들면서 특정한 선택지를 제출할 때 해결의 현실성이 확보된다.

최인훈의 「광장」은 밀실과 광장 사이에서 고뇌하는 주인공의 모습을 통해 '남(南)이냐 북(北)이냐'라는 민감한 주제를 격화된 이념 대립의 공론장에 던짐으로써   ㉠   을 확보하였다. 작품의 시공간으로 당시 남한과 북한을 소설적 세계로 선택함으로써 동서 냉전 시대의 보편성과 한반도 분단 체제의 특수성을 동시에 포괄할 수 있는   ㉡   도 확보하였다. 「광장」에서 주인공이 남과 북 모두를 거부하고 자살을 선택하는 결말은 남북으로 상징되는 당대의 이원화된 이데올로기를 근저에서 흔들었다. 이로써   ㉢   을 확보할 수 있었다.

	㉠	㉡	㉢
①	문제의 현실성	세계의 현실성	해결의 현실성
②	문제의 현실성	해결의 현실성	세계의 현실성
③	세계의 현실성	문제의 현실성	해결의 현실성
④	세계의 현실성	해결의 현실성	문제의 현실성

신경과학자 아이젠버거는 참가자들을 모집하여 실험을 진행하였다. 이 실험에서 그의 연구팀은 실험 참가자의 뇌를 'fMRI' 기계를 이용해 촬영하였다. 뇌의 어떤 부위가 활성화되는가를 촬영하여 실험 참가자가 어떤 심리적 상태인가를 파악하려는 것이었다. 아이젠버거는 각 참가자에게 그가 세 사람으로 구성된 그룹의 일원이 될 것이고, 온라인에 각각 접속하여 서로 공을 주고받는 게임을 하게 될 것이라고 알려주었다. 그런데 이 실험에서 각 그룹의 구성원 중 실제 참가자는 한 명뿐이었고 나머지 둘은 컴퓨터 프로그램이었다. 실험이 시작되면 처음 몇 분 동안 셋이 사이좋게 순서대로 공을 주고받지만, 어느 순간부터 실험 참가자는 공을 받지 못한다. 실험 참가자를 제외한 나머지 둘은 계속 공을 주고받기 때문에, 실험 참가자는 나머지 두 사람이 아무런 설명 없이 자신을 따돌린다고 느끼게 된다. 연구팀은 실험 참가자가 따돌림을 당할 때 그의 뇌에서 전두엽의 전대상피질 부위가 활성화된다는 것을 확인했다. 이는 인간이 물리적 폭력을 당할 때 활성화되는 뇌의 부위이다. 연구팀은 이로부터 [ ]는 결론을 내릴 수 있었다.

① 물리적 폭력은 뇌 전두엽의 전대상피질 부위를 활성화한다
② 물리적 폭력은 피해자의 개인적 경험을 사회적 문제로 전환한다
③ 따돌림은 피해자에게 물리적 폭력보다 더 심각한 부정적 영향을 미친다
④ 따돌림을 당할 때와 물리적 폭력을 당할 때의 심리적 상태는 서로 다르지 않다

아담 스미스의 '보이지 않는 손'이라는 가정은 시장에서 개인의 이익추구 활동을 제한하지 않는 것이 전체 이윤을 극대화하는 최선의 방책임을 보여주는 것으로 간주되었다. 그렇다면 다음의 경우는 어떠한가?

공동 소유의 목초지에 양을 치기에 알맞은 풀이 자라고 있다고 생각해 보자. 일정 넓이의 목초지에 방목할 수 있는 가축 두수에는 일정한 한계가 있기 마련이다. 즉 '수용 한계'가 존재하는 것이다. 그 목초지에 한 마리를 더 방목시킨다고 해서 다른 가축들이 갑자기 죽거나 병에 걸리는 것은 아니다. 하지만 목초지의 수용 한계를 넘어 양을 키울 경우, 목초가 줄어들어 그 목초지에서 양을 키워 얻을 수 있는 전체 생산량이 줄어든다. 나아가 수용 한계를 과도하게 초과할 정도로 사육 두수가 늘어날 경우 목초지 자체가 거의 황폐화된다.

예를 들어 수용 한계가 양 20마리인 공동 목초지에서 4명의 농부가 각각 5마리의 양을 키우고 있다고 해 보자. 그 목초지의 수용 한계에 이미 도달한 상태이지만, 그 중 한 농부가 자신의 이익을 늘리고자 방목하는 양의 두수를 늘리려 한다. 그러면 5마리를 키우고 있는 농부들은 목초지의 수용 한계로 인하여 기존보다 이익이 줄어들지만, 두수를 늘린 농부의 경우 그의 이익이 기존보다 조금 늘어난다. 손실을 만회하기 위해 다른 농부들도 사육 두수를 늘리고자 할 것이다. 이러한 상황이 장기화될 경우, [⊙]

이와 같이 아담 스미스의 '보이지 않는 손'에 시장을 맡겨 둘 경우 [ⓒ] 결과가 나타날 것이다.

① ⊙: 농부들의 총이익은 기존보다 증가할 것이다.
ⓒ: 한 사회의 공공 영역이 확장되는

② ⊙: 농부들의 총이익은 기존보다 감소할 것이다.
ⓒ: 한 사회의 전체 이윤이 감소하는

③ ⊙: 농부들의 총이익은 기존보다 감소할 것이다.
ⓒ: 한 사회의 전체 이윤이 유지되는

④ ⊙: 농부들의 총이익은 기존과 동일하게 될 것이다.
ⓒ: 한 사회의 전체 이윤이 유지되는

공무원 시험 전문 해커스공무원

gosi.Hackers.com

밑줄 추론

유형 정보 알아보기

유형 소개

지문의 특정 단어나 구절에 밑줄을 긋고, 밑줄 그어진 단어나 구절이 지문에서 나타내는 의미를 문맥에 따라 파악하여 선택지의 옳고 그름을 판단하는 문제 유형이다.

발문 형태

○ 다음 ㉠의 의미로 가장 적절한 것은?
○ 다음 글의 ㉠의 사례로 적절한 것만을 <보기>에서 모두 고르면?
○ 다음 글의 ㉠과 ㉡의 특성을 가장 적절하게 짝지은 것은?

접근 방법

밑줄 친 단어나 구절의 의미를 추론하는 문제는 빈칸에 들어갈 내용을 추론하는 문제와 마찬가지로 문맥을 묻는 문제이기 때문에 지문의 세부적인 정보에 집중하기보다는 지문에 주어진 단서를 잘 찾아내는 것이 중요하다. 특히 밑줄 친 단어나 구절은 생소하고 추상적인 것일 확률이 높으므로 내용을 이해하려고 하면 문제 해결에 지나치게 많은 시간이 소요될 수 있다. 따라서 이 문제를 효율적으로 해결하기 위해서는 밑줄 친 단어나 구절의 의미를 파악할 수 있는 키워드에 주목하는 것이 좋다. 키워드가 의미 추론을 위한 직접적인 단서가 될 수 있다.

정답을 빠르게 찾는 **문제풀이 전략**

STEP 1　지문에서 밑줄 앞뒤의 문장을 먼저 읽고, 밑줄의 내용을 나타내는 핵심어나 문장을 체크하여 단서를 파악한다.

- 밑줄의 앞이나 뒤의 주변 문장을 먼저 확인하여 밑줄과 관련된 내용에 체크한다.
- 체크한 핵심어나 문장은 밑줄의 의미를 추론할 수 있는 단서가 될 수 있다.

STEP 2　지문에서 체크한 단서와 선택지나 <보기>의 내용을 비교한다.

- 선택지나 <보기>의 내용이 지문에서 체크한 핵심어나 문장과 의미가 일치하면 적절하다.
- 선택지나 <보기>의 내용이 지문에서 체크한 핵심어나 문장과 의미가 일치하지 않으면 적절하지 않다.

 점수 잡는 실전 TIP!

반복되는 키워드에 주목한다!

밑줄의 의미를 추론하는 데 필요한 키워드를 찾는 쉬운 방법은 지문 전체적으로 반복되고 있는 표현에 집중하는 것이다. 반복된다는 것은 중요하다는 의미이다.

다음의 ㉠의 사례로 보기 어려운 것은?

> 디지털 이미지는 사용자가 가장 손쉽게 정보를 전달할 수 있는 멀티미디어 객체이다. 일반적으로 디지털 이미지는 화소에 의해 정보가 표현되는데, M×N 개의 화소로 이루어져있다. 여기서 M과 N은 가로와 세로의 화소 수를 의미하며, M 곱하기 N을 한 값을 해상도라 한다.
>
> 무선 네트워크와 모바일 기기의 사용이 보편화되면서 다양한 스마트 기기의 보급이 진행되고 있다. 스마트 기기는 그 사용 목적이나 제조 방식, 가격 등의 요인에 의해 각각의 화면 표시 장치들이 서로 다른 해상도와 화면 비율을 가진다. 이에 대응하여 동일한 이미지를 다양한 화면 표시 장치 환경에 맞출 필요성이 발생했다. 하나의 멀티미디어의 객체를 텔레비전용, 영화용, 모바일 기기용 등 표준적인 화면 표시 장치에 맞추어 각기 독립적인 이미지 소스로 따로 제공하는 것이 아니라, 하나의 이미지 소스를 다양한 화면 표시 장치에 맞도록 적절히 변환하는 기술을 요구하고 있다.
>
> 이러한 변환 기술을 '이미지 리타겟팅'이라고 한다. 이는 A×B의 이미지를 C×D 화면에 맞추기 위해 해상도와 화면 비율을 조절하거나 이미지의 일부를 잘라 내는 방법 등으로 이미지를 수정하는 것이다. 이러한 수정에서 입력 이미지에 있는 콘텐츠 중 주요 콘텐츠는 그대로 유지되어야 한다. 즉 리타겟팅 처리 후에도 원래 이미지의 중요한 부분을 그대로 유지하면서 동시에 왜곡을 최소화하는 형태로 주어진 화면에 맞게 이미지를 변형하여야 한다. 이러한 조건을 만족하기 위해 ㉠ 다양한 접근이 일어나고 있는데, 이미지의 주요한 콘텐츠 및 구조를 분석하는 방법과 분석된 주요 사항을 바탕으로 어떤 식으로 이미지 해상도를 조절하느냐가 주요 연구 방향이다.

① 광고 사진에서 화면 전반에 걸쳐 흩어져 있는 콘텐츠를 무작위로 추출하여 화면을 재구성하는 방법
② 풍경 사진에서 전체 풍경에 대한 구도를 추출하고 구도가 그대로 유지될 수 있도록 해상도를 조절하는 방법
③ 인물 사진에서 얼굴 추출 기법을 사용하여 인물의 주요 부분을 왜곡하지 않고 필요 없는 부분을 잘라 내는 방법
④ 상품 사진에서 상품을 충분히 인지할 수 있을 정도의 범위 내에서 가로와 세로의 비율을 화면에 맞게 조절하는 방법

STEP 1	지문에서 밑줄 앞뒤의 문장을 먼저 읽고, 밑줄의 내용을 나타내는 핵심어나 문장을 체크하여 단서를 파악한다.

Q. 지문에서 밑줄 친 ㉠의 의미를 추론할 수 있는 단서를 찾아 적어보자.

단서 1

단서 2

단서 3

STEP 2	지문에서 체크한 단서와 선택지나 <보기>의 내용을 비교한다.

Q. 아래 사례에서 키워드를 찾아 적고, 밑줄 친 ㉠의 사례가 될 수 있는지 적합성 여부를 ○, ×로 표시해보자.

사례	사례의 키워드	적합성 여부
광고 사진에서 화면 전반에 걸쳐 흩어져 있는 콘텐츠를 무작위로 추출하여 화면을 재구성하는 방법		
풍경 사진에서 전체 풍경에 대한 구도를 추출하고 구도가 그대로 유지될 수 있도록 해상도를 조절하는 방법		
인물 사진에서 얼굴 추출 기법을 사용하여 인물의 주요 부분을 왜곡하지 않고 필요 없는 부분을 잘라 내는 방법		
상품 사진에서 상품을 충분히 인지할 수 있을 정도의 범위 내에서 가로와 세로의 비율을 화면에 맞게 조절하는 방법		

다음의 ㉠의 사례로 보기 어려운 것은?

> 디지털 이미지는 사용자가 가장 손쉽게 정보를 전달할 수 있는 멀티미디어 객체이다. 일반적으로 디지털 이미지는 화소에 의해 정보가 표현되는데, M×N 개의 화소로 이루어져 있다. 여기서 M과 N은 가로와 세로의 화소 수를 의미하며, M 곱하기 N을 한 값을 해상도라 한다.
>
> 무선 네트워크와 모바일 기기의 사용이 보편화되면서 다양한 스마트 기기의 보급이 진행되고 있다. 스마트 기기는 그 사용 목적이나 제조 방식, 가격 등의 요인에 의해 각각의 화면 표시 장치들이 서로 다른 해상도와 화면 비율을 가진다. 이에 대응하여 동일한 이미지를 다양한 화면 표시 장치 환경에 맞출 필요성이 발생했다. 하나의 멀티미디어의 객체를 텔레비전용, 영화용, 모바일 기기용 등 표준적인 화면 표시 장치에 맞추어 각기 독립적인 이미지 소스로 따로 제공하는 것이 아니라, 하나의 이미지 소스를 다양한 화면 표시 장치에 맞도록 적절히 변환하는 기술을 요구하고 있다.
>
> 이러한 변환 기술을 '이미지 리타겟팅'이라고 한다. 이는 A×B의 이미지를 C×D 화면에 맞추기 위해 해상도와 화면 비율을 조절하거나 이미지의 일부를 잘라 내는 방법 등으로 이미지를 수정하는 것이다. 이러한 수정에서 입력 이미지에 있는 <u>콘텐츠 중 주요 콘텐츠는 그대로 유지되어야 한다.</u> 즉 리타겟팅 처리 후에도 원래 이미지의 중요
> ㉠의 내용을 추론할 수 있는 단서 1
> 한 부분을 그대로 유지하면서 동시에 왜곡을 최소화하는 형태로 <u>주어진 화면에 맞게 이미지를 변형하여야 한다.</u>
> ㉠의 내용을 추론할 수 있는 단서 2　　㉠의 내용을 추론할 수 있는 단서 3
> 이러한 조건을 만족하기 위해 ㉠<u>다양한 접근</u>이 일어나고 있는데, 이미지의 주요한 콘텐츠 및 구조를 분석하는 방
> 일반적인 단어가 밑줄로 제시되었으므로 이에 대한 구체적인 내용을 찾아주어야 함.
> 법과 분석된 주요 사항을 바탕으로 어떤 식으로 이미지 해상도를 조절하느냐가 주요 연구 방향이다.

✔① 광고 사진에서 화면 전반에 걸쳐 흩어져 있는 콘텐츠를 무작위로 추출하여 화면을 재구성하는 방법

② 풍경 사진에서 전체 풍경에 대한 구도를 추출하고 구도가 그대로 유지될 수 있도록 해상도를 조절하는 방법

③ 인물 사진에서 얼굴 추출 기법을 사용하여 인물의 주요 부분을 왜곡하지 않고 필요 없는 부분을 잘라 내는 방법

④ 상품 사진에서 상품을 충분히 인지할 수 있을 정도의 범위 내에서 가로와 세로의 비율을 화면에 맞게 조절하는 방법

해설　① 광고 사진에서 화면 전반에 걸쳐 흩어져 있는 콘텐츠를 무작위로 추출하여 화면을 재구성하는 방법은 주요 콘텐츠는 그대로 유지한다는 ㉠의 특성에 어긋나므로 ㉠의 사례로 볼 수 없다.

　　② 풍경 사진에서 전체 풍경에 대한 구도를 추출하고 구도가 그대로 유지될 수 있도록 해상도를 조절하는 방법은 주요 콘텐츠는 그대로 유지한다는 ㉠의 특성과 일치하므로 ㉠의 사례로 볼 수 있다.

　　③ 인물 사진에서 얼굴 추출 기법을 사용하여 인물의 주요 부분을 왜곡하지 않고 필요 없는 부분을 잘라 내는 방법은 주요 콘텐츠는 그대로 유지하고 왜곡을 최소화한다는 ㉠의 특성과 일치하므로 ㉠의 사례로 볼 수 있다.

　　④ 상품 사진에서 상품을 충분히 인지할 수 있을 정도의 범위 내에서 가로와 세로의 비율을 화면에 맞게 조절하는 방법은 주어진 화면에 맞게 이미지를 변형한다는 ㉠의 특성과 일치하므로 ㉠의 사례로 볼 수 있다.

STEP 1 정답

단서 1

콘텐츠 중 주요 콘텐츠는 그대로 유지

단서 2

왜곡을 최소화

단서 3

주어진 화면에 맞게 이미지를 변형

STEP 2 정답

사례	사례의 키워드	적합성 여부
광고 사진에서 화면 전반에 걸쳐 흩어져 있는 콘텐츠를 무작위로 추출하여 화면을 재구성하는 방법	콘텐츠를 무작위로 추출	X
풍경 사진에서 전체 풍경에 대한 구도를 추출하고 구도가 그대로 유지될 수 있도록 해상도를 조절하는 방법	구도가 그대로 유지	O
인물 사진에서 얼굴 추출 기법을 사용하여 인물의 주요 부분을 왜곡하지 않고 필요 없는 부분을 잘라 내는 방법	주요 부분을 왜곡하지 않고	O
상품 사진에서 상품을 충분히 인지할 수 있을 정도의 범위 내에서 가로와 세로의 비율을 화면에 맞게 조절하는 방법	화면에 맞게 조절	O

01 다음 글의 ㉠의 사례가 포함되어 있지 않은 것은?

9급 출제기조 변화 예시문제 3번

> 존경 표현에는 주어 명사구를 직접 존경하는 '직접존경'이 있고, 존경의 대상과 긴밀한 관련을 가지는
> 인물이나 사물 등을 높이는 ㉠ '간접존경'도 있다. 전자의 예로 "할머니는 직접 용돈을 마련하신다."를 들
> 수 있고, 후자의 예로는 "할머니는 용돈이 없으시다."를 들 수 있다. 전자에서 용돈을 마련하는 행위를 하
> 는 주어는 할머니이므로 '마련한다'가 아닌 '마련하신다'로 존경 표현을 한 것이다. 후자에서는 용돈이 주
> 어이지만 할머니와 긴밀한 관련을 가진 사물이라서 '없다'가 아니라 '없으시다'로 존경 표현을 한 것이다.

① 고모는 자식이 다섯이나 있으시다.

② 할머니는 다리가 아프셔서 병원에 다니신다.

③ 언니는 아버지가 너무 건강을 염려하신다고 말했다.

④ 할아버지는 젊었을 때부터 수염이 많으셨다고 들었다.

이스라엘 공군 소속 장교들은 훈련생들이 유난히 비행을 잘했을 때에는 칭찬을 해봤자 비행 능력 향상에 도움이 안 된다고 믿는다. 실제로 훈련생들은 칭찬을 받고 나면 다음 번 비행이 이전 비행보다 못했다. 그렇지만 장교들은 비행을 아주 못한 훈련생을 꾸짖으면 비판에 자극 받은 훈련생이 거의 항상 다음 비행에서 향상된 모습을 보여준다고 생각한다. 그래서 장교들은 상급 장교에게 저조한 비행 성과는 비판하되 뛰어난 성과에 대해서는 칭찬하지 않는 게 바람직하다고 건의했다. 하지만 이런 추론의 이면에는 ⊙오류가 있다.

유난히 비행을 잘하거나 유난히 비행을 못하는 경우는 둘 다 흔치 않다. 따라서 칭찬과 비판 여부에 상관없이 어느 조종사가 유난히 비행을 잘하거나 못했다면 그 다음 번 비행에서는 평균적인 수준으로 돌아갈 확률이 높다. 평균적인 수준의 비행은 극도로 뛰어나거나 떨어지는 비행보다는 훨씬 빈번하게 나타난다. 그러므로 어쩌다 뛰어난 비행을 한 조종사는 아마 다음 번 비행에서는 그보다 못할 것이다. 어쩌다 실력을 발휘하지 못한 조종사는 아마 다음 번 비행에서 훨씬 나은 모습을 보여줄 것이다. 어떤 사건이 극단적일 때에 같은 종류의 다음 번 사건은 그만큼 극단적이지 않기 마련이다.

① 비행을 잘한 훈련생에게는 칭찬보다는 비판이 유효하다는 점을 깨닫지 못하는 오류
② 훈련에 충분한 시간을 투입하면 훈련생의 비행 실력은 향상된다는 점을 깨닫지 못하는 오류
③ 훈련생의 비행에 대한 과도한 칭찬과 비판이 역효과를 낼 수 있다는 점을 깨닫지 못하는 오류
④ 뛰어난 비행은 평균에서 크게 벗어난 사례라서 연속해서 발생하기 어렵다는 점을 깨닫지 못하는 오류

03 다음 글의 ⊙과 ⓒ이 모방하는 군집 현상의 특성을 가장 적절하게 짝지은 것은?

2016년 민간경력자 채용 15번

군집 현상은 무질서한 개체들이 외부 작용 없이 스스로 질서화된 상태로 변해가는 현상을 총칭하며, 분리성, 정렬성, 확장성, 결합성의 네 가지 특성을 나타낸다. 첫째, 분리성은 각 개체가 서로 일정한 간격을 유지하여 독립적 공간을 확보하는 특성을 의미하고 둘째, 정렬성은 각 개체가 다수의 개체들이 선택하는 경로를 이용하여 자신의 이동 방향을 결정하는 특성을 의미하며 셋째, 확장성은 개체수가 증가해도 군집의 형태를 유지하는 특성을 의미한다. 마지막으로 결합성은 각 개체가 주변 개체들과 동일한 행동을 하는 특성을 의미한다.

⊙ 알고리즘A는 시력이 없는 개미 집단이 개미집으로부터 멀리 떨어져 있는 먹이를 가장 빠른 경로를 통해 운반하는 행위로부터 영감을 얻어 개발된 알고리즘이다. 개미가 먹이를 발견하면 길에 남아 있는 페로몬을 따라 개미집으로 먹이를 운반하게 된다. 이러한 방식으로 개미 떼가 여러 경로를 통해 먹이를 운반하다 보면 개미집과 먹이와의 거리가 가장 짧은 경로에 많은 페로몬이 쌓이게 된다. 개미는 페로몬이 많은 쪽의 경로를 선택하여 이동하는 특징이 있어 일정 시간이 지나면 개미 떼는 가장 짧은 경로를 통해서 먹이를 운반하게 된다.

ⓒ 알고리즘B는 반딧불이들이 반짝거릴 때 초기에는 각자의 고유한 진동수에 따라 반짝거리다가 점차 시간이 지날수록 상대방의 반짝거림에 맞춰 결국엔 한 마리의 거대한 반딧불이처럼 반짝거리는 것을 지속하는 현상에서 영감을 얻어 개발된 알고리즘이다. 개체들이 초기 상태에서는 각자 고유의 진동수에 따라 진동하지만, 점차 상호 작용을 통해 그 고유 진동수에 변화가 생기고 결국에는 진동수가 같아지는 특성을 반영한 것이다.

	⊙	ⓒ
①	정렬성	결합성
②	확장성	정렬성
③	분리성	결합성
④	결합성	분리성

공무원 시험 전문 해커스공무원

gosi.Hackers.com

글의 수정

유형 정보 알아보기

유형 소개

지문의 특정 구절이나 문장에 밑줄을 긋고 그중에서 전체 글의 흐름에 맞지 않는 부분을 찾아 수정하는 문제 유형이다.

발문 형태

○ 다음 글의 전체 흐름과 맞지 않는 한 곳을 ⊙~◎에서 찾아 수정하려고 할 때, 가장 적절한 것은?
○ 다음 글의 ⊙에 따라 ~을 수정한 것으로 적절하지 않은 것은?
○ 다음 글의 <표>를 수정한 것으로 적절한 것만을 <보기>에서 모두 고르면?

접근 방법

글을 수정하는 문제는 크게 두 가지 패턴으로 출제된다. 하나는 지문의 특정 구절이나 문장에 밑줄이 그어져 있고 이를 전체 문맥에 맞게 수정하는 것이고, 다른 하나는 지문에 수정의 기준이 제시되고 그 기준에 따라 지문의 내용이 바르게 수정되어 있는지를 확인하는 것이다. 이 유형은 글의 문맥에 따라 전체적인 흐름을 파악하는 능력을 평가하는 문제이므로 지문을 읽으면서 밑줄 그어진 부분과 선택지를 하나씩 확인하며 문제를 풀이해야 한다.

STEP 1 지문을 읽으면서 밑줄 주변의 핵심어를 확인하거나 지문을 읽기 전 수정 기준을 확인한다.

- 밑줄 그어진 문장을 수정하는 문제인 경우, 지문을 처음부터 순서대로 읽으면서 밑줄이 나오면 밑줄 앞 뒤 문장의 핵심어를 확인하여 내용의 흐름을 파악한다.
- 지문에 제시된 기준을 바탕으로 수정하는 문제인 경우, 기준을 먼저 확인한 후 지문의 내용을 확인한다.

STEP 2 해당 문장을 수정하는 선택지를 찾아 핵심어를 체크하고, 지문의 흐름과 비교한다.

- 밑줄 그어진 문장을 수정하는 문제인 경우, 밑줄이 나올 때마다 바로 바로 해당 밑줄을 수정하는 선택지 를 확인하여 선택지의 핵심어가 글의 흐름과 자연스럽게 연결되는지 판단한다.
- 지문에 제시된 기준을 바탕으로 수정하는 문제인 경우, 지문에서 기준과 어긋나는 부분을 찾으면 그 부 분과 관련된 선택지를 확인하여 기준에 따라 적절하게 수정되었는지 판단한다.

 점수 잡는 실전 TIP!

전체 맥락을 놓치지 말자!

글을 수정하는 문제의 선택지는 밑줄 처리된 문장을 하나씩 수정해 놓은 형태로 구성된다. 따라서 지문을 처음부터 읽으면 서 밑줄 그어져 있는 문장과 그 문장을 수정하고 있는 선택지를 번갈아 확인하는 것이 좋다.

다음 글의 ⊙~@에서 전체 흐름과 맞지 않는 한 곳을 찾아 수정할 때, 가장 적절한 것은?

> 상업적 농업이란 전통적인 자급자족 형태의 농업과 달리 ⊙ 판매를 위해 경작하는 농업을 일컫는다. 농업이 상업화된다는 것은 산출할 수 있는 최대의 수익을 얻기 위해 경작이 이루어짐을 뜻한다. 이를 위해 쟁기질, 제초작업 등과 같은 생산 과정의 일부를 인간보다 효율이 높은 기계로 작업하게 되고, 농장에서 일하는 노동자도 다른 산업 분야처럼 경영상의 이유에 따라 쉽게 고용되고 해고된다. 이처럼 상업적 농업의 도입은 근대 사회의 상업화를 촉진한 측면이 있다.
>
> 홉스봄은 18세기 유럽에 상업적 농업이 도입되면서 일어난 몇 가지 변화에 주목했다. 중세 말기 장원의 해체로 인해 지주와 소작인 간의 인간적이었던 관계가 사라진 것처럼, ⓒ 농장주와 농장 노동자의 친밀하고 가까웠던 관계가 상업적 농업의 도입으로 인해 사라졌다. 토지는 삶의 터전이라기보다는 수익의 원천으로 여겨지게 되었고, 농장 노동자는 시세대로 고용되어 임금을 받는 존재로 변화하였다. 결국 대량 판매 시장을 위한 ⓒ 대규모 생산이 점점 더 강조되면서 기계가 인간을 대체하기 시작했다.
>
> 또한 상업적 농업의 도입은 중요한 사회적 결과를 가져왔다. 점차적으로 @ 중간 계급으로의 수렴현상이 나타난 것이다. 저임금 구조의 고착화로 농장주와 농장 노동자 간의 소득 격차는 갈수록 벌어졌고, 농장 노동자의 처지는 위생과 복지의 양 측면에서 이전보다 더욱 열악해졌다.

① ⊙을 "개인적인 소비를 위해 경작하는 농업"으로 고친다.
② ⓒ을 "농장주와 농장 노동자의 이질적이고 사용 관계에 가까웠던 관계"로 고친다.
③ ⓒ을 "기술적 전문성이 점점 더 강조되면서 인간이 기계를 대체"로 고친다.
④ @을 "계급의 양극화가 나타난 것이다"로 고친다.

STEP 1 지문을 읽으면서 밑줄 주변의 핵심어를 확인하거나 지문을 읽기 전 수정 기준을 확인한다.

Q. 지문에서 밑줄 친 ㉠~㉣이 문맥에 맞는지 판단할 수 있는 키워드를 찾아 적어보자.

㉠

㉡

㉢

㉣

STEP 2 해당 문장을 수정하는 선택지를 찾아 핵심어를 체크하고, 지문의 흐름과 비교한다.

Q. 아래 사례에서 문장 1)과 2) 중 문맥에 적합한 것을 찾아 적어보자.

문장 비교	문맥에 적합한 것
㉠ 1) 판매를 위해 경작하는 농업 2) 개인적인 소비를 위해 경작하는 농업	
㉡ 1) 농장주와 농장 노동자의 친밀하고 가까웠던 관계 2) 농장주와 농장 노동자의 이질적이고 사용 관계에 가까웠던 관계	
㉢ 1) 대규모 생산이 점점 더 강조되면서 기계가 인간을 대체 2) 기술적 전문성이 점점 더 강조되면서 인간이 기계를 대체	
㉣ 1) 중간 계급으로의 수렴현상이 나타난 것이다. 2) 계급의 양극화가 나타난 것이다.	

다음 글의 ⊙~◉에서 전체 흐름과 맞지 않는 한 곳을 찾아 수정할 때, 가장 적절한 것은?

상업적 농업이란 전통적인 자급자족 형태의 농업과 달리 ⊙ 판매를 위해 경작하는 농업을 일컫는다. 농업이 상
⊙이 문맥에 맞다는 것을 확인할 수 있는 단서
업화된다는 것은 산출할 수 있는 최대의 수익을 얻기 위해 경작이 이루어짐을 뜻한다. 이를 위해 쟁기질, 제초작

업 등과 같은 생산 과정의 일부를 인간보다 효율이 높은 기계로 작업하게 되고, 농장에서 일하는 노동자도 다른

산업 분야처럼 경영상의 이유에 따라 쉽게 고용되고 해고된다. 이처럼 상업적 농업의 도입은 근대 사회의 상업

화를 촉진한 측면이 있다.

홉스봄은 18세기 유럽에 상업적 농업이 도입되면서 일어난 몇 가지 변화에 주목했다. 중세 말기 장원의 해체로

인해 지주와 소작인 간의 인간적이었던 관계가 사라진 것처럼, ⓒ 농장주와 농장 노동자의 친밀하고 가까웠던 관
ⓒ이 문맥에 맞다는 것을 확인할 수 있는 단서
계가 상업적 농업의 도입으로 인해 사라졌다. 토지는 삶의 터전이라기보다는 수익의 원천으로 여겨지게 되었고,

농장 노동자는 시세대로 고용되어 임금을 받는 존재로 변화하였다. 결국 대량 판매 시장을 위한 ⓒ 대규모 생산
ⓒ이 문맥에 맞다는 것을 확인할 수 있는 단서
이 점점 더 강조되면서 기계가 인간을 대체하기 시작했다.

또한 상업적 농업의 도입은 중요한 사회적 결과를 가져왔다. 점차적으로 ◉ 중간 계급으로의 수렴현상이 나타

난 것이다. 저임금 구조의 고착화로 농장주와 농장 노동자 간의 소득 격차는 갈수록 벌어졌고, 농장 노동자의 처
◉이 문맥에 맞지 않다는 것을 확인할 수 있는 단서
지는 위생과 복지의 양 측면에서 이전보다 더욱 열악해졌다.

① ⊙을 "개인적인 소비를 위해 경작하는 농업"으로 고친다.
② ⓒ을 "농장주와 농장 노동자의 이질적이고 사용 관계에 가까웠던 관계"로 고친다.
③ ⓒ을 "기술적 전문성이 점점 더 강조되면서 인간이 기계를 대체"로 고친다.
☑ ◉을 "계급의 양극화가 나타난 것이다"로 고친다.

해설   ① ⊙은 '자급자족 형태의 농업과 달리'라는 표현과 연결되므로 이를 "개인적인 소비를 위해 경작하는 농업"으로 고치는 것
          은 적절하지 않다.
      ② ⓒ이 '인간적이었던 관계'라는 표현과 연결되므로 이를 "농장주와 농장 노동자의 이질적이고 사용 관계에 가까웠던 관
          계"로 고치는 것은 적절하지 않다.
      ③ ⓒ은 '대량 판매 시장을 위한'이라는 표현과 연결되므로 이를 "기술적 전문성이 점점 더 강조되면서 인간이 기계를 대
          체"로 고치는 것은 적절하지 않다.
      ④ ◉은 다음 문장의 '농장주와 농장 노동자 간의 소득 격차는 갈수록 벌어졌고'라는 표현과 맞지 않는다. 따라서 이 부분을
          "계급의 양극화가 나타난 것이다"로 고치는 것이 적절하다.

㉠

자급자족 형태의 농업과 달리

㉡

지주와 소작인 간의 인간적이었던 관계

㉢

대량 판매 시장을 위한

㉣

농장주와 농장 노동자 간의 소득 격차는 갈수록 벌어졌고

STEP 2 정답

문장 비교		문맥에 적합한 것
㉠	1) 판매를 위해 경작하는 농업 2) 개인적인 소비를 위해 경작하는 농업	1)
㉡	1) 농장주와 농장 노동자의 친밀하고 가까웠던 관계 2) 농장주와 농장 노동자의 이질적이고 사용 관계에 가까웠던 관계	1)
㉢	1) 대규모 생산이 점점 더 강조되면서 기계가 인간을 대체 2) 기술적 전문성이 점점 더 강조되면서 인간이 기계를 대체	1)
㉣	1) 중간 계급으로의 수렴현상이 나타난 것이다. 2) 계급의 양극화가 나타난 것이다.	2)

PART 3 독해

해커스공무원 조은정 압기없는 국어 논리 독해 기본서

01 다음 글의 ⊙~@ 중 어색한 곳을 찾아 가장 적절하게 수정한 것은? 9급 출제기조 변화 예시문제 13번

수명을 늘릴 수 있는 여러 방법 중 가장 좋은 방법은 노화 문제를 해결하는 것이다. 이 방법은 인간이 젊고 건강한 상태로 수명을 연장할 수 있다는 점에서 ⊙ 늙고 병든 상태에서 단순히 죽음의 시간을 지연시킨다는 기존 발상과 근본적으로 다르다. ⓒ 노화가 진행된 상태를 진행되기 전의 상태로 되돌린다거나 노화가 시작되기 전에 노화를 막는 장치가 개발된다면, 젊음을 유지한 채 수명을 늘리는 것은 충분히 가능하다.

그러나 노화 문제와 관련된 현재까지의 연구는 초라하다. 이는 대부분 연구가 신약 개발의 방식으로만 진행되어 왔기 때문이다. 현재 기준에서는 질병 치료를 목적으로 개발한 신약만 승인받을 수 있는데, 식품의약국이 노화를 ⓒ 질병으로 본 탓에 노화를 멈추는 약은 승인받을 수 없었다. 노화를 질병으로 보더라도 해당 약들이 상용화되기까지는 아주 오랜 시간이 필요하다.

그런데 노화 문제는 발전을 거듭하고 있는 인공지능 덕분에 신약 개발과는 다른 방식으로 극복될 수 있을지 모른다. 일반 사람들에 비해 @ 노화가 더디게 진행되는 사람들의 유전자 자료를 데이터화하면 그들에게서 노화를 지연시키는 생리적 특징을 추출할 수 있는데, 이를 통해 유전자를 조작하는 방식으로 노화를 막을 수 있다.

① ⊙: 늙고 병든 상태에서 담담히 죽음의 시간을 기다린다
② ⓒ: 노화가 진행되기 전의 신체를 노화가 진행된 신체
③ ⓒ: 질병으로 보지 않은 탓에 노화를 멈추는 약은 승인받을 수 없었다
④ @: 노화가 더디게 진행되는 사람들의 유전자 자료를 데이터화하면 그들에게서 노화를 촉진

02 <공공언어 바로 쓰기 원칙>에 따라 <공문서>의 ⑦ ~ ㉣을 수정한 것으로 적절하지 않은 것은?

9급 출제기조 변화 예시문제 1번

<공공언어 바로 쓰기 원칙>

- 중복되는 표현을 삼갈 것.
- 대등한 것끼리 접속할 때는 구조가 같은 표현을 사용할 것.
- 주어와 서술어를 호응시킬 것.
- 필요한 문장 성분이 생략되지 않도록 할 것.

<공문서>

한국의약품정보원

수신 국립국어원

(경유)

제목 의약품 용어 표준화를 위한 자문회의 참석 ⑦ 안내 알림

---

1. ⓒ 표준적인 언어생활의 확립과 일상적인 국어 생활을 향상하기 위해 일하시는 귀원의 노고에 감사드립니다.
2. 본원은 국내 유일의 의약품 관련 비영리 재단법인으로서 의약품에 관한 ⓒ 표준 정보가 제공되고 있습니다.
3. 의약품의 표준 용어 체계를 구축하고 ㉣ 일반 국민도 알기 쉬운 표현으로 개선하여 안전한 의약품 사용 환경을 마련하기 위해 자문회의를 개최하니 귀원의 연구원이 참석해 주시기를 바랍니다.

① ⑦: 안내

② ⓒ: 표준적인 언어생활을 확립하고 일상적인 국어 생활의 향상을 위해

③ ⓒ: 표준 정보를 제공하고 있습니다

④ ㉣: 의약품 용어를 일반 국민도 알기 쉬운 표현으로 개선하여

○○부는 철새로 인한 국내 야생 조류 및 가금류 조류인플루엔자(Avian Influenza, AI) 바이러스 감염 확산 여부를 추적 조사하고 있다. AI 바이러스는 병원성 정도에 따라 고병원성과 저병원성 AI 바이러스로 구분한다.

최근 야생 조류 고병원성 AI 바이러스 검출 사례는 2020년 10월 25일부터 11월 21일까지 경기도에서 3건, 충남에서 2건이 발표되었고, 가금류 고병원성 AI 바이러스 검출 사례는 전국에서 총 3건이 발표되었다. 같은 기간에 야생 조류 저병원성 AI 바이러스 검출 후 발표된 사례는 전국에 총 8건이다. 또한 채집된 의심 야생 조류의 분변 검사 결과, 고병원성·저병원성 AI 바이러스 모두에 해당하지 않아 바이러스 미분리로 분류된 사례는 총 7건이다. 야생 조류 AI 바이러스 검출 현황은 고병원성 AI, 저병원성 AI, 검사 중으로 분류하고 바이러스 미분리는 야생 조류 AI 바이러스 검출 현황에 포함하지 않는다. 야생 조류 AI 바이러스가 검출되고 나서 고병원성 여부를 확인하기 위해 정밀 검사를 하는 데 상당한 기간이 소요되므로, 아직 검사 중인 것이 9건이다. 그중 하나인 제주도 하도리의 경우 11월 22일 고병원성 AI 바이러스 검출 여부를 발표할 예정이다.

○○부 주무관 갑은 2020년 10월 25일부터 11월 21일까지 발표된 야생 조류 AI 바이러스 검출 현황을 아래와 같이 <표>로 작성하였으나 검출 현황을 적절히 반영하지 않아 수정이 필요하다.

<표> 야생 조류 AI 바이러스 검출 현황
(기간:2020년 10월 25일~2020년 11월 21일)

고병원성 AI	저병원성 AI	검사 중	바이러스 미분리
8건	8건	9건	7건

─── <보기> ───

ㄱ. 고병원성 AI 항목의 "8건"을 "5건"으로 수정한다.
ㄴ. 검사 중 항목의 "9건"을 "8건"으로 수정한다.
ㄷ. "바이러스 미분리" 항목을 삭제한다.

① ㄱ
② ㄴ
③ ㄱ, ㄷ
④ ㄴ, ㄷ

공무원 시험 전문 해커스공무원

gosi.Hackers.com

📁 **유형 정보 알아보기**

유형 소개

지문에 순서에 맞지 않게 나열되어 있는 단락들을 전체 맥락에 맞게 배열하는 문제 유형이다.

발문 형태

- 다음 글의 내용 흐름상 가장 적절한 문단 배열의 순서는?
- (가)~(라)를 맥락에 맞추어 가장 적절하게 나열한 것은?
- 다음 <개요>에 따라 보고서를 작성할 때, ~에 들어갈 내용만을 <보기>에서 모두 고르면?

접근 방법

문단의 순서를 배열하는 문제는 나열되어 있는 단락을 글의 흐름에 맞게 순서를 잡는 문제이다. 글의 개요를 제시하고 그에 따라 각 챕터의 내용을 찾는 형태로 출제되기도 한다. 이 유형은 문맥에 따라 전체적인 흐름을 파악하는 능력을 평가하는 문제이므로 글의 방향을 잡을 수 있는 표현에 유의해야 한다. 글의 방향을 잡기 위해서는 세부적인 정보보다는 문장 간의 흐름을 연결해 주는 접속사를 통해 글의 순서를 잡는 단서를 빠르게 파악하는 것이 중요하다.

정답을 빠르게 찾는 **문제풀이 전략**

STEP 1 | 선택지에서 단락이 나열된 패턴을 확인한다.

- 선택지에 제시된 단락 순서를 기준으로 지문의 어떤 단락을 먼저 확인할지를 결정한다.

STEP 2 | 지문을 읽으면서 단락의 흐름을 잡을 수 있는 단서를 파악하여 순서를 확인한다.

- 단락의 흐름을 잡을 수 있는 접속사나 반복되는 단어를 단서로 글의 순서를 파악한다.
- '그러므로', '따라서' 등의 접속사로 시작하는 단락은 마지막에 위치하는 단락일 가능성이 높고, '하지만', '그러나', '또한', '한편' 등의 접속사로 시작하는 단락은 중간에 위치할 가능성이 높다.
- 반복되어 등장하는 단어는 처음 등장할 때 개념 정의나 특징이 제시될 가능성이 높다.

 점수 잡는 실전 TIP!

단락의 첫 단어와 마지막 문장에 주목하자!

단락의 위치를 결정하는 단서는 단락의 첫 단어인 '접속사'와 단락의 마지막 문장에 나타나 있을 확률이 높다. 접속사는 문장의 흐름을 확정지어주는 단서가 되고, 단락의 마지막 문장은 뒤에 올 단락의 내용에 대한 단서가 된다.

다음 글의 내용 흐름상 가장 적절한 문단 배열의 순서는?

(가) 회전문의 축은 중심에 있다. 축을 중심으로 통상 네 짝의 문이 계속 돌게 되어 있다. 마치 계속 열려 있는 듯한 착각을 일으키지만, 사실은 네 짝의 문이 계속 안 또는 밖을 차단하도록 만든 것이다. 실질적으로는 열려 있는 순간 없이 계속 닫혀 있는 셈이다.

(나) 문은 열림과 닫힘을 위해 존재한다. 이 본연의 기능을 하지 못한다는 점에서 계속 닫혀 있는 문이 무의미하듯이, 계속 열려 있는 문 또한 그 존재 가치와 의미가 없다. 그런데 현대 사회의 문은 대부분의 경우 닫힌 구조로 사람들을 맞고 있다. 따라서 사람들을 환대하는 것이 아니라 박대하고 있다고 할 수 있다. 그 대표적인 예가 회전문이다. 가만히 회전문의 구조와 그 기능을 머릿속에 그려보라. 그것이 어떤 식으로 열리고 닫히는지 알고는 놀랄 것이다.

(다) 회전문은 인간이 만들고 실용화한 문 가운데 가장 문명적이고 가장 발전된 형태로 보일지 모르지만, 사실상 열림을 가장한 닫힘의 연속이기 때문에 오히려 가장 야만적이며 가장 미개한 형태의 문이다.

(라) 또한 회전문을 이용하는 사람들은 회전문의 구조와 운동 메커니즘에 맞추어야 실수 없이 문을 통과해 안으로 들어가거나 밖으로 나올 수 있다. 어린아이, 허약한 사람, 또는 민첩하지 못한 노인은 쉽게 그것에 맞출 수 없다. 더구나 휠체어를 탄 사람이라면 더 말할 나위도 없다. 이들에게 회전문은 문이 아니다. 실질적으로 닫혀 있는 기능만 하는 문은 문이 아니기 때문이다.

① (가) - (나) - (라) - (다)

② (나) - (가) - (라) - (다)

③ (나) - (다) - (라) - (가)

④ (다) - (가) - (라) - (나)

Q. 지문의 (가)~(라)에서 글의 순서를 판단할 수 있는 단서가 되는 부분을 찾아 적어보자.

(가)

(나)

(다)

(라)

STEP 2

지문을 읽으면서 단락의 흐름을 잡을 수 있는 단서를 파악하여 순서를 확인한다.

Q. 문맥에 따를 때 가장 적절한 (가)~(라)의 순서를 적어보자.

PART 3 독해

해커스공무원 조은정 압기없는 국어 논리 독해 기본서

다음 글의 내용 흐름상 가장 적절한 문단 배열의 순서는?

(가) 회전문의 축은 중심에 있다. <u>축을 중심으로 통상 네 짝의 문이 계속 돌게 되어 있다.</u> 마치 계속 열려 있는 듯
한 착각을 일으키지만, 사실은 네 짝의 문이 계속 안 또는 밖을 차단하도록 만든 것이다. 실질적으로는 열려
있는 순간 없이 계속 닫혀 있는 셈이다.

회전문의 열고 닫히는 방식에 대한 내용

선택지에서 맨 처음에 위치하는 단락으로
가장 많이 제시되어 있으므로 이 단락부터 확인

(나) 문은 열림과 닫힘을 위해 존재한다. 이 본연의 기능을 하지 못한다는 점에서 계속 닫혀 있는 문이 무의미하
듯이, 계속 열려 있는 문 또한 그 존재 가치와 의미가 없다. 그런데 현대 사회의 문은 대부분의 경우 닫힌 구
조로 사람들을 맞고 있다. 따라서 사람들을 환대하는 것이 아니라 박대하고 있다고 할 수 있다. 그 대표적인
예가 회전문이다. 가만히 회전문의 구조와 그 기능을 머릿속에 그려보라. 그것이 어떤 식으로 열리고 닫히
는지 알고는 놀랄 것이다.

중심 소재인 '회전문'이 처음 언급됨.

다음 단락에 올 내용이 회전문의 열고 닫히는 방식임을 예측

(다) 회전문은 인간이 만들고 실용화한 문 가운데 가장 문명적이고 가장 발전된 형태로 보일지 모르지만, 사실상
열림을 가장한 닫힘의 연속이기 때문에 오히려 가장 야만적이며 가장 미개한 형태의 문이다.

회전문에 대한 글의 최종 결론

(라) <u>또한 회전문을 이용하는 사람들은 회전문의 구조와 운동 메커니즘에 맞추어야 실수 없이 문을 통과해 안으
로 들어가거나 밖으로 나올 수 있다.</u> 어린아이, 허약한 사람, 또는 민첩하지 못한 노인은 쉽게 그것에 맞출 수
없다. 더구나 휠체어를 탄 사람이라면 더 말할 나위도 없다. 이들에게 회전문은 문이 아니다. 실질적으로 닫
혀 있는 기능만 하는 문은 문이 아니기 때문이다.

'또한'을 통해 회전문의 또 다른 특징이 언급될 것임을 암시

① (가) - (나) - (라) - (다)

② (나) - (가) - (라) - (다)

③ (나) - (다) - (라) - (가)

④ (다) - (가) - (라) - (나)

해설　② 중심 소재인 회전문이 맨 처음 언급된 부분이 (나)의 "그 대표적인 예가 회전문이다."이므로 (나)를 제일 처음에 올 단락
　　　으로 확정된다. 첫 번째 단락인 (나)의 마지막 문장에서 회전문이 어떤 식으로 열리고 닫히는지에 대한 언급이 나와 있
　　　으므로 그 방식이 구체적으로 제시된 (가)를 두 번째 올 단락으로 확정된다. (다)와 (라) 중 (라)가 '또한'으로 시작하면서
　　　(가)에서 언급된 회전문의 작동 방식에 대한 또 다른 구체적인 언급이 나와 있다. 따라서 세 번째 단락은 (라)이다. (다)
　　　는 (가)와 (라)의 내용을 종합하여 회전문의 작동 방식에 대한 평가를 내리고 있으므로 가장 마지막에 올 단락이다.

(가)

축을 중심으로 통상 네 짝의 문이 계속 돌게 되어 있다.

(나)

그 대표적인 예가 회전문이다.
그것이 어떤 식으로 열리고 닫히는지

(다)

사실상 열림을 가장한 닫힘의 연속이기 때문에 오히려 가장 야만적이며 가장 미개한 형태의 문이다.

(라)

또한 회전문을 이용하는 사람들은 회전문의 구조와 운동 메커니즘에 맞추어야 실수 없이 문을 통과해 안으로 들어가거나 밖으로 나올 수 있다.

STEP 2 정답

(나) - (가) - (라) - (다)

01 (가) ~ (라)를 맥락에 맞추어 가장 적절하게 나열한 것은?

9급 출제기조 변화 예시문제 7번

> (가) 다음으로 시청자의 마음을 사로잡을 수 있는 참신한 인물을 창조해야 한다. 특히 주인공은 장애를 만나 새로운 목표를 만들고, 그것을 이루는 과정에서 최종적으로 영웅이 된다. 시청자는 주인공이 목표를 이루는 데 적합한 인물로 변화를 거듭할 때 그에게 매료된다.
>
> (나) 스토리텔링 전략에서 제일 먼저 해야 할 일이 로그라인을 만드는 것이다. 로그라인은 '장애, 목표, 변화, 영웅'이라는 네 가지 요소를 담아야 하며, 3분 이내로 압축적이어야 한다. 이를 통해 스토리의 목적과 방향이 마련된다.
>
> (다) 이 같은 인물 창조의 과정에서 스토리의 주제가 만들어진다. '사랑과 소속감, 안전과 안정, 자유와 자발성, 권력과 책임, 즐거움과 재미, 인식과 이해'는 수천 년 동안 성별, 나이, 문화를 초월하여 두루 통용된 주제이다.
>
> (라) 시청자가 드라마나 영화에 대해 시청 여부를 결정하는 데 걸리는 시간은 8초에 불과하다. 제작자는 이 짧은 시간 안에 시청자를 사로잡을 수 있는 스토리텔링 전략이 필요하다.

① (나) - (가) - (라) - (다)

② (나) - (다) - (가) - (라)

③ (라) - (나) - (가) - (다)

④ (라) - (나) - (다) - (가)

02 다음 <개요>에 따라 보고서를 작성할 때, 현황 분석 부분에 들어갈 내용만을 <보기>에서 모두 고르면?

2013년 민간경력자 채용 15번

<개요>

Ⅰ. 서론: 정책 제안 배경

Ⅱ. 본론: 현황 분석과 정책 방안

   1. 현황 분석

      ○ 연말정산 자동계산 프로그램 사용 방법의 복잡성과 그에 대한 설명 부재로 인해 이용자 불만 증가

      ○ 연말정산 기간 중 세무서에 연말정산 자동계산 프로그램 사용 방법에 관한 상담 수요 폭증

   2. 정책 방안

      ○ 문제점을 개선한 프로그램 개발과 활용 매뉴얼 보급

      ○ 연말정산 자동 상담 시스템 개발

Ⅲ. 결론: 예상되는 효과 전망

<보기>

ㄱ. 연말정산 자동 상담 시스템을 개발할 경우 15%의 이용자 불만 감소 효과가 전망된다.

ㄴ. 연말정산 기간을 정확하게 알지 못해 마감 기한이 지나서 세무서를 방문하는 사람이 전년 대비 15% 증가하였다.

ㄷ. 연말정산 기간 중 세무서 전체 월 평균 상담 건수는 약 128만 건으로 평상시 11만 건보다 크게 증가했는데, 그 이유는 연말정산 자동계산 프로그램 사용 방법에 관한 문의 전화가 폭주했기 때문이다.

① ㄱ

② ㄷ

③ ㄱ, ㄴ

④ ㄴ, ㄷ

공무원 시험 전문 해커스공무원

gosi.Hackers.com

해커스공무원 조은정 암기없는 국어 **논리 독해 기본서**

기출 변형
하프모의고사

1회 하프모의고사

2회 하프모의고사

3회 하프모의고사

01 다음 (가)에 제시된 <작성 원칙>에 따라 (나)의 <A시 보도자료>를 수정하거나 보완하고자 할 때, 가장 적절한 것은? 7급 출제기조 변화 예시문제 1번

(가) <작성 원칙>
○ 보도자료의 제목 및 부제는 전체 내용을 압축적으로 제시하는 내용을 담아야 한다.
○ 첫 단락인 '리드'에서 '누가, 언제, 무엇을, 어떻게, 왜'의 핵심정보를 제시해야 한다.
○ 제목과 부제에서 드러내고 있는 핵심 정보를 본문에서 빠짐없이 제시해야 한다.
○ 불필요한 잉여 정보를 포함하거나 동일 정보를 필요 이상 반복해서는 안 된다.
○ 정보 전개에 필요한 표, 그래프, 그림 등을 적절하게 제공해야 한다.

(나) <A시 보도자료>

㉠ 봄철 불청객 '황사' 이렇게 대처하겠습니다!
- 대응 체계 강화와 시민 행동 요령 안내 등 철저한 대비로 황사 피해 최소화 -

㉡ A시는 매년 봄철(3~5월) 불청객으로 찾아오는 황사 피해를 최소화하기 위해 적극적인 대처 방안을 마련했다. 이에 따라 A시는 황사 대응 체계를 신속하게 가동하고, 시민 행동 요령을 적극적으로 안내할 예정이다. 또 관련부서 및 유관기관과 유기적으로 협조하기로 했다.

매년 봄철이면 반갑지 않은 손님인 황사가 찾아온다. 황사는 우리 인체에 악영향을 주기 때문에, 시민들의 건강 피해 예방을 위해 철저한 대비가 필요하다. 기상청의 기상 전망에 따르면 A시의 황사 발생 일수는 4월에는 평년(1.9일)과 비슷하겠으나, 5월에는 평년(2.5일)보다 많을 것으로 전망된다. 특히 ㉢최근 중국 북부지역의 가뭄으로 평년보다 더 강한 황사가 발생할 가능성이 있어 철저하게 대비해야 한다.

A시에서는 황사 발생시 관련부서 및 유관기관과 유기적으로 협조하여 기후 상황 전파, 도로변과 대규모 공사장 물 뿌리기, 진공청소차를 활용한 청소 등 체계적인 대응을 신속하게 실시하여 황사 피해를 최소화할 계획이다.

㉣

---

① ㉠을 '불청객 황사, 봄철 국민 건강을 위협하는 주범입니다'로 수정한다.

② ㉡은 아래 부분에서 반복적으로 설명되는 내용이므로 삭제한다.

③ ㉢에 이어 중국 북부지역 가뭄 원인과 중국 정부의 대처 방안을 추가한다.

④ ㉣에 시민들이 황사 피해를 최소화할 수 있는 행동 요령과 그 안내 계획을 추가한다.

02 다음 글을 이해한 내용으로 가장 적절한 것은?

2013년 민간경력자 채용 5번

조선의 수령은 그가 다스리는 군현의 행정권과 사법권을 독점하는 존재로서 막강한 권력을 행사하였다. 수령은 범죄의 유형이나 정도에 상관없이 태형 50대 이하의 처벌은 언제나 실행할 수 있고 경우에 따라서는 최고 형벌인 사형도 내릴 수 있는 사법권을 가지고 있었다.

수령이 사법권을 행사할 때에는 법전의 규정에 따라 신중하게 실행할 것이 요구되었다. 하지만 이러한 원칙은 어디까지나 법전 속 문구에 지나지 않았다. 실제로 수령 중에는 죄인을 마음대로 처벌하는 남형(濫刑)이나 법규 이상으로 혹독하게 처벌하는 혹형(酷刑), 죄인을 함부로 죽이는 남살(濫殺)을 행사하는 이들이 많았다. 해이해진 기강을 단속하여 백성을 잘 다스린다는 평가를 받는 수령들은 남형이나 혹형, 남살을 일삼는 경우가 많았다.

그런데 수령의 남형이나 혹형, 남살보다 더 큰 문제는 하급 관속이 백성들에게 사적인 형벌을 마구 휘둘렀던 데 있었다. 특히 도적 체포와 치안 유지를 위해 백성들과 직접 접촉을 했던 포교, 포졸, 관교 등의 비리나 폭력이 심각하였다. 범죄자를 잡는다거나 치안을 유지한다는 명목으로 이들이 죄 없는 백성들에 대해 자행한 불법적인 폭력은 수령의 과도한 사법권 행사와 함께 사회 불안을 조장하는 주요 요소였다.

① 포교의 비리보다 포졸의 비리가 더 많았다.

② 법적으로 허용된 수령의 처벌권은 50대 이하의 태형에 국한되었다.

③ 남형, 혹형, 남살을 일삼는 수령들이 유능하다는 평가를 받기도 하였다.

④ 법전에 규정된 수령의 사법권은 사회 불안을 조장하는 주요 요소였다.

03 다음 ⊙과 ⓒ에 들어갈 말을 바르게 나열한 것은?

2015년 민간경력자 채용 24번

이동통신이 유선통신에 비하여 어려운 점은 다중 경로에 의해 통신채널이 계속적으로 변화하여 통신 품질이 저하된다는 것이다. 다중 경로는 송신기에서 발생한 신호가 수신기에 어떠한 장애물을 거치지 않고 직접적으로 도달하기도 하고 장애물을 통과하거나 반사하여 간접적으로 도달하기도 하기 때문에 발생한다. 이 다중 경로 때문에 송신기에서 발생한 신호가 안테나에 도달할 때 신호들마다 시간 차이가 발생한다. 다중 경로를 통해 전파가 전송되어 오면 각 경로의 거리 및 전송 특성 등의 차이에 의해 수신기에 도달하는 시간과 신호 세기의 차이가 발생한다.

시간에 따라 변화하는 이동통신의 품질을 극복하기 위해 개발된 것이 A기술이다. 이 기술을 사용하면 하나의 송신기로부터 전송된 하나의 신호가 다중 경로를 통해 안테나에 수신된다. 이 때 안테나에 수신된 신호들 중 일부 경로를 통해 수신된 신호의 크기가 작더라도 나머지 다른 경로를 통해 수신된 신호의 크기가 크면 수신된 신호들 중 가장 큰 것을 선택하여 안정적인 송수신을 이루려는 것이 A기술이다. A기술은 마치 한 종류의 액체를 여러 배수관에 동시에 흘려보내 가장 빨리 나오는 배수관의 액체를 선택하는 것에 비유할 수 있다. 여기서 액체는 ⊙ 에 해당하고, 배수관은 ⓒ 에 해당한다.

	⊙	ⓒ
①	송신기	안테나
②	신호	경로
③	신호	안테나
④	안테나	경로

04 다음 대화를 분석한 내용으로 가장 적절한 것은?

2024년 국가직 9급 2번

> 갑: 고대 노예제 사회나 중세 봉건 사회는 타고난 신분에 따라 사회적 지위가 결정되는 계급사회였지만, 현대 사회는 계급사회가 아니라고 많이들 말해. 그런데 과연 그런지 의문이야.
>
> 을: 현대 사회는 고대나 중세만큼은 아니지만 귀속지위가 성취지위를 결정하는 면이 없다고 할 수 없어. 빈부 격차에 따라 계급이 나뉘고 그에 따른 불평등이 엄연히 존재하잖아. '금수저', '흙수저'라는 유행어에서 볼 수 있듯 빈부 격차가 대물림되면서 개인의 계급이 결정되고 있어.
>
> 병: 현대 사회가 빈부 격차로 인해 계급이 나누어지는 것처럼 보인다고 해서 계급사회라고 단정할 수는 없어. 계급사회라고 말하려면 계급 체계 자체가 인간의 생활을 전적으로 규정할 수 있어야 하는데, 오늘날 각종 문화나 생활 방식 전체를 특정한 계급 논리만으로는 설명할 수 없어. 따라서 현대 사회를 계급사회로 보기는 어려워.
>
> 갑: 현대 사회의 문화가 다양하다는 것은 맞아. 하지만 인간 생활의 근간은 결국 경제 활동이고, 경제적 계급 논리로 현대 사회의 문화를 충분히 설명하고 규정할 수 있어. 또한 현대 사회에서 인간의 사회적 지위는 부모의 경제력과 직결되기 때문에 계급사회라고 말할 수 있어.

① 갑은 을의 주장 중 일부는 수용하고 일부는 반박한다.

② 을의 주장은 갑의 주장과 대립하지 않는다.

③ 갑과 병은 상이한 전제에서 유사한 결론을 도출하고 있다.

④ 병의 주장은 갑의 주장과는 대립하지 않지만 을의 주장과는 대립한다.

05 의료보험 가입이 의무화될 때 <보기>의 조건에 맞는 선택은?

2006년 견습직원 선발 8번

─────〈보기〉─────

○ 정기적금에 가입하면 변액보험에 가입한다.

○ 주식형 펀드와 해외펀드 중 하나만 가입한다.

○ 의료보험에 가입하면 변액보험에 가입하지 않는다.

○ 해외펀드에 가입하면 주택마련저축에 가입하지 않는다.

○ 연금저축, 주택마련저축, 정기적금 중에 최소한 두 가지는 반드시 가입한다.

① 변액보험에 가입한다.

② 정기적금에 가입한다.

③ 주식형 펀드에 가입한다.

④ 연금저축에 가입하지 않는다.

06 다음 글에서 추론할 수 있는 것을 <보기>에서 모두 고르면?

2013년 민간경력자 채용 17번

20세기 초만 해도 전체 사망자 중 폐암으로 인한 사망자의 비율은 극히 낮았다. 그러나 20세기 중반에 들어서면서, 이 병으로 인한 사망률은 크게 높아졌다. 이러한 변화를 우리는 어떻게 설명할 수 있을까? 여러 가지 가설이 가능한 것으로 보인다. 예를 들어 자동차를 이용하면서 운동 부족으로 사람들의 폐가 약해졌을지도 모른다. 또는 산업화 과정에서 증가한 대기 중의 독성 물질이 도시 거주자들의 폐에 영향을 주었을지도 모른다.

하지만 담배가 그 자체로 독인 니코틴을 함유하고 있다는 것이 사실로 판명되면서, 흡연이 폐암으로 인한 사망의 주요 요인이라는 가설은 다른 가설들보다 더 그럴듯해 보이기 시작한다. 담배 두 갑에 들어 있는 니코틴이 화학적으로 정제되어 혈류 속으로 주입된다면, 그것은 치사량이 된다. 이러한 가설을 지지하는 또 다른 근거는 담배 연기로부터 추출된 타르를 쥐의 피부에 바르면 쥐가 피부암에 걸린다는 사실에 기초해 있다. 이미 18세기 이후 영국에서는 타르를 함유한 그을음 속에서 일하는 굴뚝 청소부들이 다른 사람들보다 피부암에 더 잘 걸린다는 것이 정설이었다.

이러한 증거들은 흡연이 폐암의 주요 원인이라는 가설을 뒷받침해 주지만, 그것들만으로 이 가설을 증명하기에는 충분하지 않다. 의학자들은 흡연과 폐암을 인과적으로 연관시키기 위해서는 훨씬 더 많은 증거가 필요하다는 점을 깨닫고, 수십 가지 연구를 수행하고 있다.

―――――〈보기〉―――――

ㄱ. 화학적으로 정제된 니코틴은 폐암을 유발한다.
ㄴ. 19세기에 타르와 암의 관련성이 이미 보고되어 있었다.
ㄷ. 니코틴이 타르와 동시에 신체에 흡입될 경우 폐암 발생률은 급격히 증가한다.

① ㄱ
② ㄴ
③ ㄱ, ㄴ
④ ㄴ, ㄷ

07 다음 글에 대한 평가로 적절한 것은?

2012년 민간경력자 채용 10번

김 과장은 아들 철수가 최근 출시된 '디아별로' 게임에 몰두한 나머지 학업을 소홀히 하고 있다는 것을 알았다. 그러던 중 컴퓨터 게임과 학업 성적에 대한 다음과 같은 연구 결과를 접하게 되었다. 그 연구 결과에 의하면, 하루 1시간 이내로 게임을 하는 아이들은 1시간 이상 게임을 하는 아이들보다 성적이 높았고 상위권에 속했으나, 하루 1시간 이상 게임을 하는 아이들의 경우 게임을 더 오래 하는 아이들이 성적이 더 낮은 것으로 나타났다. 연구보고서는 아이들이 게임을 하는 시간을 부모가 1시간 이내로 통제한다면, 아이들의 학교 성적이 상위권에서 유지될 것이라고 결론을 내리고 있다.

① 게임을 하는 시간보다 책 읽는 시간이 더 많은 아이들이 그렇지 않은 아이들보다 성적이 더 높았다면, 이는 위 글의 결론을 강화한다.

② 하루 1시간 이상 3시간 이내 게임을 하던 아이들의 게임 시간을 줄였으나 성적이 오르지 않았다면, 이는 위 글의 결론을 강화한다.

③ 아이들의 게임 시간을 하루 1시간 이상으로 늘려도 성적에 변화가 없었다면, 이는 위 글의 결론을 약화한다.

④ 평균 이하의 성적을 보이는 아이들이 대부분 하루에 3시간 이상씩 게임을 하였다면, 이는 위 글의 결론을 약화한다.

[08~09] 다음 글을 읽고 물음에 답하시오.

9급 출제기조 변화 예시문제 10~11번

'크로노토프'는 그리스어로 시간과 공간을 뜻하는 두 단어를 결합한 것으로, 시공간을 통합적으로 이해하기 위한 개념이다. 크로노토프의 관점에서 보면 고소설과 근대소설의 차이를 명확하게 파악할 수 있다. 고소설에는 돌아가야 할 곳으로서의 원점이 존재한다. 그것은 영웅소설에서라면 중세의 인륜이 원형대로 보존된 세계이고, 가정소설에서라면 가장을 중심으로 가족 구성원들이 평화롭게 공존하는 가정이다.

고소설에서 주인공은 적대자에 의해 원점에서 분리되어 고난을 겪는다. 그들의 목표는 상실한 원점을 회복하는 것, 즉 그곳에서 향유했던 이상적 상태로 ⊙ 돌아가는 것이다. 주인공과 적대자 사이의 갈등이 전개되는 시간을 서사적 현재라 한다면, 주인공이 도달해야 할 종결점은 새로운 미래가 아니라 다시 도래할 과거로서의 미래이다. 이러한 시공간의 배열을 '회귀의 크로노토프'라고 한다.

근대소설 「무정」은 회귀의 크로노토프를 부정한다. 이것은 주인공인 이형식과 박영채의 시간 경험을 통해 확인된다. 형식은 고아지만 이상적인 고향의 기억을 갖고 있다. 그것은 박 진사의 집에서 영채와 함께하던 때의 기억이다. 이는 영채도 마찬가지기에, 그들에게 박 진사의 집으로 표상되는 유년의 과거는 이상적 원점의 구실을 한다. 박 진사의 죽음은 그들에게 고향의 상실을 상징한다. 두 사람의 결합이 이상적 상태의 고향을 회복할 수 있는 유일한 방법이겠지만, 그들은 끝내 결합하지 못한다. 형식은 새 시대의 새 인물이 되어야 한다고 생각하며 과거로의 복귀를 거부한다.

08 윗글에서 추론한 내용으로 가장 적절한 것은?

① 「무정」과 고소설은 회귀의 크로노토프를 부정한다는 점에서 공통적이다.

② 영웅소설의 주인공과 「무정」의 이형식은 그들의 이상적 원점을 상실했다는 공통점을 가지고 있다.

③ 「무정」에서 이형식이 박영채와 결합했다면 새로운 미래로서의 종결점에 도달할 수 있었을 것이다.

④ 가정소설은 가족 구성원들이 평화롭게 공존하는 결말을 통해 상실했던 원점으로의 복귀를 거부한다.

09 문맥상 ⊙의 의미와 가장 가까운 것은?

① 전쟁은 연합군의 승리로 돌아갔다.

② 사과가 한 사람 앞에 두 개씩 돌아간다.

③ 그는 잃어버린 동심으로 돌아가고 싶었다.

④ 그녀는 자금이 잘 돌아가지 않는다며 걱정했다.

10 다음 글의 ㉠으로 적절한 것은?

2020년 민간경력자 채용 21번

규범윤리학의 핵심 물음은 "무엇이 도덕적으로 올바른 행위인가?"이다. 이에 답하기 위해서는 '도덕 규범'이라고 불리는 도덕적 판단 기준에 대한 논의가 필요하다. 도덕적 판단 기준이 개개인의 주관적 판단에 의존한다고 여기는 사람들이 다수 있지만 이는 옳지 않은 생각이다. 도덕 규범은 그것이 무엇이든 우리의 주관적 판단에 의존하지 않는다. 이러한 주장이 반드시 참임은 다음 논증을 통해 보일 수 있다.

도덕 규범이면서 우리의 주관적 판단에 의존하는 규범이 있다고 가정하면, 문제가 생긴다. 우리는 다음 명제들을 의심의 여지없이 참이라고 받아들이기 때문이다. 첫째, 주관적 판단에 의존하는 규범은 모두 우연적 요소에 좌우된다. 둘째, 우연적 요소에 좌우되는 규범은 어느 것도 보편적으로 적용되지 않는다. 셋째, 보편적으로 적용되지 않는 규범은 그것이 무엇이든 객관성이 보장되지 않는다. 이 세 명제에 ㉠ 하나의 명제를 추가하기만 하면 주관적 판단에 의존하는 규범은 어느 것도 도덕 규범이 아니라는 것을 이끌어낼 수 있다. 이는 앞의 가정과 모순된다. 따라서 도덕 규범은 어느 것도 우리의 주관적 판단에 의존하지 않는다.

① 객관성이 보장되지 않는 규범은 어느 것도 도덕 규범이 아니다.

② 객관성이 보장되는 규범은 그것이 무엇이든 보편적으로 적용된다.

③ 보편적으로 적용되는 규범은 어느 것도 우연적 요소에 좌우되지 않는다.

④ 주관적 판단에 의존하면서 보편적으로 적용되지 않는 도덕 규범이 있다.

약점 보완 해설집 p.14

01 (가)~(라)를 맥락에 따라 가장 자연스럽게 배열한 것은?

2024년 국가직 9급 1번

　약물은 질병을 치료하거나 예방할 목적으로 사용되는 의약품이다. 우리 주변에는 약물이 오남용되는 경우가 있다.

(가) 더구나 약물은 내성이 있어 이전보다 더 많은 양을 사용하기 마련이므로 피해는 점점 커지게 된다.

(나) 오남용은 오용과 남용을 합친 말로서 오용은 본래 용도와 다르게 사용하는 일, 남용은 함부로 지나치게 사용하는 일을 가리킨다.

(다) 그러므로 약물을 사용할 때는 반드시 의사나 약사와 상의하고 설명서를 확인하여 목적에 맞게 적정량을 사용해야 한다.

(라) 약물을 오남용하면 신체적 피해는 물론 정신적 피해를 입을 수 있다.

① (나) - (다) - (라) - (가)
② (나) - (라) - (가) - (다)
③ (라) - (가) - (나) - (다)
④ (라) - (다) - (나) - (가)

02 다음 글에서 추론할 수 있는 것은?

2014년 민간경력자 채용 6번

　우리에게 입력된 감각 정보는 모두 저장되는 것이 아니라 극히 일부분만 특정한 메커니즘을 통해 단기간 또는 장기간 저장된다. 신경과학자들은 장기 또는 단기기억의 저장 장소가 뇌의 어디에 존재하는지 연구해 왔고, 그 결과 두 기억은 모두 대뇌피질에 저장된다는 것을 알아냈다.

　여러 감각 기관을 통해 입력된 감각 정보는 대부분 대뇌피질에서 인식된다. 인식된 일부 정보는 해마와 대뇌피질 간에 이미 형성되어 있는 신경세포 간 연결이 일시적으로 변화하는 과정에서 단기기억으로 저장된다. 해마와 대뇌피질 간 연결의 일시적인 변화가 대뇌피질 내에서 새로운 연결로 교체되어 영구히 지속되면 그 단기기억은 장기기억으로 저장된다. 해마는 입력된 정보를 단기기억으로 유지하고 또 새로운 장기기억을 획득하는 데 필수적이지만, 기존의 장기기억을 유지하거나 변형하는 부위는 아니다.

　자전거 타기와 같은 기술에 관한 기억은 뇌의 성장과 발달에서 보이는 신경 세포들 간에 새로운 연결이 이루어지는 메커니즘을 통해서 장기기억이 된다. 반면에 전화번호, 사건, 장소를 단기 기억할 때는 새로운 연결이 생기는 대신 대뇌피질과 해마 간에 이미 존재하는 신경세포의 연결을 통한 신호 강도가 높아지고 그 상태가 수분에서 수개월까지 유지됨으로써 가능하다. 이처럼 신경세포 간 연결 신호의 강도가 상당 기간 동안 증가된 상태로 유지되는 '장기 상승 작용' 현상은 해마 조직에서 처음 밝혀졌으며, 이 현상에는 흥분성 신경 전달 물질인 글루탐산의 역할이 중요하다는 것이 추가로 밝혀졌다.

① 방금 들은 전화번호를 받아 적기 위한 기억에는 신경 세포 간 연결의 장기 상승 작용이 중요하다.

② 해마가 손상되면 이미 습득한 자전거 타기와 같은 운동 기술을 실행할 수 없게 된다.

③ 장기기억은 대뇌피질에 저장되지만 단기기억은 해마에 저장된다.

④ 글루탐산은 신경세포 간의 새로운 연결의 형성을 유도한다.

03 다음 글을 이해한 내용으로 가장 적절한 것은?

2020년 7급 모의평가 1번

3·1운동 직후 상하이에 모여든 독립운동가들은 임시정부를 만들기 위한 첫걸음으로 조소앙이 기초한 대한민국임시헌장을 채택했다. 대한민국임시헌장을 기초할 때 조소앙은 국호를 '대한민국'으로 하고 정부 명칭도 '대한민국 임시정부'로 하자고 했다. 그 제안이 받아들여졌기 때문에 대한민국임시헌장 제1조에 "대한민국은 민주공화제로 함."이라는 문구가 담기게 된 것이다.

조소앙은 3·1운동이 일어나기 전, 대한제국 황제가 국민의 동의 없이 마음대로 국권을 일제에 넘겼다고 말하면서 국민은 국권을 포기한 적이 없다고 밝힌 대동단결선언을 발표한 적이 있다. 이 선언에는 "구한국 마지막 날은 신한국 최초의 날"이라는 문구가 담겨 있다. '신한국'이란 말 그대로 '새로운 한국'을 의미한다. 조소앙은 대한제국을 대신할 '새로운 한국'이란 다름 아닌 한국 국민이 주인인 나라라고 말했다.

조소앙의 주장은 대한민국 임시정부에 참여한 독립운동가들로부터 열렬한 지지를 받았다. 독립운동가들은 황제나 일본 제국주의자들이 지배하는 나라가 아니라 국민이 주권을 가진 나라를 만들어야 한다는 데 뜻을 모았다. 1941년에 대한민국 임시정부는 이러한 의지를 보다 선명하게 드러낸 건국강령을 발표하기도 했다. 1948년에 소집된 제헌국회도 대한민국임시헌장에 담긴 정신을 계승했다. 잘 알려진 것처럼 제헌국회는 제헌헌법을 만들었는데, 이 헌법에 우리나라의 명칭을 '대한민국'이라고 한 내용이 있다.

① 대한민국 임시정부는 건국강령을 통해 대한민국임시헌장을 공포했다.

② 조소앙은 대한민국 임시정부의 요청을 받아들여 대동단결선언을 만들었다.

③ 제헌국회는 대한제국의 정치 제도를 계승하기 위해 '대한민국'이라는 국호를 사용했다.

④ 대한민국 임시정부를 만드는 데 참여한 독립운동가들은 민주공화제를 받아들이는 데 합의했다.

04 다음 글의 빈칸에 들어갈 내용으로 가장 적절한 것은?

2020년 민간경력자 채용 17번

A는 말벌이 어떻게 둥지를 찾아가는지 알아내고자 했다. 이에 A는 말벌이 둥지에 있을 때, 둥지를 중심으로 솔방울들을 원형으로 배치했는데, 그 말벌은 먹이를 찾아 둥지를 떠났다가 다시 둥지로 잘 돌아왔다. 이번에는 말벌이 먹이를 찾아 둥지를 떠난 사이, A가 그 솔방울들을 수거하여 둥지 부근 다른 곳으로 옮겨 똑같이 원형으로 배치했다. 그랬더니 돌아온 말벌은 솔방울들이 치워진 그 둥지로 가지 않고 원형으로 배치된 솔방울들의 중심으로 날아갔다.

이러한 결과를 관찰한 A는 말벌이 방향을 찾을 때 솔방울이라는 물체의 재질에 의존한 것인지 혹은 솔방울들로 만든 모양에 의존한 것인지를 알아내고자 하였다. 그래서 이번에는 말벌이 다시 먹이를 찾아 둥지를 떠난 사이, 앞서 원형으로 배치했던 솔방울들을 치우고 그 자리에 돌멩이들을 원형으로 배치했다. 그리고 거기 있던 솔방울들을 다시 가져와 둥지를 중심으로 삼각형으로 배치했다. 그러자 A는 돌아온 말벌이 원형으로 배치된 돌멩이들의 중심으로 날아가는 것을 관찰할 수 있었다.

이 실험을 통해 A는 먹이를 찾으러 간 말벌이 둥지로 돌아올 때, ⓛ 는 결론에 이르렀다.

① 물체의 재질보다 물체로 만든 모양에 의존하여 방향을 찾는다.

② 물체로 만든 모양보다 물체의 재질에 의존하여 방향을 찾는다.

③ 물체의 재질과 물체로 만든 모양 모두에 의존하여 방향을 찾는다.

④ 물체의 재질이나 물체로 만든 모양에 의존하지 않고 방향을 찾는다.

05 다음 글의 입장을 강화하는 내용으로 가장 적절한 것은?

2014년 민간경력자 채용 22번

고대사회를 정의하는 기준 중의 하나로 '생계경제'가 사용되곤 한다. 생계경제 사회란 구성원들이 겨우 먹고 살 수 있는 정도의 식량만을 확보하고 있어서 식량 자원이 줄어들게 되면 자동적으로 구성원 전부를 먹여 살릴 수 없게 되고, 심하지 않은 가뭄이나 홍수 등의 자연재해에 의해서도 유지가 어렵게 될 수 있는 사회를 의미한다. 그러므로 고대사회에서의 삶은 근근이 버텨가는 것이고, 그 생활은 기아와의 끊임없는 투쟁이다. 왜냐하면 그 사회에서는 기술적인 결함과 그 이상의 문화적인 결함으로 인해 잉여 식량을 생산할 수 없기 때문이다.

고대사회에 대한 이러한 견해보다 더 뿌리 깊은 오해도 없다. 소위 생계경제의 성격을 지닌 것으로 간주되는 많은 고대사회들, 예를 들어 남아메리카에서는 종종 공동체의 연간 필요 소비량에 맞먹는 잉여 식량을 생산했다는 점에 주의를 기울일 필요가 있다. 기아와의 끊임없는 투쟁을 의미하는 생계경제가 고대사회를 특징짓는 개념이라면 오히려 프롤레타리아가 기아에 허덕이던 19세기 유럽 사회야말로 고대사회라고 할 수 있을 것이다. 사실상 생계경제라는 개념은 서구의 근대적인 이데올로기의 영역에 속하는 것으로 결코 과학적 개념도구가 아니다. 민족학을 위시한 근대 과학이 이토록 터무니없는 기만에 희생되어 왔다는 것은 역설적이며, 더군다나 산업 국가들이 이른바 저발전 세계에 대한 전략의 방향을 잡는 데 기여했다는 사실은 두렵기까지 하다.

① 고대사회가 경제적으로 풍요로웠던 것은 생계경제 체제 때문이었다.

② 산업사회로 이행하면서 경제적 잉여가 발생하였고 계급이 형성되었다.

③ 자연재해나 전쟁으로 인해 고대사회는 항상 불안정한 상황에 처해 있었다.

④ 고대사회에서 존재하였던 축제는 경제적인 잉여를 해소하는 기제로 작용했다.

06 다음 글의 전체 흐름과 맞지 않는 한 곳을 ㉠~㉢에서 찾아 수정하려고 할 때, 가장 적절한 것은?

2015년 민간경력자 채용 3번

소아시아 지역에 위치한 비잔틴 제국의 수도 콘스탄티노플이 이슬람교를 신봉하는 오스만인들에 의해 함락되었다는 소식이 인접해 있는 유럽 지역에까지 전해지자 그 곳 교회의 한 수도원 서기는 "㉠ 지금까지 이보다 더 끔찍했던 사건은 없었으며, 앞으로도 결코 없을 것이다."라고 기록했다. 1453년 5월 29일 화요일, 해가 뜨자마자 오스만 제국의 군대는 난공불락으로 유명한 케르코포르타 성벽의 작은 문을 뚫고 진군하기 시작했다. 해가 질 무렵, 약탈당한 도시에 남아있는 모든 것들은 그들의 차지가 되었다. 비잔틴 제국의 86번째 황제였던 콘스탄티노스 11세는 서쪽 성벽 아래에 있는 좁은 골목에서 전사하였다. 이것으로 ㉡ 1,100년 이상 존재했던 소아시아 지역의 기독교도 황제가 사라졌다.

잿빛 말을 타고 화요일 오후 늦게 콘스탄티노플에 입성한 술탄 메흐메드 2세는 우선 성소피아 대성당으로 갔다. 그는 이 성당을 파괴하는 대신 이슬람 사원으로 개조하라는 명령을 내렸고, 우선 그 성당을 철저하게 자신의 보호 하에 두었다. 또한 학식이 풍부한 그리스 정교회 수사에게 격식을 갖추어 공석중인 총대주교직을 수여하고자 했다. 그는 이슬람 세계를 위해 ㉢ 기독교의 제단뿐만 아니라 그 이상의 것들도 활용했다. 역대 비잔틴 황제들이 제정한 법을 그가 주도하고 있던 법제화의 모델로 이용하였던 것이다. 이러한 행위들은 ㉣ 단절을 추구하는 정복왕 메흐메드 2세의 의도에서 비롯된 것이라고 할 수 있다.

① ㉠을 '지금까지 이보다 더 영광스러운 사건은 없었으며'로 고친다.

② ㉡을 '1,100년 이상 존재했던 소아시아 지역의 이슬람 황제가 사라졌다'로 고친다.

③ ㉢을 '기독교의 제단뿐만 아니라 그 이상의 것들도 파괴했다'로 고친다.

④ ㉣을 '연속성을 추구하는 정복왕 메흐메드 2세의 의도에서 비롯된 것'으로 고친다.

07 다음 글의 논증에 대한 비판으로 적절하지 않은 것은?

2016년 국가직 5급 35번

진화론자들은 지구상에서 생명의 탄생이 30억 년 전에 시작됐다고 추정한다. 5억 년 전 캄브리아기 생명폭발 이후 다양한 생물종이 출현했다. 인간 종이 지구상에 출현한 것은 길게는 100만 년 전이고 짧게는 10만 년 전이다. 현재 약 180만 종의 생물종이 보고되어 있다. 멸종된 것을 포함해서 5억 년 전 이후 지구상에 출현한 생물종은 1억 종에 이른다. 5억 년을 100년 단위로 자르면 500만 개의 단위로 나눌 수 있다. 이것은 새로운 생물종이 평균적으로 100년 단위마다 약 20종이 출현한다는 것을 의미한다. 하지만 지난 100년간 생물학자들은 지구상에서 새롭게 출현한 종을 찾아내지 못했다. 이는 한 종에서 분화를 통해 다른 종이 발생한다는 진화론이 거짓이라는 것을 함축한다.

① 100년마다 20종이 출현한다는 것은 다만 평균일 뿐이다. 현재의 신생 종 출현 빈도는 그보다 훨씬 적을 수 있지만 언젠가 신생 종이 훨씬 많이 발생하는 시기가 올 수 있다.

② 5억 년 전 이후부터 지구상에 출현한 생물종이 1,000만 종 이하일 수 있다. 그러면 100년 내에 새로 출현하는 종의 수는 2종 정도이므로 신생 종을 발견하기 어려울 수 있다.

③ 생물학자는 새로 발견한 종이 신생 종인지 아니면 오래 전부터 존재했던 종인지 판단하기 어렵다. 따라서 신생 종의 출현이나 부재로 진화론을 검증하려는 시도는 성공할 수 없다.

④ 30억 년 전에 생물이 출현한 이후 5차례의 대멸종이 일어났으나 대멸종은 매번 규모가 달랐다. 21세기 현재, 알려진 종 중 사라지는 수가 크게 늘고 있어 우리는 인간에 의해 유발된 대멸종의 시대를 맞이하는 것으로 볼 수 있다.

08 다음 글의 내용이 참일 때, 반드시 참인 것은?

2016년 국가직 5급 8번

만일 A 정책이 효과적이라면, 부동산 수요가 조절되거나 공급이 조절된다. 만일 부동산 가격이 적정 수준에서 조절된다면, A 정책이 효과적이라고 할 수 있다. 그리고 만일 부동산 가격이 적정 수준에서 조절된다면, 물가 상승이 없다는 전제 하에서 서민들의 삶이 개선된다. 부동산 가격은 적정 수준에서 조절된다. 그러나 물가가 상승한다면, 부동산 수요가 조절되지 않고 서민들의 삶도 개선되지 않는다. 물론 물가가 상승한다는 것은 분명하다.

① 서민들의 삶이 개선된다.

② 부동산 공급이 조절된다.

③ A 정책이 효과적이라면, 부동산 수요가 조절된다.

④ A 정책이 효과적이라도, 부동산 가격은 적정 수준에서 조절되지 않는다.

9급 출제기조 변화 예시문제 15~16번

한국 신화에 보이는 신과 인간의 관계는 다른 나라의 신화와 ⊙ 견주어 볼 때 흥미롭다. 한국 신화에서 신은 인간과의 결합을 통해 결핍을 해소함으로써 완전한 존재가 되고, 인간은 신과의 결합을 통해 혼자 할 수 없었던 존재론적 상승을 이룬다.

한국 건국신화에서 주인공인 신은 지상에 내려와 왕이 되고자 한다. 천상적 존재가 지상적 존재가 되기를 ⓒ 바라는 것인데, 인간들의 왕이 된 신은 인간 여성과의 결합을 통해 자식을 낳음으로써 결핍을 메운다. 무속신화에서는 인간이었던 주인공이 신과의 결합을 통해 신적 존재로 ⓒ 거듭나게 됨으로써 존재론적으로 상승하게 된다. 이처럼 한국 신화에서 신과 인간은 서로의 존재를 필요로 한다는 점에서 상호의존적이고 호혜적이다.

다른 나라의 신화들은 신과 인간의 관계가 한국 신화와 달리 위계적이고 종속적이다. 히브리 신화에서 피조물인 인간은 자신을 창조한 유일신에 대해 원초적 부채감을 지니고 있으며, 신이 지상의 모든 일을 관장한다는 점에서 언제나 인간의 우위에 있다. 이러한 양상은 북유럽이나 바빌로니아 등에 ⓔ 퍼져 있는 신체 화생 신화에도 유사하게 나타난다. 신체 화생 신화는 신이 죽음을 맞게 된 후 그 신체가 해체되면서 인간 세계가 만들어지게 된다는 것인데, 신의 희생 덕분에 인간 세계가 만들어질 수 있었다는 점에서 인간은 신에게 철저히 종속되어 있다.

09 윗글을 이해한 내용으로 적절하지 않은 것은?

① 히브리 신화에서 신과 인간의 관계는 위계적이다.

② 한국 무속신화에서 신은 인간을 위해 지상에 내려와 왕이 된다.

③ 한국 건국신화에서 신은 인간과의 결합을 통해 완전한 존재가 된다.

④ 한국 신화에 보이는 신과 인간의 관계는 신체 화생 신화에 보이는 신과 인간의 관계와 다르다.

10 ⊙ ~ ⓔ과 바꿔쓸 수 있는 유사한 표현으로 적절하지 않은 것은?

① ⊙: 비교해

② ⓒ: 희망하는

③ ⓒ: 복귀하게

④ ⓔ: 분포되어

약점 보완 해설집 p.16

공무원 시험 전문 해커스공무원

gosi.Hackers.com

01 다음 글을 이해한 내용으로 가장 적절한 것은?

2023년 국가직 7급 1번

　고려 정부는 범죄를 예방하고 사회질서를 유지하기 위하여 여러 가지 방책을 마련하였다. 특히, 수도인 개경의 중요한 기관과 거점을 지키기 위한 군사 조직을 두었다. 도성 안의 관청과 창고를 지키는 간수군, 도성의 여러 성문을 방어하는 위숙군, 시장이나 시가의 주요 장소에 배치되는 검점군이 그것이다. 간수군을 포함한 이들 세 군사 조직은 본연의 업무뿐 아니라 순찰을 비롯한 도성 안의 치안 활동까지 담당하였다.

　하지만 개경의 도시화가 진전됨에 따라 전문적인 치안 기구의 필요성이 증대되었다. 이에 성종은 개경 시내를 순찰하고 검문을 실시하는 전문적인 치안 조직인 순검군을 조직하였다. 순검군의 설치는 도성을 방위하고 국왕을 지키는 군대의 기능과 도성의 치안 유지를 위한 경찰의 기능이 분리되고 전문화된 것을 의미한다. 기존 군사 조직은 본연의 업무만을 담당하게 되었으며, 순검군은 치안과 질서 유지를 위하여 도성 안에서 순찰 활동, 도적 체포, 비행이나 불법을 저지르는 사람에 대한 단속 등의 활동을 담당하게 되었다.

　그런데 범죄 행위나 정치적 음모, 범죄자의 도피 등은 주로 야간에 많이 일어났다. 이에 정부는 야간 통행을 금지하고 날이 저물면 성문을 닫게 하였으며, 급한 공무나 질병, 출생 등 부득이한 경우에만 사전 신고를 받고 야간에 통행하도록 하였다. 야간 통행이 금지되는 매일 저녁부터 새벽까지 도성 내를 순찰하는 활동, 즉 야경은 순검군의 중요한 업무가 되었다. 순검군은 도성 내의 군사 조직인 간수군, 위숙군, 검점군과 함께 개경의 안전을 책임지는 핵심적인 역할을 수행하였던 것이다.

① 야간에 급한 용무로 시내를 통행하려는 사람은 먼저 시가지를 담당하는 검점군에 신고를 하였다.

② 순검군이 설치된 이후에도 도성의 성문을 지키는 임무는 위숙군에게 있었다.

③ 순검군은 야간 통행이 금지되는 저녁부터 새벽 시간까지 순찰 활동을 하며 성문 방어에도 투입되었다.

④ 순검군의 설치 이후에 간수군을 비롯한 개경의 세 군사 조직은 군대의 기능과 경찰의 기능을 모두 수행하였다.

02 다음 ⊙과 ⓒ에 들어갈 말을 가장 적절하게 나열한 것은?

2018년 민간경력자 채용 24번

　음향학에 관련된 다음의 두 가지 명제는 세 개의 원형 판을 가지고 실험함으로써 입증될 수 있다. 하나의 명제는 "지름과 모양이 같은 동일 재질의 원형 판이 진동할 때 발생하는 진동수는 두께에 비례한다."이고 다른 명제는 "모양과 두께가 같은 동일 재질의 원형 판이 진동할 때 발생하는 진동수는 판 지름의 제곱에 반비례한다."이다. 이를 입증하기 위해 모양이 같은 동일 재질의 원형 판 A, B 그리고 C를 준비하되 A와 B는 두께가 같고 C는 두께가 A의 두께의 두 배이며, A와 C는 지름이 같고 B의 지름은 A의 지름의 절반이 되도록 한다. 판을 때려서 발생하는 음을 듣고 B는 A보다 　⊙　 음을 내고, C는 A보다 　ⓒ　 음을 내는 것을 확인한다. 진동수가 두 배가 될 때 한 옥타브 높은 음이 나므로 두 명제는 입증이 된다.

	⊙	ⓒ
①	한 옥타브 낮은	두 옥타브 낮은
②	한 옥타브 높은	두 옥타브 높은
③	두 옥타브 높은	한 옥타브 높은
④	두 옥타브 높은	한 옥타브 낮은

03 다음 글의 내용이 참일 때, 갑이 반드시 수강할 과목은?

2022년 국가직 7급 17번

　갑은 A~E 과목에 대해 수강신청을 준비하고 있다. 갑이 수강하기 위해 충족해야 하는 조건은 다음과 같다.
○ A를 수강하면 B를 수강하지 않고, B를 수강하지 않으면 C를 수강하지 않는다.
○ D를 수강하지 않으면 C를 수강하고, A를 수강하지 않으면 E를 수강하지 않는다.
○ E를 수강하지 않으면 C를 수강하지 않는다.

① A　　　② B　　　③ C　　　④ D

04 다음 글에 비추어 ㉠이 적절하게 이루어진 사례만을 <보기>에서 모두 고르면?

2017년 민간경력자 채용 5번

국제 · 외교관계에서 조약은 국가 간, 국제기구 간, 국가와 국제기구 간 서면형식으로 체결되며 국제법에 의해 규율되는 합의이다. 반면, ㉠ 기관 간 약정은 국가를 제외한 정부기관이 동일 또는 유사 업무를 수행하는 외국의 정부기관과 체결하는 합의로 법적 구속력이 없다. 이 때 기관 간 약정의 서명은 해당 기관의 장이 하는 것이 원칙이다. 다만 해당 기관의 장이 사정상 직접 서명할 수 없는 경우에는 그의 위임을 받은 해당 기관의 고위직 인사가 서명을 할 수도 있다. 만일 기관 간 약정을 조속히 체결할 필요성이 있으나 양국 관계부처 간의 방문 계획이 없어서 체결이 지연되고 이로 인해 양국 관계부처 간 불편이 야기될 가능성이 있는 등의 경우에는, 우편으로 서명문서를 교환하거나 외교통상부 재외공관을 통하여 서명문서를 교환하는 방법으로 그 체결을 행할 수 있다.

해당 기관의 장이 사정상 직접 서명할 수 없어서 그의 위임을 받은 고위직 인사가 서명을 대신할 때, 정부기관장 명의의 전권위임장을 만들어 제출하는 경우가 있는데, 이는 적절하지 않다. 전권위임장이란 국가 간 조약문안의 교섭 · 채택이나 인증을 위하여 또는 조약에 대한 국가의 기속적 동의를 표시하기 위하여 어떤 사람으로 하여금 국가를 대표하도록 임명하는 문서이기 때문이다. 만약 상대국에서 굳이 서명 위임에 대한 인증 문건의 제출을 요구한다면, 위임장을 제출하는 방향으로 검토해 볼 수 있을 것이다. 또한 기관 간 약정에 서명을 할 때 양국 정상이 임석하는 경우가 있는데, 이는 기관 간 약정이 양국 간의 조약으로 오해될 소지가 있으므로 부적절하다.

─── <보기> ───

ㄱ. A국 산업통상자원부 장관 명의의 전권위임장을 제출한 산업통상자원부 차관과 B국 기업에너지산업전략부 장관 간에 '에너지산업협력 약정'이 체결된 사례

ㄴ. 국외출장이 어려운 상황에서 시급한 약정의 조속한 체결을 위해 A국 산업통상자원부 장관과 B국 자원개발부 장관 간에 우편으로 서명문서를 교환한 사례

ㄷ. A국 대통령의 B국 방문을 계기로 양국 정상의 임석 하에 A국 기술무역부 장관과 B국 과학기술부 장관 간에 '과학기술협력에 관한 약정'이 체결된 사례

① ㄱ ② ㄴ
③ ㄱ, ㄷ ④ ㄴ, ㄷ

05 다음 글에서 추론할 수 있는 것만을 <보기>에서 모두 고르면?

2013년 민간경력자 채용 18번

빌케와 블랙은 얼음이 녹는점에 있다 해도 이를 완전히 물로 녹이려면 상당히 많은 열이 필요함을 발견하였다. 당시 널리 퍼진 속설은 얼음이 녹는점에 이르면 즉시 녹는다는 것이었다. 빌케는 쌓여있는 눈에 뜨거운 물을 끼얹어 녹이는 과정에서 이 속설에 오류가 있음을 알게 되었다. 눈이 녹는점에 있음에도 불구하고 많은 양의 뜨거운 물은 눈을 조금밖에 녹이지 못했기 때문이다.

블랙은 1757년에 이 속설의 오류를 설명할 수 있는 실험을 수행하였다. 블랙은 따뜻한 방에 두 개의 플라스크 A와 B를 두었는데, A에는 얼음이, B에는 물이 담겨 있었다. 얼음과 물은 양이 같고 모두 같은 온도, 즉 얼음의 녹는점에 있었다. 시간이 지남에 따라 B에 있는 물의 온도는 계속해서 올라갔다. 하지만 A에서는 얼음이 녹으면서 생긴 물과 녹고 있는 얼음의 온도가 녹는점에서 일정하게 유지되었는데 이 상태는 얼음이 완전히 녹을 때까지 지속되었다. 얼음을 녹이는 데 필요한 열량은 같은 양의 물의 온도를 녹는점에서 화씨 140도까지 올릴 수 있는 정도의 열량과 같았다. 블랙은 이 열이 실제로 온도계에 변화를 주지 않기 때문에 이를 '잠열(潛熱)'이라 불렀다.

─── <보기> ───

ㄱ. A의 온도계로는 잠열을 직접 측정할 수 없었다.

ㄴ. 얼음이 녹는점에 이르러도 완전히 녹지 않는 것은 잠열 때문이다.

ㄷ. A의 얼음이 완전히 물로 바뀔 때까지, A의 얼음물 온도는 일정하게 유지된다.

① ㄱ
② ㄱ, ㄷ
③ ㄴ, ㄷ
④ ㄱ, ㄴ, ㄷ

06 다음 글의 내용과 부합하는 것은?

2014년 민간경력자 채용 2번

금군이란 왕과 왕실 및 궁궐을 호위하는 임무를 띤 특수 부대였다. 금군의 임무는 크게 국왕의 신변을 보호하는 시위 임무와 왕실 및 궁궐을 지키는 입직 임무로 나누어지는데, 시위의 경우 시립, 배종, 의장의 임무로 세분된다. 시립은 궁내의 행사 때 국왕의 곁에 서서 국왕의 신변을 보호하는 것이고, 배종은 어가가 움직일 때 호위하는 것이며, 의장은 왕이 참석하는 중요한 의식에서 병장기와 의복을 갖추고 격식대로 행동하는 것을 말한다.

조선 전기에 금군은 내금위, 겸사복, 우림위의 세 부대로 구성되었다. 이들 세 부대를 합하여 금군삼청이라 하였으며 왕의 친병으로 가장 좋은 대우를 받았다. 내금위는 1407년에 조직되었다. 190명의 인원으로 편성하였는데 왕의 가장 가까이에서 임무를 수행하였으므로 무예는 물론 왕의 신임이 중요한 선발 기준이었다. 이들은 주로 양반 자제들로 편성되었으며, 금군 중에서 가장 우대를 받았다. 1409년에는 50인으로 구성된 겸사복이 만들어졌는데, 금군 중 최고 정예 부대였다. 서얼과 양민에 이르기까지 두루 선발되었고 특별히 함경도, 평안도 지역 출신이 우대되었다. 겸사복은 기병이 중심이며 시립과 배종을 주로 담당하였다. 우림위는 1492년에 궁성 수비를 목적으로 서얼 출신 50인으로 편성되었다. 내금위와 겸사복의 다수가 변방으로 파견되자 이를 보충하기 위한 목적과 함께 서얼 출신의 관직 진출을 열어 주기 위한 목적도 가지고 있었다. 이들은 겸사복이나 내금위 보다는 낮은 대우를 받았다. 하지만 중앙군 소속의 갑사 보다는 높은 대우를 받았다.

① 갑사는 금군보다 높은 대우를 받았다.
② 우림위가 겸사복보다 먼저 만들어졌다.
③ 내금위 병사들의 무예가 가장 뛰어났다.
④ 어가 호위는 겸사복의 주요 임무 중 하나였다.

07 다음 논쟁을 분석한 것으로 적절한 것만을 <보기>에서 모두 고르면?

2020년 7급 모의평가 23번

A: 종 차별주의란 인간 종이 다른 생물 종과 생김새가 다르다는 이유만으로 특별한 대우를 받아야 한다는 주장이다. 이런 종 차별주의가 옳지 않다는 주장은 모든 종을 동등하게 대우해야 한다는 종 평등주의가 옳다는 말과 같다. 하지만 종 평등주의는 너무나 비상식적인 견해이다.

B: 종 차별주의를 거부하는 것과 종 평등주의를 받아들이는 것은 별개다. 모든 생명체를 동등하게 대우해야 한다는 종 평등주의는 이웃 사람을 죽이는 것이 그른 만큼 양배추를 뽑아 버리는 것도 그르다는 것을 암시한다. 그러나 양배추는 신경계와 뇌가 없으므로 어떠한 경험을 할 수도 어떠한 의식을 가질 수도 없다. 그런 양배추를 뽑아 버리는 것이, 의식을 가지고 높은 수준의 경험을 누리는 이웃 사람을 죽이는 행위와 같을 수 없다. 종 차별주의에 대한 거부는 생김새가 아닌 의식에 의한 차별적 대우를 부정하지 않는다.

C: 의식에 의한 차별이 정당하다는 주장이 옳다면, 각 인간이 가진 가치도 달라야 한다. 왜냐하면 인간마다 의식적 경험의 정도가 다르기 때문이다. 그러나 모든 인간이 동일한 존엄성과 무한한 생명 가치를 가진다는 것은 거부할 수 없는 윤리의 대전제이다. 따라서 의식을 이용하여 종 사이의 차별을 정당화한다면 이런 윤리의 대전제를 부정할 수밖에 없다.

─────── <보기> ───────

ㄱ. A는 종 차별주의와 종 평등주의가 서로 모순된다고 보지만 B는 그렇지 않다.
ㄴ. B와 C는 모든 인간이 동일한 존엄성과 무한한 생명 가치를 가진다는 견해에 동의한다.
ㄷ. C는 인간과 인간이 아닌 것 사이의 차별적 대우를 정당화하는 근거가 있다는 것에 동의하지만, A는 그렇지 않다.

① ㄱ
② ㄴ
③ ㄱ, ㄷ
④ ㄱ, ㄴ, ㄷ

영국의 유명한 원형 석조물인 스톤헨지는 기원전 3,000년경 신석기시대에 세워졌다. 1960년대에 천문학자 호일이 스톤헨지가 일종의 연산장치라는 주장을 하였고, 이후 엔지니어인 톰은 태양과 달을 관찰하기 위한 정교한 기구라고 확신했다. 천문학자 호킨스는 스톤헨지의 모양이 태양과 달의 배열을 나타낸 것이라는 의견을 제시해 관심을 모았다.

그러나 고고학자 앳킨슨은 ㉠ 그들의 생각을 비난했다. 앳킨슨은 스톤헨지를 세운 사람들을 '야만인'으로 묘사하면서, ㉡ 이들은 호킨스의 주장과 달리 과학적 사고를 할 줄 모른다고 주장했다. 이에 호킨스를 옹호하는 학자들이 진화적 관점에서 앳킨슨을 비판하였다. ㉢ 이들은 신석기시대보다 훨씬 이전인 4만 년 전의 사람들도 신체적으로 우리와 동일했으며 지능 또한 우리보다 열등했다고 볼 근거가 없다고 주장했다.

하지만 스톤헨지의 건설자들이 포괄적인 의미에서 현대인과 같은 지능을 가졌다고 해도 과학적 사고와 기술적 지식을 가지지는 못했다. ㉣ 그들에게는 우리처럼 2,500년에 걸쳐 수학과 천문학의 지식이 보존되고 세대를 거쳐 전승되어 쌓인 방대하고 정교한 문자 기록이 없었다. 선사시대의 생각과 행동이 우리와 똑같은 식으로 전개되지 않았으리라는 점은 매우 중요하다. 지적 능력을 갖췄다고 해서 누구나 우리와 같은 동기와 관심, 개념적 틀을 가졌으리라고 생각하는 것은 잘못이다.

08 윗글에 대해 평가한 내용으로 가장 적절한 것은?

① 스톤헨지가 제사를 지내는 장소였다는 후대 기록이 발견되면 호킨스의 주장은 강화될 것이다.

② 스톤헨지 건설 당시의 사람들이 숫자를 사용하였다는 증거가 발견되면 호일의 주장은 약화될 것이다.

③ 스톤헨지의 유적지에서 수학과 과학에 관련된 신석기시대 기록물이 발견되면 글쓴이의 주장은 강화될 것이다.

④ 기원전 3,000년경 인류에게 천문학 지식이 있었다는 증거가 발견되면 앳킨슨의 주장은 약화될 것이다.

09 문맥상 ㉠ ~ ㉣ 중 지시 대상이 같은 것만으로 묶인 것은?

① ㉠, ㉢

② ㉡, ㉣

③ ㉠, ㉡, ㉢

④ ㉠, ㉡, ㉣

10 다음 논증에 대한 평가로 적절한 것은?

2015년 민간경력자 채용 18번

전제 1: 절대빈곤은 모두 나쁘다.
전제 2: 비슷하게 중요한 다른 일을 소홀히 하지 않고도 우리가 막을 수 있는 절대빈곤이 존재한다.
전제 3: 우리가 비슷하게 중요한 다른 일을 소홀히 하지 않고도 나쁜 일을 막을 수 있다면, 우리는 그 일을 막아야 한다.
결론: 우리가 막아야 하는 절대빈곤이 존재한다.

① 모든 전제가 참이라고 할지라도 결론은 참이 아닐 수 있다.

② 전제 1을 논증에서 뺀다고 하더라도, 전제 2와 전제 3만으로 결론이 도출될 수 있다.

③ 비슷하게 중요한 다른 일을 소홀히 해도 막을 수 없는 절대빈곤이 있다면, 결론은 도출되지 않는다.

④ 비슷하게 중요한 다른 일을 소홀히 하지 않고도 막을 수 있는 나쁜 일이 존재한다는 것을 전제로 추가하지 않아도, 주어진 전제만으로 결론은 도출될 수 있다.

약점 보완 해설집 p.18

해커스공무원

조은정 암기 없는 국어 논리 독해 기본서

초판 1쇄 발행 2024년 5월 7일

지은이	조은정
펴낸곳	해커스패스
펴낸이	해커스공무원 출판팀

주소	서울특별시 강남구 강남대로 428 해커스공무원
고객센터	1588-4055
교재 관련 문의	gosi@hackerspass.com
	해커스공무원 사이트(gosi.Hackers.com) 교재 Q&A 게시판
	카카오톡 플러스 친구 [해커스공무원 노량진캠퍼스]
학원 강의 및 동영상강의	gosi.Hackers.com

ISBN	979-11-7244-021-3 (13710)
Serial Number	01-01-01

저작권자 ⓒ 2024, 조은정

이 책의 모든 내용, 이미지, 디자인, 편집 형태는 저작권법에 의해 보호받고 있습니다. 서면에 의한 저자와
출판사의 허락 없이 내용의 일부 혹은 전부를 인용, 발췌하거나 복제, 배포할 수 없습니다.
이 책의 내용 중 일부는 국립국어원이 제공하는 '표준국어대사전', '한국어 어문 규범'을 참고하였습니다.

공무원 교육 1위,
해커스공무원 gosi.Hackers.com

해커스공무원

· 조은정 선생님의 **본 교재 인강**(교재 내 할인쿠폰 수록)
· 해커스 스타강사의 **공무원 국어 무료 특강**
· '회독'의 방법과 공부 습관을 제시하는 **해커스 회독증강 콘텐츠**(교재 내 할인쿠폰 수록)
· 정확한 성적 분석으로 약점 극복이 가능한 **합격예측 온라인 모의고사**(교재 내 응시권 및 해설강의 수강권 수록)
· 필수어휘와 사자성어를 편리하게 학습할 수 있는 **해커스 매일국어 어플**

한경비즈니스 선정 2020 한국소비자만족지수 교육(공무원) 부문 1위

공무원 교육 **1위*** 해커스공무원

공시생 전용 **주간/월간 학습지**
해커스 회독증강

주간 학습지 회독증강
국어/영어/한국사

월간 학습지 회독증강
행정학/행정법총론

실제 합격생들이 중요하다고 말하는 '**회독**'
해커스공무원이 **새로운 회독의 방법**부터 **공부 습관**까지 제시합니다.

회독증강 진도를 따라가며 풀다 보니, 개념 회독뿐만 아니라 이미 기출문제는 거의 다 커버가
됐더라고요. 한창 바쁠 시험기간 막바지에도 회독증강을 했던 국어, 한국사 과목은 확실히
걱정&부담이 없었습니다. 그만큼 회독증강만으로도 준비가 탄탄하게 됐었고, 심지어
매일매일 문제를 풀다 보니 실제 시험장에서도 문제가 쉽게 느껴졌습니다.

국가직 세무직 7급 합격생 김*경

공시 최적화 단계별 코스 구성	매일 하루 30분, 회독 수 극대화	작심을 부르는 학습관리	스타 선생님의 해설강의

* [공무원 교육 1위 해커스공무원] 한경비즈니스 선정 2020 한국소비자만족지수 교육(공무원) 부문 1위

해커스공무원 gosi.Hackers.com

해커스 회독증강이 궁금하다면? ▶

해커스공무원

조은정 암기 없는 국어 논리 독해
기본서

약점 보완 해설집

해커스공무원

해커스공무원

조은정 암기 없는 국어 논리 독해 기본서

약점 보완 해설집

해커스공무원

대표유형 **01 주장과 논지**			p.30
01 ②	**02** ④	**03** ④	

대표유형 **02 추가해야 할 전제 찾기**			p.40
01 ①	**02** ④	**03** ③	

01 정답 ②

정답분석

지문의 내용은 어떤 주장과 그에 대한 반론으로 구성되어 있다. 따라서 글의 결론은 그 반론이 될 가능성이 높다. 지문의 어떤 주장은 이론 P이고 이것의 내용은 '복지란 다른 시민의 기본권을 침해하지 않는 한, 각 시민이 갖고 있는 현재의 선호만 만족시키는 것이다.'라는 것이다. 따라서 결론은 이론 P에 대한 반론인, '현재 선호만을 만족시켜야 한다는 주장을 뒷받침하는 근거들은 허점이 많다.'이다. 따라서 정답은 이론 P를 받아들이기 어렵다고 보는 ②이다.

02 정답 ④

정답분석

지문에서는 인종차별주의나 종교적 편견, 민족주의에 심각한 문제가 있다고 언급하고 있다. 특정 집단들 사이의 차별 대우가 정당화되기 위해서는 그 집단들 사이에 합당한 차이가 있어야 하는데 그렇지 않기 때문이라는 것이다. 따라서 지문에서 이끌어낼 수 있는 것은 특정 집단들 사이의 차별 대우가 정당화되기 위해서는 합당한 차이가 있어야 한다는 것이므로 정답은 ④이다.

03 정답 ④

정답분석

첫 번째 단락의 내용을 정리하고 있는 마지막 문장인 '따라서 어떤 질병의 성격을 파악할 때 질병의 발생이 개인적 요인뿐만 아니라 계층이나 직업 등의 요인과도 관련될 수 있음을 고려해야 한다.'와 두 번째 단락의 내용을 정리하고 있는 마지막 문장인 '요컨대 질병의 치료가 개인적 영역을 넘어서서 사회적 영역과 관련될 수밖에 없다는 것은 질병의 대처 과정에서 사회적 요인을 반드시 고려해야 한다는 점을 잘 보여준다.'를 종합하면, '질병의 성격을 파악하고 질병에 대처하기 위해서는 사회적인 측면을 고려해야 한다.'는 것이 글의 논지로 가장 적절하다. 따라서 정답은 ④이다.

01 정답 ①

정답분석

지문의 논증을 정리하면 다음과 같다.

• 전제 1: 문학 좋아함 → 자연의 아름다움 좋아함
• 전제 2: 자연의 아름다움 좋아함 & 예술 좋아함
• 결론: 예술 좋아함 & 문학 좋아함

① '자연의 아름다움을 좋아하는 사람은 모두 문학을 좋아하는 사람이다.'가 추가되면, 전제 1에 따라 문학을 좋아하는 사람과 자연의 아름다움을 좋아하는 사람이 동일해진다. 그러면 전제 2에 따라 문학을 좋아하는 어떤 사람은 예술을 좋아하는 사람이다. 따라서 결론이 도출될 수 있다.

오답분석

② '문학을 좋아하는 어떤 사람은 자연의 아름다움을 좋아하는 사람이다.'는 전제 1에 이미 포함되어 있는 내용이다. 따라서 이를 추가해도 결론이 도출되지 않는다.

③ '예술을 좋아하는 어떤 사람은 자연의 아름다움을 좋아하는 사람이다.'는 전제 2의 내용과 동일하다. 따라서 이를 추가해도 결론이 도출되지 않는다.

④ '예술을 좋아하지만 문학을 좋아하지 않는 사람은 모두 자연의 아름다움을 좋아하는 사람이다.'는 문학을 좋아하지 않는 사람에 대한 내용이다. 그러나 논증의 결론은 예술도 좋아하고 문학도 좋아하는 사람에 대한 내용이므로 이것을 추가해도 결론이 도출되지 않는다.

02 정답 ④

정답분석

지문의 논증을 정리하면 다음과 같다.

• 전제 1: 실천적 지혜 → 덕 & 실행
• 전제 2: 덕 & 실행 → 실천적 지혜
• 결론: 실천적 지혜 → 자제력

④ 전제 1과 전제 2를 연결하면 '지혜 ↔ 덕 & 실행' 이다. 여기서 '지혜 → 자제력'이라는 결론이 도출되기 위해서는 '덕 & 실행 → 자제력'이라는 전제가 필요하다. 따라서 '자제력이 없는 사람은 아는 덕을 실행에 옮기는 사람이 아니다.'는 괄호 안에 들어갈 진술로 타당하다.

오답분석

① '자제력이 없는 사람은 성품이 나약한 사람이다.'는 괄호 안에 들어가도 결론이 도출되지 않는다.

② '덕이 있는 성품을 가진 사람도 자제력이 없을 수 있다.'는 괄호 안에 들어가도 결론이 도출되지 않는다.

③ '덕이 있는 성품을 가진 사람은 실천적 지혜가 있는 사람이다.'는 괄호 안에 들어가도 결론이 도출되지 않는다.

03

정답 ③

정답분석

지문의 논증을 정리하면 다음과 같다.

- 전제 1: C전략 → B원칙 실현
- 전제 2: C전략 불가
- 전제 3: (D전략 & E정책) → B원칙 실현
- 전제 4: E정책 실행
- 결론: D전략 채택

③ 'C전략과 D전략 이외에 B원칙을 실현할 다른 전략은 없다.'를 추가하면, 전제 3에 의해 C전략은 실행될 수 없어 D전략이 실행될 것이므로 D전략이 채택될 것이 확실하다는 결론이 도출된다.

오답분석

① 'D전략은 C전략과 목표가 같다.'를 전제로 추가해도 결론은 도출되지 않는다.

② 'A국의 외교정책 상 C전략은 B원칙에 부합한다.'를 전제로 추가해도 결론은 도출되지 않는다.

④ 'B원칙의 실현을 위해 C전략과 D전략은 함께 실행될 수 없다.'를 전제로 추가해도 결론은 도출되지 않는다.

01	02	03		
①	③	②		

01

정답 ①

정답분석

① 갑과 병은 마스크를 쓰지 않는 행위에 대해 윤리적 차원에서 접근하지만, 을은 문화적 차원을 고려하고 있다. 따라서 을은 화제에 대해 남들과 다른 측면에서 탐색하는 사람이다.

오답분석

② 갑은 '개인의 자유로운 선택이 타인의 생명을 위협한다면 기본권이라 하더라도 제한하는 것이 보편적 상식 아닐까?'라는 질문을 던지고 있다. 그러나 이는 자신의 의견이 반박되자 질문을 던져 화제를 전환한 것이 아니라, 병의 답변에 대해 의견을 제시한 것이다.

③ 대화의 논점은 마스크를 착용하는 것을 거부하는 사람에 대한 것이다. 이에 대해 갑과 병은 부정적으로 평가하고 있고, 을은 문화적 차원에서 고려할 필요가 있음을 제시하고 있다. 그러나 대화가 진행되면서 논점에 대한 찬반 입장이 바뀌는 사람은 없다.

④ 대화에서 사례의 공통점을 종합하여 자신의 주장을 강화하는 사람은 나타나지 않는다.

02

정답 ③

정답분석

ㄱ. 을은 인공지능 로봇은 기계이므로 의식을 갖는 것이 가능하지 않다고 본다. 그러나 정은 인공지능 로봇이 의식을 갖지 않는 경우라 해도, 도덕적 지위를 부여해야 하는 경우가 있다고 주장하지만, 인공지능 로봇에게 의식이 없다고 주장하지 않는다.

ㄴ. 병은 인공지능 로봇에게 의식이 있을 수도 있겠지만, 인간의 필요에 의해서 만든 도구적 존재에게 도덕적 지위를 부여할 수 없다고 본다. 따라서 인공지능 로봇에게 의식이 있어도 도덕적 지위를 부여할 수 없다고 생각하는 사람이 있다는 것은 적절한 분석이다.

ㄷ. 을은 인공지능 로봇은 기계이므로 의식을 갖는 것이 가능하지 않기 때문에 인공지능 로봇에게 도덕적 지위를 부여할 수 없다고 생각한다. 따라서 인공지능 로봇에게 실제로 의식이 있다고 밝혀진다면, 을은 인공지능 로봇에게 도덕적 지위를 부여해야 하는가에 대한 입장을 바꿔야 한다. 따라서 해당 분석은 적절하다.

따라서 적절한 것은 ㄴ, ㄷ이므로 정답은 ③이다.

03

정답분석

ㄱ. (가)는 '공동선을 증진하는 결과를 가져온다면 일반적인 도덕률을 벗어난 공직자의 행위도 정당화될 수 있다.'고 주장하고, (나)는 '공직자의 행위를 평가함에 있어 결과의 중요성을 과장해서는 안 된다.'고 주장한다. 결국 (가)와 (나) 모두 공직자가 공동선의 증진을 위해 일반적인 도덕률을 벗어난 행위를 하는 경우가 사실상 일어날 수 있다는 것을 전제하고 있다.

ㄴ. (가)는 '공동선을 증진하는 결과를 가져온다면 일반적인 도덕률을 벗어난 공직자의 행위도 정당화될 수 있다.'고 주장하고, (다)는 '민주사회에서 공직자의 모든 공적 행위는 정당화될 수 있다.'고 주장한다. 따라서 어떤 공직자가 일반적인 도덕률을 어기면서 공적 업무를 수행하여 공동선을 증진했을 경우, (가)와 (다) 모두 그 행위는 정당화될 수 있다고 주장할 것이다.

ㄷ. (나)는 공직자 역시 일반적인 도덕률을 공유하는 일반 시민 중 한 사람이라고 보고 있지만, (다)의 경우는 공직자들이 시민들을 대리한다고 하여 공직자와 일반 시민을 다르게 보고 있다.

따라서 적절한 것은 ㄴ이므로 정답은 ②이다.

01	02			
①	④			

01

정답분석

① 미리 적어 놓은 메모는 지문의 스마트폰과 동일한 역할을 하는 것이므로 K가 자신이 미리 적어 놓은 메모를 참조해서 기억력 시험 문제에 답한다면 K가 그 문제의 답을 기억한다고 인정해야 한다. 그러나 선택지는 누구도 K가 그 문제의 답을 기억한다고 인정하지 않는다고 하고 있으므로 이는 논지를 비판하는 진술이 된다.

오답분석

② 종이와 연필의 도움을 받은 연산 능력 역시 K 자신의 인지 능력으로 인정해야 한다는 것은 논지를 지지하는 내용이다.

③ 스마트폰을 손에 가지고 있는 것과 다름없는지 여부는 K 자신의 인지 능력이라고 볼 수 있는지와 직접적인 관련이 없다.

④ 두뇌 속에서 작동하게 하는 것과 두뇌 밖에서 작동하게 하는 것의 비교는 K 자신의 인지 능력이라고 볼 수 있는지와 직접적인 관련이 없다.

02

정답분석

④ 흄이 반대하는 주장은 집을 수리한 사람의 주장이 된다. 집수리에 대한 합의가 없었더라도 필요한 집수리를 했다면 집수리 비용을 지불해야 한다는 것은 집을 수리한 사람의 주장이므로 흄이 반대하는 주장이 된다.

오답분석

① 집수리에 대한 합의가 없었다면 필요한 집수리를 했더라도 집수리 비용을 지불할 의무는 없다는 것은 집주인과 합의하지 않은 집수리에 대해서는 비용을 지불할 의무가 없다는 흄의 주장과 동일하다.

② ③ 집주인과 합의하지 않은 집수리에 대해서는 비용을 지불할 의무가 없다는 것이 흄의 주장이므로 집수리에 대한 합의가 있는 경우 집수리 비용을 지불할 의무에 대한 주장은 흄의 주장과 관련이 없다.

01	02	03	04	
③	④	①	④	

01

정답 ③

정답분석

지문의 논지는 '과학과 예술을 대립시키는 태도는 과학과 예술의 특성을 지나치게 단순화하는 것이다.'이다. 즉, 과학과 예술은 무관하지 않다는 것이 논지의 방향이다.

ㄱ. 과학자 왓슨과 크릭이 없었더라도 누군가 DNA 이중나선 구조를 발견하였겠지만, 셰익스피어가 없었다면 「오셀로」는 결코 창작되지 못 하였을 것이라는 것은 지문의 논지와 관련성이 없는 진술이다.

ㄴ. 물리학자 파인만이 주장했듯이 과학에서 이론을 정립하는 과정은 가장 아름다운 그림을 그려나가는 예술가의 창작 작업과 흡사하다는 것은 예술과 과학이 관련성이 있음으로 언급하고 있으므로 논지를 강화하는 진술이다.

ㄷ. 입체파 화가들은 수학자 푸앵카레의 기하학 연구를 자신들의 그림에 적용하고자 하였으며, 이런 의미에서 피카소는 "내 그림은 모두 연구와 실험의 산물이다."라고 말하였다는 것은 예술과 과학이 관련성이 있음으로 언급하고 있으므로 논지를 강화하는 진술이다.

따라서 논지를 지지하는 진술은 ㄴ, ㄷ이므로 정답은 ③이다.

02

정답 ④

정답분석

ㄱ. 쥐의 먹이에 함유된 트랜스 지방 함량을 2% 증가시키자 쥐의 심장병 발병률이 25% 증가하였다는 것은 결국 트랜스 지방이 심혈관계에 해롭다는 사례가 될 수 있으므로 밑줄 친 주장을 강화하는 사례가 된다.

ㄴ. 지문에 따를 때, 마가린은 트랜스 지방 함량이 높은 식품이다. 따라서 사람들이 마가린을 많이 먹는 지역에서 마가린의 트랜스 지방 함량을 낮추자 동맥경화의 발병률이 1년 사이에 10% 감소하였다는 것은, 트랜스 지방과 심혈관질환인 동맥경화 사이에 양의 상관관계가 있다는 의미이므로 밑줄 친 주장을 강화하는 사례가 된다.

ㄷ. 지문에서 패스트푸드는 트랜스 지방이 많이 들어있는 식품으로 제시되어 있다. 따라서 성인 1,000명에게 패스트푸드를 일정 기간 지속적으로 섭취하게 한 후 검사해 보니, HDL의 혈중 농도가 섭취 전에 비해 20% 감소하였다는 것은, 트랜스 지방 섭취를 늘이면 혈관에 좋은 HDL이 줄어 심혈관질환의 위험이 높아진다는 것이므로 밑줄 친 주장을 강화하는 사례가 된다.

따라서 주장을 강화하는 사례는 ㄱ, ㄴ, ㄷ이므로 정답은 ④이다.

03

정답 ①

정답분석

ㄱ. 자연과학자들의 탐구조차도 '과학자들의 공동체에서 이루어지는 활동의 산물'이라는 것은 '특정 전문가 집단의 공동체적 활동'이라는 부분과 일치하므로 강한 프로그램의 원리를 지지한다고 볼 수 있다.

ㄴ. 어떤 연구 주제가 중요한지, 어떤 이론을 선택할지 등은 '사회적 맥락 속에서 결정된다'는 것은 '사회적 맥락 속에서 이루어진다'는 부분과 일치하므로 강한 프로그램의 원리를 지지한다고 볼 수 있다.

ㄷ. 자연과학 이론은 사회과학 이론보다 '더 객관적 사실에 근거'하여 형성된다는 것은 '동일한 방식으로 설명'되어야 한다는 것과 방향이 다르므로 강한 프로그램의 원리를 지지한다고 볼 수 없다.

ㄹ. 전문 학술지에 발표되는 논문의 수로 분야별 생산성을 평가하자면 자연과학 분야의 연구들이 '학문의 발전을 선도'하고 있다는 것은 '동일한 방식으로 설명'되어야 한다는 것과 방향이 다르므로 강한 프로그램의 원리를 지지한다고 볼 수 없다.

따라서 원리를 지지하는 진술은 ㄱ, ㄴ이므로 정답은 ①이다.

04

정답 ④

정답분석

지문의 ㉠'사피어-워프 가설'은 언어가 의식과 사고를 결정한다는 것이다.

ㄱ. 눈[雪]을 가리키는 단어를 4개 지니고 있는 이누이트족이 1개 지니고 있는 영어 화자들보다 눈을 넓고 섬세하게 경험한다는 것은, 언어가 의식과 사고를 결정하는 사례이다. 따라서 ㉠을 강화한다.

ㄴ. 수를 세는 단어가 '하나', '둘', '많다' 3개뿐인 피라하족의 사람들이 세 개 이상의 대상을 모두 '많다'고 인식하는 것은, 언어가 의식과 사고를 결정하는 사례이다. 따라서 ㉠을 강화한다.

ㄷ. 색채 어휘가 적은 자연언어 화자들이 색채 어휘가 많은 자연언어 화자들에 비해 색채를 구별하는 능력이 뛰어나다는 것은, 언어에 의해 의식과 사고가 결정되지 않는 사례에 해당한다. 따라서 ㉠을 약화한다.

따라서 적절한 것은 ㄱ, ㄴ, ㄷ이므로 정답은 ④이다.

대표유형 01 논증의 타당성 판단 p.90

01	02	03		
③	①	①		

01 정답 ③

정답분석

지문에 제시된 논증을 기호화하여 정리하면 다음과 같다.

(가) 약속

약속 → 대공원

대공원

∴ 약속

전제가 모두 참이라고 해도 결론이 반드시 참이 되지 않는다.

(나) 비 → 박물관

좋음 → 소풍

비 or 좋음

∴ 박물관 or 소풍

전제가 모두 참일 때, 결론이 반드시 참이 된다.

(다) 철학도 or 과학도

~과학도

∴ 철학도

전제가 모두 참일 때, 결론이 반드시 참이 된다.

(라) ~싫어 → 데리러

싫어

∴ ~데리러

전제가 모두 참이라고 해도 결론이 반드시 참이 되지 않는다.

(마) 유학 → ~군대

~군대 → ~결혼

~결혼 → 헤어짐

∴ ~헤어짐 → ~군대

전제가 모두 참이라고 해도 결론이 반드시 참이 되지 않는다.

따라서 결론이 반드시 참인 논증은 (나), (다)이므로 정답은 ③이다.

02 정답 ①

정답분석

각 논증을 기호화하면 다음과 같다.

ㄱ. 국립대학 교수 → 대통령에 의해 임용

~대통령에 의해 임용

∴ ~국립대학 교수

⇒ '후건 부정법'에 따라 전제가 참일 경우 전제가 반드시 참이므로 타당한 논증이다.

ㄴ. ~여당 지도부 지지 → 새로운 증세안 기각

~새로운 증세안 기각

∴ 여당 지도부지지

⇒ '후건 부정법'에 따라 전제가 참일 경우 결론이 반드시 참이므로 타당한 논증이다.

ㄷ. 본선 2라운드에 진출 → 조별 리그에서 최소 1승

B팀은 조별 리그에서 1승

∴ B팀은 본선 2 라운드에 진출

⇒ '후건 긍정의 오류'이므로 전제가 참일 경우 결론이 반드시 참이 된다고 볼 수 없는 부당한 논증이다.

ㄹ. 총 강의 시간의 1/4 이상 결석 → F학점

C군 논리학 F학점

∴ C군 논리학 1/4 이상 결석

⇒ '후건 긍정의 오류'이므로 전제가 참일 경우 결론이 반드시 참이 된다고 볼 수 없는 부당한 논증이다.

따라서 논증 형식이 같은 것은 ㄱ, ㄴ과 ㄷ, ㄹ이므로 정답은 ①이다.

03 정답 ①

정답분석

지문에 제시된 전제 (가)와 (나)를 기호화하여 정리하면 다음과 같다.

(가) 노인복지 & ~일자리

(나) 공직 → 일자리

빈칸에 들어갈 내용은 논증의 결론이므로 (가)와 (나)를 조합하여 도출될 수 있는 내용이어야 한다. 선택지에 제시된 문장을 간단히 기호화하면 다음과 같다.

① 노인복지 & ~공직

(나)의 대우명제인 '~일자리 → ~공직'과 (가)를 연결하면, '노인복지 & ~공직'이 도출된다. 따라서 빈칸에 들어가기에 적절하다.

(오답분석)

② 공직 & ~노인복지

(가)와 (나)를 연결해도, '공직 & ~노인복지'가 도출된다는 보장이 없다. 따라서 빈칸에 들어가기에 적절하지 않다.

③ 공직 → ~노인복지

(가)와 (나)를 연결해도, '공직 → ~노인복지'가 도출된다는 보장이 없다. 따라서 빈칸에 들어가기에 적절하지 않다.

④ 일자리 & ~노인복지 → ~공직

(가)와 (나)를 연결해도, '일자리 & ~노인복지 → ~공직'이 도출된다는 보장이 없다. 따라서 빈칸에 들어가기에 적절하지 않다.

대표유형 02 논리 퀴즈

p.98

01	02	03	04	
②	③	②	④	

01

정답 ②

(정답분석)

지문에 제시된 조건을 기호화하면 다음과 같다.

- 명제 1: A → B
- 명제 2: A → E
      C → E
- 명제 3: D → B
- 명제 4: ~C → ~B

② A가 참석하면, D도 참석한다는 것은 반드시 참이라 할 수 없다.

(오답분석)

① 명제 1과 명제 4에 의해 A가 참석하면, C도 참석한다는 것은 반드시 참이다.

③ 명제 3과 명제 4에 의해 C가 참석하지 않으면, D도 참석하지 않는다는 것은 반드시 참이다.

④ 명제 2와 명제 4에 의해 E가 참석하지 않으면, B도 참석하지 않는다는 것은 반드시 참이다.

02

정답 ③

(정답분석)

주어진 명제를 기호화하면 다음과 같다.

- 명제 1: 다음 주
- 명제 2: ~월
- 명제 3: (화 & 목) or 월
- 명제 4: ~금 → (~화 & ~수)

명제 2에 의해 월요일에 회의를 개최하지 않는 것이 확정된다. 따라서 명제 3에 의해 화요일과 목요일에는 회의를 개최해야 한다. 화요일에 회의를 개최하는 것이 확정되었으므로 명제 4에서 금요일에도 회의가 개최되는 것이 확정된다. 결국 회의를 반드시 개최하는 날의 수는 화요일, 목요일, 금요일 총 3일이다. 따라서 정답은 ③이다.

03

정답 ②

(정답분석)

지문에 제시된 문장을 기호화하면 다음과 같다.

- 명제 1: 갑 & 을 → 병
- 명제 2: 병 → 정
- 명제 3: ~정

명제 3에서 정이 위촉되지 않는 것이 확정된다. 명제 2에 의해 정이 위촉되지 않으면 병도 위촉되지 않는 것이 확정된다. 명제 1에 의해 병이 위촉되지 않으면 갑이 위촉되지 않거나 을이 위촉되지 않아야 한다.

ㄱ. 병은 위촉되지 않으므로 갑과 병 모두 위촉된다는 것은 참이 아니다.

ㄴ. 을이 위촉되지 않는지는 알 수 없으므로 정과 을 누구도 위촉되지 않는다는 것은 참이 아니다.

ㄷ. 갑~정 중 적어도 한 명은 위촉되어야 하고, 병과 정은 위촉되지 않으므로 갑이 위촉되지 않으면 을은 반드시 위촉되어야 한다.

따라서 반드시 참인 논증은 ㄷ이므로 정답은 ②이다.

04

정답 ④

(정답분석)

지문에 제시된 조건을 기호화하면 다음과 같다.

- 명제 1: 오 → 박
- 명제 2: 박 → 홍
- 명제 3: ~홍 → ~공

④ 명제 1과 명제 2의 대우명제를 연결하면 '~홍 → ~오'를 도출할 수 있다. 따라서 홍 주무관이 회의에 참석하지 않으면, 오 주무관도 참석하지 않는다는 것은 반드시 참이다.

(오답분석)

① 명제 2와 명제 3을 연결해도 '공 → 박'을 도출할 수 없다. 따라서 공 주무관이 회의에 참석하면, 박 주무관도 참석한다는 것은 반드시 참이라고 할 수 없다.

② 명제 1과 명제 2에 의하면 '오 → 홍'이 도출된다. 따라서 오 주무관이 회의에 참석하면, 홍 주무관은 참석하지 않는다는 것은 반드시 참이라 할 수 없다.

③ 명제 2와 명제 3을 연결해도 '~박 → 공'을 도출할 수 없다. 따라서 박 주무관이 회의에 참석하지 않으면, 공 주무관은 참석한다는 것은 반드시 참이라 할 수 없다.

01	**02**	**03**		
③	④	③		

01

정답 ③

정답분석

주어진 문장을 간단히 정리하면 다음과 같다.

1) 지혜 → ~정열
2) 정열 → 고통
3) 사랑 → 정열
4) 정열 → ~행복
5) ~지혜 → (사랑 & ~고통)
6) ~고통 → 지혜

ㄱ. 지혜로운 사람은 행복하다는 것이 반드시 참인지는 알 수 없다.

ㄴ. 3)과 4)를 연결하면, 사랑을 원하는 사람은 행복하지 않다는 것은 반드시 참이다.

ㄷ. 1)과 3)을 연결하면, 지혜로운 사람은 사랑을 원하지 않는다는 것은 반드시 참이다.

따라서 반드시 참인 것은 ㄴ, ㄷ이므로 정답은 ③이다.

02

정답 ④

정답분석

지문에서 기호화가 필요한 문장을 정리하면 다음과 같다.

- 민원 → 홍보
- 인사만 선호
- ~민원 ∧ ~인사
- ~세 개 이상 선호
- 갑:기획
- 을:민원

ㄱ. 민원, 홍보, 인사, 기획 업무 중 갑은 기획 업무를 선호하고, 을은 민원 업무를 선호하므로 갑도 을도 선호하지 않을 수 있는 업무는 홍보나 인사이다. 첫 번째 명제에 따르면 을은 홍보 업무도 선호하므로 갑도 을도 선호하지 않는 어떤 업무는 인사가 될 수 있다. 그런데 세 번째 명제에 따라 을이 인사 업무를 선호하지 않는 것은 확인되지만, 갑이 인사 업무를 선호하지 않는지는 주어진 조건만으로는 알 수 없다. 따라서 어떤 업무는 갑도 을도 선호하지 않는다는 것이 반드시 참이라고 할 수 없다.

ㄴ. 첫 번째 명제와 여섯 번째 명제에 따라 을은 홍보 업무를 선호한다. 또한 첫 번째 명제에서 '그 역은 성립하지 않는다'고 했으므로 민원 업무는 선호하지 않고 홍보 업무만 선호하는 사람이 적어도 한 명이 있다. 따라서 적어도 두 명 이상의 신입사원이 홍보 업무를 선호한다는 것은 반드시 참이다.

ㄷ. 민원, 홍보, 인사, 기획 업무 중 갑은 기획 업무를 선호하고, 을은 민원 업무와 홍보 업무를 선호한다. 또한 두 번째 명제에 따라 인사 업무만 선호하는 사원이 있다. 따라서 조사 대상이 된 업무 중에, 어떤 신입사원도 선호하지 않는 업무는 없다는 것은 반드시 참이다.

따라서 반드시 참인 것은 ㄴ, ㄷ이므로 정답은 ④이다.

03

정답 ③

정답분석

지문에서 기호화가 필요한 문장을 정리하면 다음과 같다.

- 공직 자세 → 리더십
- 글로벌 → 직무 & 전문성
- ~리더십 or ~전문성

ㄱ. 위의 세 문장을 연결하면 '공직 자세 → ~글로벌'이 도출된다. 따라서 갑은 <공직 자세 교육과정>을 이수하지 않거나 <글로벌 교육과정>을 이수하지 않는다는 것은 반드시 참이다.

ㄴ. 두 번째 명제의 대우명제는 '~직무 or ~전문성 → ~글로벌'이다. 따라서 갑이 <직무 교육과정>을 이수하지 않는다면 <글로벌 교육과정>도 이수하지 않는다는 것은 반드시 참이다.

ㄷ. 갑이 <공직 자세 교육과정>을 이수하지 않는다는 것은 주어진 정보로는 알 수 없다.

따라서 반드시 참인 것은 ㄱ, ㄴ이므로 정답은 ③이다.

PART 3 독해

대표유형 01 중심 내용
p.128

01 ③	02 ④			

대표유형 02 내용 이해 및 부합
p.136

01 ②	02 ④	03 ③	04 ②	

01
정답 ③

정답분석

글의 중심 내용은 일상적으로 몸에 익히게 된 행위의 대부분이 뇌의 구조나 생리학적인 상태에 의해 이미 정해진 방향으로 연결되어 있다는 것이다. 두 번째 단락의 언어 사용 행위와 세 번째 단락의 사유 행위는 그에 대한 사례로 제시되어 있다. 따라서 일상적인 인간 행위는 대부분 의식하지 않고도 자동적으로 이루어진다는 것이 글의 중심 내용으로 가장 적절하므로 정답은 ③이다.

02
정답 ④

정답분석

마지막 단락의 '기다리지 못함도 삼가고 아무것도 안함도 삼가야 한다. 작동 중에 있는 자연스런 성향이 발휘되도록 기다리면서도 전력을 다할 수 있도록 돕는 노력도 멈추지 말아야 한다.'가 필자가 글에서 최종적으로 하고자 하는 말이다. 따라서 '잠재력을 발휘하도록 하려면 의도적 개입과 방관적 태도 모두를 경계해야 한다.'는 것이 글의 주제로 가장 적절하므로 정답은 ④이다.

01
정답 ②

정답분석

② 세 번째 단락에 따르면 「절정」에서 시인은 극한의 위기를 담담히 대면한 채, "이러매 눈감아 생각해" 보면서 현실을 새롭게 규정한다. 따라서 투사가 처한 현실적 조건을 외면하지 않고 새롭게 인식한다고 볼 수 있다.

오답분석

① 두 번째 단락에 따르면 「절정」에는 투사가 처한 극한의 상황이 매서운 계절의 특성을 빌어 설명되고 있지만, 뚜렷한 계절의 변화로 드러난다고 볼 수는 없다.

③ 「절정」은 시의 구성이 투사가 처한 현실과 시인의 현실에 대한 새로운 인식이라는 두 부분으로 나누어진다. 그러나 투사와 시인이 반목과 화해를 거듭한다고 볼 수는 없다.

④ 세 번째 단락에 따르면 「절정」에는 냉엄한 현실에 처한 투사의 상황과 인간과 역사에 대한 희망을 놓지 않으려는 시인의 면모가 동시에 담겨 있다.

02
정답 ④

정답분석

④ 두 번째 단락에 따르면 고대 이집트 상형문자는 완전한 문자 체계이므로 구어의 범위를 포괄한다.

오답분석

① 두 번째 단락에 따르면 원시 수메르어 문자 체계는 구어로는 하지 못할 일을 하기 위해 쓰여졌으므로 구어를 보완하는 도구였다.

② 두 번째 단락에 따르면 원시 수메르어 문자 체계로는 자기 마음을 표현하는 시를 적고 싶더라도 그렇게 할 수 없었다. 따라서 감정을 표현하는 일에 적합하지 않았다.

③ 첫 번째 단락에 따르면 원시 수메르어 문자 체계는 두 종류의 기호를 사용했는데, 한 종류는 숫자를 나타냈고, 다른 종류의 기호는 사람, 동물, 사유물, 토지 등을 나타냈다. 따라서 원시 수메르어 문자는 사물과 숫자를 나타내는 데 상이한 종류의 기호를 사용하였다.

03

정답분석

③ 두 번째 단락에 따르면 공여국 쪽에서는 실제 도움이 절실한 개인들에게 우선적으로 혜택이 가기를 원하지만, 수혜국 쪽에서는 자국의 경제 개발에 필요한 부문에 개발원조를 우선 지원하려고 한다. 따라서 개발원조에서 공여국과 수혜국이 생각하는 지원의 우선순위는 일치하지 않는다.

오답분석

① 공여국은 수혜국에서 실제 도움이 절실한 개인들에게 우선적으로 혜택이 가기를 원하는 것이지, 문화 부문에 원조의 혜택이 돌아가기를 원하는 것은 아니다.

② 두 번째 단락에 따르면 수혜국 쪽에서는 자국의 경제 개발에 필요한 부문에 개발원조를 우선 지원하려고 한다. 그러므로 수혜국이 자국의 빈민에게 원조의 혜택이 우선적으로 돌아가기를 원하는 것은 아니다.

④ 개발원조를 받았어도 라틴 아메리카와 아프리카의 많은 나라들이 부채에 시달리고 있지만, 그 위기가 원조정책에서 기인한다고 볼 수는 없다.

04

정답 ②

정답분석

ㄱ. 사업에 대한 책임이 투자자에게만 있으면 무다라바이지만, 사업자에게만 있는 경우는 규정되어 있지 않다. 따라서 사업에 대한 책임이 투자자가 아니라 사업자에게만 있으면 무다라바가 아니라 무샤라카라는 것은 글의 내용과 부합하지 않는다.

ㄴ. 투자자와 공동으로 사업에 대한 책임과 이익을 나누어 가지면 무샤라카이므로 은행과 사업자가 공동으로 투자하여 사업을 수행하고 이익을 배분하면 무샤라카가 아니라 이스티스나라는 것은 글의 내용과 부합하지 않는다.

ㄷ. 은행이 소유권을 그대로 보유하면 이자라이므로 은행이 채무자가 원하는 부동산을 직접 매입 후 소유권 이전 없이 채무자에게 임대하면 무라바하가 아니라 이자라라는 것은 글의 내용과 부합한다.

따라서 글의 내용과 부합하는 것은 ㄷ이므로 정답은 ②이다.

01	02	03	04	
②	①	①	①	

01

정답 ②

정답분석

② 두 번째 단락에 따르면 '흰머리'는 용언의 관형사형과 명사가 결합한 합성명사로 통사적 합성어이기 때문에 적절한 추론으로 볼 수 없다. 참고로 '흰머리'는 앞 성분이 뒤 성분을 수식하는 합성어이므로 종속합성어이다.

오답분석

① 두 번째 단락에 따르면 종속합성어는 앞 성분이 뒤 성분을 수식하는 합성어이다. 이에 따르면 아버지의 형을 이르는 '큰아버지'는 종속합성어이다.

③ 첫 번째 단락에 따르면 어휘 의미를 지닌 두 요소가 결합해 이루어진 단어를 합성어라 한다. 따라서 '늙은이'는 어휘 의미를 지닌 두 요소가 결합해 이루어진 단어이다.

④ 두 번째 단락에 따르면 용언 어간과 명사가 결합한 합성명사는 비통사적 합성어이다. 따라서 동사 '먹다'의 어간인 '먹'과 명사 '거리'가 결합한 '먹거리'는 비통사적 합성어이다.

02

정답 ①

정답분석

① 첫 번째 단락에 따르면 가새는 수평 하중에 취약한 구조를 보완하기 위해 기둥과 보 사이에 넣어주는 것이다. 따라서 가새는 수직 하중에 약한 구조를 보완한다는 것은 글에서 추론할 수 없다.

오답분석

② 두 번째 단락에 따르면 기둥과 보 그리고 가새가 서로 연결되어 삼각형 형태를 이루면 목조 건축물의 골조는 더 안정된 구조를 이룰 수 있다. 따라서 가새는 목조 골조 구조의 안정성을 향상시킨다고 추론할 수 있다.

③ 두 번째 단락에 따르면 가새의 크기와 그것이 설치될 위치를 설계할 때에는 수평 하중의 영향만을 고려한다는 것을 추론할 수 있다.

④ 두 번째 단락에 따르면 가새는 하나의 보와 이 보의 양 끝에 수직으로 연결된 두 기둥에 설치되므로 마주보는 짝으로 구성된다. 따라서 가새는 대부분 하나의 보를 받치는 두 개의 기둥 각각에 설치되므로 한 쌍으로 이루어진다는 것을 추론할 수 있다.

03
정답 ①

정답분석

ㄱ. 두 번째 단락에서 신경세포 사이의 신호 전달은 신경전달물질에 의해 이루어지는데, 이 신경전달물질은 세포 사이에 존재하는 공간을 통해 확산되어 근거리에 있는 표적세포에 작용하므로 측분비 방법을 통해 이루어진다는 것을 추론할 수 있다.

ㄴ. 두 번째 단락에서 표적 세포에 반응을 일으키는 데 걸리는 시간은 호르몬이 신경전달물질보다 더 오래 걸린다고 제시되어 있으므로, 내분비 방법이 측분비 방법보다 표적세포에서 더 느린 반응을 일으킨다고 추론할 수 있다.

ㄷ. 하나의 세포가 표적세포로 신호를 전달하기 위한 방법으로는 신호 전달 물질의 분비가 필수적인 측분비 방법과 내분비 방법 외에 신호 전달 물질의 분비가 필요하지 않은 직접 결합 방법도 제시되어 있으므로 옳지 않다.

따라서 적절한 추론은 ㄱ이므로 정답은 ①이다.

04
정답 ①

정답분석

① A형 응집원만을 선택적으로 제거한 A형 적혈구를 B형인 사람에게 수혈해도 응집소 α와 결합하여 응집 반응을 일으킬 A형 응집원이 없으므로 응집 반응이 일어나지 않음을 추론할 수 있다.

오답분석

② B형 응집원만을 선택적으로 제거한 AB형 적혈구를 A형인 사람에게 수혈하면 응집소 β와 결합하여 응집 반응을 일으킬 B형 응집원이 없으므로 응집 반응이 일어나지 않음을 추론할 수 있다.

③ 응집소 β를 선택적으로 제거한 O형 혈장을 A형인 사람에게 수혈하면 A형 응집원과 응집소 α가 결합하여 응집 반응이 일어남을 추론할 수 있다.

④ O형인 사람은 응집소 α와 응집소 β를 모두 가지고 있으므로 A형, B형, AB형 적혈구를 수혈 받을 경우 응집 반응이 일어남을 추론할 수 있다.

대표유형
04 빈칸 추론
p.156

01	02	03		
①	④	②		

01
정답 ①

정답분석

㉠: '남(南)이냐 북(北)이냐'라는 민감한 주제를 격화된 이념 대립의 공론장에 던지는 것은, 자신을 둘러싼 세계와 고투하면서 당대의 공론장에서 기꺼이 논의해볼 만한 의제를 산출해낼 때 확보되는 '문제의 현실성'과 연결된다.

㉡: 작품의 시공간으로 당시 남한과 북한을 소설적 세계로 선택한 것은, 우리가 살고 있는 이 입체적인 시공간에서 특히 의미 있는 한 부분을 도려내어 서사의 무대로 삼는 '세계의 현실성'과 연결된다.

㉢: 주인공이 남과 북 모두를 거부하고 자살을 선택하는 결말은, 한 사회가 완강하게 구조화하고 있는 '가능한 것'과 '불가능한 것'의 좌표를 흔들면서 특정한 선택지를 제출하는 '해결의 현실성'과 연결된다.

02
정답 ④

정답분석

④ 연구팀은 실험 참가자가 따돌림을 당할 때 그의 뇌에서 전두엽의 전대상피질 부위가 활성화된다는 것을 확인했고, 이는 인간이 물리적 폭력을 당할 때 활성화되는 뇌의 부위라고 결론을 내리고 있으므로 빈칸에 들어갈 결론으로 가장 적절한 것은 '따돌림을 당할 때와 물리적 폭력을 당할 때의 심리적 상태는 서로 다르지 않다'는 것이다.

03
정답 ②

정답분석

㉠: '이러한 상황'은 '두수를 늘린 농부의 경우 그의 이익이 기존보다 조금 늘어난다. 손실을 만회하기 위해 다른 농부들도 사육 두수를 늘리고자 할 것이다.'이므로, ㉠에 들어갈 말로 적절한 것은 '농부들의 총이익은 기존보다 감소할 것이다.'이다.

㉡: 아담 스미스의 '보이지 않는 손'에 시장을 맡겨 둘 경우는 '목초지의 수용 한계를 넘어 양을 키울 경우, 목초가 줄어들어 그 목초지에서 양을 키워 얻을 수 있는 전체 생산량이 줄어든다. 나아가 수용 한계를 과도하게 초과할 정도로 사육 두수가 늘어날 경우 목초지 자체가 거의 황폐화된다.'는 결과가 초래되므로, ㉡에 들어갈 말로 적절한 것은 '한 사회의 전체 이윤이 감소하는'이다.

따라서 정답은 ②이다.

01	**02**	**03**		
③	④	①		

01	**02**	**03**		
③	②	③		

01 정답 ③

(정답분석)

③ "언니는 아버지가 너무 건강을 염려하신다고 말했다."는 '아버지'가 '염려하신다'고 직접 높이고 있는 것이므로 '직접존경'의 사례에 해당한다.

(오답분석)

① ㉠의 '간접존경'이란 존경의 대상과 긴밀한 관련을 가지는 인물이나 사물 등을 높이는 것이다. 따라서 "고모는 자식이 다섯이나 있으시다."는 고모를 직접 높이는 것이 아니라 고모와 관련이 있는 '고모의 자식'을 높이는 것이므로 ㉠에 해당하는 사례이다.

② "할머니는 다리가 아프셔서 병원에 다니신다."는 할머니와 관련이 있는 '다리'를 높이는 것이므로 ㉠에 해당하는 사례이다.

④ "할아버지는 젊었을 때부터 수염이 많으셨다고 들었다."는 할아버지와 관련이 있는 '수염'을 높이는 것이므로 ㉠에 해당하는 사례이다.

02 정답 ④

(정답분석)

④ '칭찬과 비판 여부에 상관없이 어느 조종사가 유난히 비행을 잘하거나 못했다면 그 다음 번 비행에서는 평균적인 수준으로 돌아갈 확률이 높다.', '어떤 사건이 극단적일 때에 같은 종류의 다음 번 사건은 그만큼 극단적이지 않기 마련이다.'와 같은 문장에 주목하면 ㉠의 의미로 가장 적절한 것은 '뛰어난 비행은 평균에서 크게 벗어난 사례라서 연속해서 발생하기 어렵다.'는 것이다.

03 정답 ①

(정답분석)

㉠: 알고리즘A는 페로몬이 많은 쪽의 경로를 선택하여 이동하는 것으로 설명되는데, 이것은 각 개체가 다수의 개체들이 선택하는 경로를 이용하여 자신의 이동 방향을 결정하는 특성인 '정렬성'과 연결된다.

㉡: 알고리즘B는 상대방의 반짝거림에 맞춰 결국엔 한 마리의 거대한 반딧불이처럼 반짝거리는 것을 지속하는 것으로 설명되는데, 이것은 각 개체가 주변 개체들과 동일한 행동을 하는 특성인 '결합성'과 연결된다.

01 정답 ③

(정답분석)

③ ㉢은 '질병 치료를 목적으로 개발한 신약만 승인받을 수 있는데'라는 표현과 맞지 않는다. 따라서 이 부분을 "질병으로 보지 않은 탓에 노화를 멈추는 약은 승인받을 수 없었다"로 고치는 것은 적절하다.

(오답분석)

① ㉠은 '젊고 건강한 상태로 수명을 연장할 수 있다'라는 표현과 연결되므로 이를 "늙고 병든 상태에서 담담히 죽음의 시간을 기다린다"로 고치는 것은 적절하지 않다.

② ㉡이 '젊음을 유지한 채 수명을 늘리는 것은 충분히 가능하다'라는 표현과 연결되므로 이를 "노화가 진행되기 전의 신체를 노화가 진행된 신체"로 고치는 것은 적절하지 않다.

④ ㉣은 '이를 통해 유전자를 조작하는 방식으로 노화를 막을 수 있다.'라는 표현과 연결되므로 이를 "노화가 더디게 진행되는 사람들의 유전자 자료를 데이터화하면 그들에게서 노화를 촉진"으로 고치는 것은 적절하지 않다.

02 정답 ②

(정답분석)

② ㉡: '표준적인 언어생활의 확립과 일상적인 국어 생활을 향상하기 위해'는 '대등한 것끼리 접속할 때는 구조가 같은 표현을 사용할 것'이라는 원칙에 맞지 않으므로 '표준적인 언어생활의 확립과 일상적인 국어 생활의 향상을 위해'로 수정하는 것이 적절하다.

(오답분석)

① ㉠: '안내 알림'은 '중복되는 표현을 삼갈 것'이라는 원칙에 어긋나므로 '안내'로 수정하는 것이 적절하다.

③ ㉢: '표준 정보가 제공되고 있습니다'는 '주어와 서술어를 호응시킬 것'이라는 원칙에 맞지 않으므로 '표준 정보를 제공하고 있습니다'로 수정하는 것이 적절하다.

④ ㉣: '일반 국민도 알기 쉬운 표현으로 개선하여'는 '필요한 문장 성분이 생략되지 않도록 할 것'이라는 원칙에 맞지 않으므로 '의약품 용어를 일반 국민도 알기 쉬운 표현으로 개선하여'로 수정하는 것이 적절하다.

03

정답분석

ㄱ. 두 번째 단락에 따르면 최근 야생 조류 고병원성 AI 바이러스 검출 사례는 2020년 10월 25일부터 11월 21일까지 경기도에서 3건, 충남에서 2건이 발표되었고, 가금류 고병원성 AI 바이러스 검출 사례는 전국에서 총 3건이 발표되었다. 그런데 <표>에 제시된 바이러스 검출 현황은 '야생 조류 AI 바이러스' 검출 현황이므로 가금류의 검출 현황은 제외되어야 한다. 따라서 <표>의 고병원성 AI 항목의 "8건"을 "5건"으로 수정하는 것이 적절하다.

ㄴ. 두 번째 단락에 따르면 야생 조류 AI 바이러스가 검출되고 나서 고병원성 여부를 확인하기 위해 정밀 검사를 하는 데 상당한 기간이 소요되므로, 아직 검사 중인 것이 9건이다. 따라서 <표>의 검사 중 항목의 "9건"은 옳은 내용이므로 이를 "8건"으로 수정하는 것은 적절하지 않다.

ㄷ. 두 번째 단락에 따르면 야생 조류 AI 바이러스 검출 현황은 고병원성 AI, 저병원성 AI, 검사 중으로 분류하고 바이러스 미분리는 야생 조류 AI 바이러스 검출 현황에 포함하지 않는다. 따라서 <표>의"바이러스 미분리" 항목을 삭제하는 것은 적절하다.

따라서 적절한 것은 ㄱ, ㄷ이므로 정답은 ③이다.

대표유형 07 문단 배열

p.186

01	02			
③	②			

01

정답분석

③ (라)의 마지막 문장에서 '스토리텔링 전략이 필요하다.'라는 부분과 (나)의 '스토리텔링 전략에서 제일 먼저 해야 할 일'과 연결된다. 따라서 (라)-(나) 순서가 됨을 추론할 수 있다. (가)의 첫 문장에서 '참신한 인물을 창조해야 한다.'는 표현과 (다)의 첫 문장에서 '이 같은 인물 창조'라는 표현이 연결된다. 따라서 (가)-(다) 순서가 됨을 추론할 수 있다. 한편 (가)는 '다음으로'라는 표현으로 시작하고 있으므로 맨 앞에 올 단락은 아니다. 따라서 이를 조합하면 '(라) - (나) - (가) - (다)'가 맥락에 맞는 문단 배열로 가장 적절하다.

02

정답분석

ㄱ. 연말정산 자동 상담 시스템을 개발할 경우 15%의 이용자 불만 감소 효과가 전망된다는 것은 연말정산 자동계산 프로그램 사용 방법과 관련이 없으므로 현황 분석 부분에 들어갈 내용으로 적절하지 않다.

ㄴ. 연말정산 기간을 정확하게 알지 못해 마감 기한이 지나서 세무서를 방문하는 사람이 전년 대비 15% 증가하였다는 것은 연말정산 자동계산 프로그램 사용 방법과 관련이 없으므로 현황 분석 부분에 들어갈 내용으로 적절하지 않다.

ㄷ. 연말정산 기간 중 세무서 전체 월 평균 상담 건수는 약 128만 건으로 평상시 11만 건보다 크게 증가했는데, 그 이유는 연말정산 자동계산 프로그램 사용 방법에 관한 문의 전화가 폭주했기 때문이라는 내용은 연말정산 자동계산 프로그램 사용 방법과 관련이 있으므로 현황 분석 부분에 들어갈 내용으로 적절하다.

따라서 적절한 내용은 ㄷ이므로 정답은 ②이다.

하프모의고사   p.190

01	02	03	04	05
④	③	②	②	③
06	**07**	**08**	**09**	**10**
②	③	②	③	①

01   정답 ④

정답분석

④ 보도자료의 부제에 '시민 행동 요령 안내'에 대한 언급이 있는데도 불구하고 본문 내용에는 이에 대한 언급이 없으므로, 시민들이 황사 피해를 최소화할 수 있는 행동 요령과 그 안내 계획을 추가하는 것이 적절하다.

오답분석

① 보도자료의 제목은 전체 내용을 포괄하여 제시해야 하므로 '불청객 황사, 봄철 국민 건강을 위협하는 주범입니다'로 수정하는 것은 적절하지 않다.

② 보도자료의 주제와 방향을 설정하는 문장이므로 삭제하는 것은 적절하지 않다.

③ 중국 북부지역 가뭄 원인과 중국 정부의 대처 방안은 보도 자료의 내용과 관련성이 없으므로 이를 추가하는 것은 적절하지 않다.

02   정답 ③

정답분석

③ 두 번째 단락에 따르면 해이해진 기강을 단속하여 백성을 잘 다스린다는 평가를 받는 수령들은 남형이나 혹형, 남살을 일삼는 경우가 많았다. 따라서 남형, 혹형, 남살을 일삼는 수령들이 유능하다는 평가를 받기도 하였다는 것을 알 수 있다.

오답분석

① 포교의 비리보다 포졸의 비리가 더 많았는지는 글에서 알 수 없다.

② 첫 번째 단락에 따르면 수령은 범죄의 유형이나 정도에 상관없이 태형 50대 이하의 처벌은 언제나 실행할 수 있고 경우에 따라서는 최고 형벌인 사형도 내릴 수 있는 사법권을 가지고 있었다. 따라서 법적으로 허용된 수령의 처벌권은 50대 이하의 태형에 국한되었다는 것은 알 수 없다.

④ 글에서 법전에 규정된 사법권을 벗어나는 남형, 혹형, 남살 등의 불법적인 폭력이 문제됨을 얘기하고 있으므로 법전에 규정된 수령의 사법권은 사회 불안을 조장하는 주요 요소였다는 것은 알 수 없다.

03   정답 ②

정답분석

빈칸에 들어갈 단어를 찾아내기 위해서는 A기술과 한 종류의 액체를 여러 배수관에 동시에 흘려보내는 것과의 비유를 정확히 알아야 한다. A기술은 마치 한 종류의 액체를 여러 배수관에 동시에 흘려보내 가장 빨리 나오는 배수관의 액체를 선택하는 것에 비유할 수 있다. 또한 'A기술을 사용하면 하나의 송신기로부터 전송된 하나의 신호가 다중 경로를 통해 안테나에 수신된다.'는 부분과 'A기술은 수신된 신호들 중 가장 큰 것을 선택하여 안정적인 송수신을 이루려는 것이다.'라는 부분에서, '한 종류의 액체'에 비유되는 것이 ㉠, '여러 배수관'과 비유되는 것이 ㉡임을 알 수 있다. 그러므로 ㉠은 '신호', ㉡은 '경로'가 들어가는 것이 적합하다.

04   정답 ②

정답분석

② 갑의 주장과 을의 주장 모두 현대 사회를 계급 사회라고 보는 것이므로 을의 주장은 갑의 주장과 대립하지 않는다.

오답분석

① 갑은 현대 사회를 계급 사회로 보고 있으므로 을의 주장에 동의하고 있다. 갑이 을의 주장 중 일부를 반박한다는 것은 옳지 않다.

③ 갑은 현대 사회의 문화가 다양하다는 병의 전제를 받아들이지만, 병과 달리 현대 사회를 계급 사회로 보고 있다. 따라서 갑과 병은 유사한 전제에서 상이한 결론을 도출하고 있다.

④ 갑은 현대 사회를 계급 사회라고 주장하고, 을도 현대 사회에 빈부 격차에 따른 계급이 존재한다고 주장한다. 병은 현대 사회를 계급 사회로 보기는 어렵다고 주장하기 때문에 병의 주장은 갑의 주장과 을의 주장 모두와 대립한다.

05

정답분석

<보기>의 조건을 정리하면 다음과 같다.

- 명제 1: 정기적금 → 변액보험
- 명제 2: 주식형 펀드 or 해외펀드 (배타)
- 명제 3: 의료보험 → ~변액보험
- 명제 4: 해외펀드 → ~주택마련저축
- 명제 5: 연금저축 or 주택마련저축 or 정기적금 (최소한 두 가지)

발문에서 '의료보험'이 확정이므로 명제 3에 의해 '~변액보험'이 확정되고, 따라서 명제 1에 의해 '~정기적금'이 확정된다. 명제 5에 따라 '연금저축'과 '주택마련저축'이 확정되고, 명제 4에 의해 '~해외펀드'가 확정된다. 따라서 명제 2에 따라 '주식형 펀드'가 확정되므로 정답은 ③이다.

06

정답 ②

정답분석

ㄱ. 2단락에서 '담배 두 갑에 들어 있는 니코틴이 화학적으로 정제되어 혈류 속으로 주입된다면, 그것은 치사량이 된다.'고 되어 있을 뿐 화학적으로 정제된 니코틴이 폐암을 유발하는지는 추론할 수 없다.

ㄴ. 2단락의 '이미 18세기 이후 영국에서는 타르를 함유한 그을음 속에서 일하는 굴뚝 청소부들이 다른 사람들보다 피부암에 더 잘 걸린다는 것이 정설이었다.'는 문장에서, 19세기에 타르와 암의 관련성이 이미 보고되어 있었다는 것은 추론할 수 있는 내용임을 알 수 있다.

ㄷ. 니코틴과 타르 모두 지문에 언급된 용어이지만, 동시에 신체에 흡입될 경우 폐암 발생률은 급격히 증가하는지는 추론할 수 없다.

따라서 추론할 수 있는 내용은 ㄴ이므로 정답은 ②이다.

07

정답 ③

정답분석

③ 아이들의 게임 시간을 하루 1시간 이상으로 늘려도 성적에 변화가 없다는 것은, 게임 시간을 통제하면 성적에 영향을 미칠 수 있다는 글의 결론과 반대되는 사례이므로 글의 결론을 약화한다.

오답분석

① 게임을 하는 시간과 책 읽는 시간 중 어느 시간이 더 많은지는 위 글의 결론과 관련이 없으므로 이는 위 글의 결론을 강화하지 못한다.

② 하루 1시간 이상 3시간 이내 게임을 하던 아이들의 게임 시간을 줄였으나 성적이 오르지 않았다면, 이는 위 글의 결론과 일치하지 않으므로 강화한다고 볼 수 없다.

④ 평균 이하의 성적을 보이는 아이들이 대부분 하루에 3시간 이상씩 게임을 하였다면, 게임 시간을 통제하면 성적에 영향을 미칠 수 있다는 글의 결론을 강화하는 사례가 될 수 있다.

08

정답 ②

정답분석

② 두 번째 단락에 따르면 고소설인 영웅소설에서 주인공은 적대자에 의해 원점에서 분리되어 고난을 겪는다. 세 번째 단락에서 「무정」의 이형식은 영채와 함께하던 기억인 이상적 고향을 박진사의 죽음으로 상실하게 된다. 따라서 그들은 이상적 원점을 상실했다는 공통점을 가지고 있다.

오답분석

① 「무정」은 회귀의 크로노토프를 부정하고, 고소설은 회귀의 크로노토프를 따르고 있으므로 「무정」과 고소설은 회귀의 크로노토프를 부정한다는 점에서 공통적이라고 보는 것은 옳지 않다.

③ 세 번째 단락에 따르면 「무정」에서 이형식이 박영채와 결합했다면 이상적 상태의 고향을 회복할 수 있었을 것이지, 새로운 미래로서의 종결점에 도달할 수 있었을 것이라 예측할 수는 없다.

④ 첫 번째 단락에 따르면 가정소설에서 가장을 중심으로 가족 구성원들이 평화롭게 공존하는 가정이 돌아가야 할 원점이다. 따라서 가정소설은 가족 구성원들이 평화롭게 공존하는 결말을 통해 상실했던 원점으로 복귀한다고 볼 수 있다.

09

정답 ③

정답분석

③ ⊙의 '돌아간다'는 의미는 '회귀한다', '복귀한다'의 의미이다. 따라서 "잃어버린 동심으로 돌아가고 싶었다"는 문장에서 '돌아간다'의 의미와 가장 가깝다.

오답분석

① "전쟁은 연합군의 승리로 돌아갔다."에서 '승리로 돌아갔다'는 것은 '승리를 차지했다'는 의미이므로 ⊙의 의미와는 다르다.

② "사과가 한 사람 앞에 두 개씩 돌아간다."에서 '돌아간다'는 '나누어 갖다'는 의미이므로 ⊙의 의미와는 다르다.

④ "그녀는 자금이 잘 돌아가지 않는다며 걱정했다."에서 '자금이 잘 돌아간다'는 것은 '자금이 잘 순환된다'는 의미이므로 ⊙의 의미와는 다르다.

10

정답 ①

정답분석

주어진 문장을 기호화하여 간단히 정리하면 다음과 같다.

- 전제 1: 주관적 판단 → 우연적 요소
- 전제 2: 우연적 요소 → ~보편적 적용
- 전제 3: ~보편적 적용 → ~객관성
- 전제 4: ⊙ 하나의 명제
- 결론: 주관적 판단 → ~도덕 규범

기출 변형 하프모의고사 **15**

해커스공무원 조은정 알기쉽고 논리 독해 기본서

① 전제 1, 전제 2, 전제 3을 연결하면 '주관적 판단 → ~객관성'이므로 '주관적 판단 → ~도덕 규범'이라는 결론이 나오기 위해서는 '~객관성 → ~도덕 규범'이라는 연결고리가 필요하다. 따라서 ⊙으로 가장 적절한 것은 객관성이 보장되지 않는 규범은 어느 것도 도덕 규범이 아니라는 것이다.

오답분석

② '객관성 → 보편적 적용'이 추가되어도 '주관적 판단 → ~도덕 규범'이라는 결론이 도출되지 않는다. 따라서 객관성이 보장되는 규범은 그것이 무엇이든 보편적으로 적용된다는 것은 ⊙으로 적절하지 않다.

③ '보편적 적용 → ~우연적 요소'가 추가되어도 '주관적 판단 → ~도덕 규범'이라는 결론이 도출되지 않는다. 따라서 보편적으로 적용되는 규범은 어느 것도 우연적 요소에 좌우되지 않는다는 것은 ⊙으로 적절하지 않다.

④ '주관적 판단 & ~보편적 적용 & 도덕 규범'이 추가되어도 '주관적 판단 → ~도덕 규범'이라는 결론이 도출되지 않는다. 따라서 주관적 판단에 의존하면서 보편적으로 적용되지 않는 도덕 규범이 있다는 것은 ⊙으로 적절하지 않다.

2회 하프모의고사

p.196

01	02	03	04	05
②	①	④	①	④
06	07	08	09	10
④	④	②	②	③

01

정답 ②

정답분석

첫 단락의 마지막 문장에서 '약물의 오남용'에 대해 말하고 있으므로 우선 '오남용'의 개념을 정의하고 있는 (나)가 이어지고, 이후에 '약물의 오남용'에 대한 결과를 언급하는 (라)가 이어지는 것이 적절하다. (가)는 '더구나'라는 표현으로 (라)에서 언급하고 있는 약물 오남용의 결과를 부연하고 있으므로 (라) 뒤에 이어지는 것이 적절하다. (다)는 '그러므로'라는 표현으로 지문 전체를 정리하여 최종 주장을 하고 있으므로 마지막에 위치하는 것이 적절하다. 따라서 맥락에 따라 가장 적절한 배열은 (나) - (라) - (가) - (다) 이다.

02

정답 ①

정답분석

① 방금 들은 전화번호를 받아 적기 위한 기억은 단기기억을 의미하고, 신경세포 간 연결의 장기 상승 작용이 중요하다는 것은 단기기억의 주요 특징이므로 지문에서 추론할 수 있는 내용이다.

오답분석

② 두 번째 단락에서 해마는 기존의 장기기억을 유지하거나 변형하는 부위는 아니라고 제시하고 있으므로, 해마가 손상되면 이미 습득한 자전거 타기와 같은 운동 기술을 실행할 수 없게 된다는 것은 지문에서 추론할 수 없는 내용이다.

③ 첫 번째 단락에서 장기기억과 단기기억 모두 대뇌피질에 저장된다고 제시하고 있으므로, 장기기억은 대뇌피질에 저장되지만 단기기억은 해마에 저장된다는 것은 지문에서 추론할 수 없는 내용이다.

④ 세 번째 단락에서 보면 글루탐산은 단기기억에 중요한 역할을 하는 것이므로, 글루탐산이 신경세포 간의 새로운 연결의 형성을 유도한다는 것은 지문에서 추론할 수 없는 내용이다.

03
정답 ④

정답분석

④ 세 번째 단락에서 조소앙의 주장은 대한민국 임시정부에 참여한 독립운동가들로부터 열렬한 지지를 받았다고 되어 있는데, 첫 번째 단락에 따르면 조소앙의 주장 중 대한민국은 민주공화제로 함이 포함되어 있으므로 대한민국 임시정부를 만드는 데 참여한 독립운동가들은 민주공화제를 받아들이는 데 합의했다고 볼 수 있다.

오답분석

① 세 번째 단락에 따르면 건국강령은 1941년에 발표되었고, 첫 번째 단락에 따르면 대한민국임시헌장은 임시정부를 만들기 위한 첫걸음으로 채택한 것이므로 대한민국 임시정부는 건국강령을 통해 대한민국임시헌장을 공포했다는 것은 옳지 않다.

② 두 번째 단락에 따르면 대동단결선언은 조소앙이 3·1운동 이전에 발표한 것이므로 대한민국 임시정부의 요청을 받아들여 대동단결선언을 만들었다고 볼 수 없다.

③ 세 번째 단락에 따르면 제헌국회는 대한민국임시헌장에 담긴 정신을 계승했고 제헌헌법에 우리나라의 명칭을 '대한민국'이라고 한 내용이 있지만, 대한제국의 정치 제도를 계승하기 위해 '대한민국'이라는 국호를 사용한 것이라 볼 수는 없다.

04
정답 ①

정답분석

첫 실험에서 말벌은 솔방울들이 치워진 그 둥지로 가지 않고 원형으로 배치된 솔방울들의 중심으로 날아갔고, 이에 말벌이 방향을 찾을 때 솔방울이라는 물체의 재질에 의존한 것인지 혹은 솔방울들로 만든 모양에 의존한 것인지를 알아내기 위해 다시 실험한 결과, 돌아온 말벌이 원형으로 배치된 돌멩이들의 중심으로 날아가는 것을 관찰할 수 있었다. 따라서 이 실험을 통해 A는 먹이를 찾으러 간 말벌이 둥지로 돌아올 때, '물체의 재질보다 물체로 만든 모양에 의존하여 방향을 찾는다'는 결론에 이르렀다는 것이 가장 적절하므로 정답은 ①이다.

05
정답 ④

정답분석

④ 고대사회의 축제가 경제적인 잉여를 해소하는 기제로 작용했다는 것은 고대사회에 경제적 잉여가 존재했다는 의미이다. 이는 고대사회가 생계경제에 따랐다는 것이 옳지 않다는 글의 입장과 동일하므로 강화하는 내용으로 적절하다.

오답분석

① 글에서 생계경제 체제는 경제적 잉여가 없는 것이므로 고대사회가 경제적으로 풍요로웠던 것은 생계경제 체제 때문이라는 것은 글의 입장과 동일한 내용이 아니다.

② 산업사회로 이행하면서 경제적 잉여가 발생하였고 계급이 형성되었다는 것은 글의 입장과 동일한 내용이 아니다.

③ 자연재해나 전쟁으로 인해 고대사회는 항상 불안정한 상황에 처해 있었다는 것은 글에서 오해라고 말하고 있는 부분이므로 글의 입장과 동일한 내용이 아니다.

06
정답 ④

정답분석

④ ㉣은 두 번째 단락의 '역대 비잔틴 황제들이 제정한 법을 그가 주도하고 있던 법제화의 모델로 이용하였던 것이다.'라는 내용과 맞지 않는다. 따라서 이를 "연속성을 추구하는 정복왕 메흐메드 2세의 의도에서 비롯된 것"으로 고치는 것이 적절하다.

오답분석

① ㉠은 첫 번째 단락의 '이슬람교를 신봉하는 오스만인들에 의해 함락되었다는 소식'과 연결되므로 이를 "지금까지 이보다 더 영광스러운 사건은 없었으며"로 고치는 것은 적절하지 않다.

② ㉡은 첫 번째 단락의 '비잔틴 제국의 황제였던 콘스탄티노스 11세는 전사하였다.'는 내용과 연결되므로 이를 "1,100년 이상 존재했던 소아시아 지역의 이슬람 황제가 사라졌다."로 고치는 것은 적절하지 않다.

③ ㉢은 두 번째 단락의 '역대 비잔틴 황제들이 제정한 법을 그가 주도하고 있던 법제화의 모델로 이용하였던 것이다.'라는 내용과 연결되므로 이를 "기독교의 제단뿐만 아니라 그 이상의 것들도 파괴했다."로 고치는 것은 적절하지 않다.

07
정답 ④

정답분석

④ 지문에 제시된 논증의 주요 소재는 새롭게 출현한 생물종에 대한 것이므로 30억 년 전에 생물이 출현한 이후 5차례의 대멸종이 일어났으나 대멸종은 매번 규모가 달랐다는 것은 지문의 논증과는 직접적인 관련성이 없는 내용이다. 따라서 논증에 대한 비판으로 적절하지 않다.

오답분석

① 100년마다 20종이 출현한다는 것은 다만 평균일 뿐이라는 것은 새로운 생물종이 평균적으로 100년 단위마다 약 20종이 출현한다는 논증의 내용과 반대 방향의 진술이므로 논증에 대한 비판으로 적절하다.

② 5억 년 전 이후부터 지구상에 출현한 생물종이 1,000만 종 이하일 수 있다는 것은 5억 년 전 이후 지구상에 출현한 생물종은 1억 종에 이른다는 논증의 내용에 대한 반대 방향의 진술이므로 논증에 대한 비판으로 적절하다.

③ 생물학자는 새로 발견한 종이 신생 종인지 아니면 오래 전부터 존재했던 종인지 판단하기 어렵다는 것은 지난 100년간 생물학자들이 지구상에서 새롭게 출현한 종을 찾아내지 못했다는 논증의 내용과 반대 방향의 진술이므로 논증에 대한 비판으로 적절하다.

08

정답분석

주어진 문장을 기호화하여 정리하면 다음과 같다.

- 명제 1: A → (수요 or 공급)
- 명제 2: 가격 → A
- 명제 3: (가격 & ~물가) → 개선
- 명제 4: 가격
- 명제 5: 물가 → (~수요 & ~개선)
- 명제 6: 물가

② 명제 4에 따라 '가격'이 참으로 확정되므로 명제 2에서 'A' 역시 참으로 확정된다. 또한 명제 6에 따라 '물가'가 참으로 확정되므로 '~수요'와 '~개선' 역시 참으로 확정된다. 'A'가 참이고, '~수요'가 참이므로 명제 1에서 '공급'이 참으로 확정된다. 따라서 부동산 공급이 조절된다는 것은 반드시 참이다.

오답분석

① 서민들의 삶이 개선된다는 것은 거짓이다.

③ A 정책이 효과적인 것이 참이고, 부동산 수요가 조절된다는 것이 거짓이므로 A 정책이 효과적이라면, 부동산 수요가 조절된다는 것은 거짓이다.

④ A 정책이 효과적인 것이 참이고, 부동산 가격은 적정 수준에서 조절되지 않는다는 것이 거짓이므로 A 정책이 효과적이라도, 부동산 가격은 적정 수준에서 조절되지 않는다는 것은 거짓이다.

09

정답 ②

정답분석

② 두 번째 단락에 따르면 한국 건국신화에서 주인공인 신은 지상에 내려와 왕이 되고자 한다. 하지만, 신과 인간은 서로의 존재를 필요로 한다는 점에서 상호의존적이고 호혜적이다. 따라서 한국 무속신화에서 신은 인간을 위해 지상에 내려와 왕이 된다는 것은 옳지 않다.

오답분석

① 세 번째 단락의 '히브리 신화에서 피조물인 인간은 자신을 창조한 유일신에 대해 원초적 부채감을 지니고 있으며, 신이 지상의 모든 일을 관장한다는 점에서 언제나 인간의 우위에 있다'는 것에서 히브리 신화에서 신과 인간의 관계는 위계적이라고 볼 수 있다.

③ 두 번째 단락에 따르면 인간들의 왕이 된 신은 인간 여성과의 결합을 통해 자식을 낳음으로써 결핍을 메운다. 따라서 한국 건국신화에서 신은 인간과의 결합을 통해 완전한 존재가 된다고 볼 수 있다.

④ 세 번째 단락에 따르면 신체 화생 신화는 신의 희생 덕분에 인간 세계가 만들어질 수 있었다는 점에서 인간은 신에게 철저히 종속되어 있다. 따라서 한국 신화에 보이는 신과 인간의 관계는 서로의 존재를 필요로 한다는 점에서 상호의존적이고 호혜적이므로 신체 화생 신화에 보이는 신과 인간의 관계와 다르다.

10

정답 ③

정답분석

③ ⓒ: 거듭나게 된다는 것은 새롭게 태어나게 된다는 의미이므로 '복귀하게 된다'는 것과 유사한 표현이라 볼 수 없다.

---

③회 하프모의고사　　p.202

01	02	03	04	05
②	③	④	②	④
06	07	08	09	10
④	①	④	②	④

01

정답 ②

정답분석

② 두 번째 단락에 따르면 순검군의 설치는 도성을 방위하고 국왕을 지키는 군대의 기능과 도성의 치안 유지를 위한 경찰의 기능이 분리되고 전문화된 것을 의미한다. 따라서 순검군이 설치된 이후에도 도성의 성문을 지키는 임무는 위숙군에게 있었다.

오답분석

① 세 번째 단락에서 급한 공무나 질병, 출생 등 부득이한 경우에만 사전 신고를 받고 야간에 통행하도록 하였다는 것을 알 수 있으나 야간에 급한 용무로 시내를 통행하려는 사람은 먼저 시가지를 담당하는 검점군에 신고를 하였다는 것은 옳지 않다.

③ 두 번째 단락에 따르면 순검군은 개경 시내를 순찰하고 검문을 실시하는 전문적인 치안 조직이다. 따라서 순검군은 야간 통행이 금지되는 저녁부터 새벽 시간까지 순찰 활동을 하며 성문 방어에도 투입되었다는 것은 옳지 않다.

④ 두 번째 단락에 따르면 순검군의 설치는 도성을 방위하고 국왕을 지키는 군대의 기능과 도성의 치안 유지를 위한 경찰의 기능이 분리되고 전문화된 것을 의미한다. 따라서 순검군의 설치 이후에 간수군을 비롯한 개경의 세 군사 조직은 군대의 기능과 경찰의 기능을 모두 수행하였다는 것은 옳지 않다.

02

정답 ③

정답분석

㉠ 모양과 두께가 같은 동일 재질의 원형 판이 진동할 때 발생하는 진동수는 판 지름의 제곱에 반비례하고, 진동수가 두 배가 될 때 한 옥타브 높은 음이 난다. 따라서 진동수가 4A = B 이므로 B는 A보다 '두 옥타브 높은' 음을 낸다.

㉡ 지름과 모양이 같은 동일 재질의 원형 판이 진동할 때 발생하는 진동수는 두께에 비례하고, 진동수가 두 배가 될 때 한 옥타브 높은 음이 난다. 따라서 진동수가 2A = C 이므로 C는 A보다 '한 옥타브 높은' 음을 낸다.

따라서 정답은 ③이다.

03
정답 ④

지문에 제시된 조건을 기호화하면 다음과 같다.

- 명제 1: A → ~B → ~C
- 명제 2: ~D → C

  ~A → ~E
- 명제 3: ~E → ~C

기호화한 명제를 하나로 연결하면 다음과 같다.

C → E → A → ~B → ~C → D

따라서 '~C'가 확정되고, 반드시 수강해야 할 과목은 'D'이다.

04
정답 ②

정답분석

ㄱ. ㉠은 해당 기관의 장의 위임을 받은 해당 기관의 고위직 인사가 서명 가능한데, 이 경우 전권위임장 제출은 적절치 않다. 따라서 A국 산업통상자원부 장관 명의의 전권위임장을 제출한 산업통상자원부 차관과 B국 기업에너지산업전략부 장관 간에 '에너지산업협력 약정'이 체결된 사례는 ㉠이 적절하게 이루어진 사례가 아니다.

ㄴ. ㉠은 우편이나 외교통상부 재외공관을 통해 서명문서 교환이 가능하므로, 국외출장이 어려운 상황에서 시급한 약정의 조속한 체결을 위해 A국 산업통상자원부 장관과 B국 자원개발부 장관 간에 우편으로 서명문서를 교환한 사례는 ㉠이 적절하게 이루어진 사례이다.

ㄷ. ㉠은 양국 정상이 임석하는 것은 부적절하므로 A국 대통령의 B국 방문을 계기로 양국 정상의 임석 하에 A국 기술무역부 장관과 B국 과학기술부 장관 간에 '과학기술협력에 관한 약정'이 체결된 사례는 ㉠이 적절하게 이루어진 사례가 아니다.

따라서 정답은 ②이다.

05
정답 ④

정답분석

ㄱ. 두 번째 단락에서 실제로 온도계에 변화를 주지 않기 때문에 '잠열'이라 불렸다고 되어 있으므로 A의 온도계로는 잠열을 직접 측정할 수 없었다는 것을 추론할 수 있다.

ㄴ. 두 번째 단락에 따르면 A에서는 얼음이 녹으면서 생긴 물과 녹고 있는 얼음의 온도가 녹는점에서 일정하게 유지되었는데 이 상태는 얼음이 완전히 녹을 때까지 지속되었고, 이를 잠열이라 했으므로 얼음이 녹는점에 이르러도 완전히 녹지 않는 것은 잠열 때문이라고 추론할 수 있다.

ㄷ. 두 번째 단락에 따르면 A에서는 얼음이 녹으면서 생긴 물과 녹고 있는 얼음의 온도가 녹는점에서 일정하게 유지되었는데 이 상태는 얼음이 완전히 녹을 때까지 지속되었다. 따라서 A의 얼음이 완전히 물로 바뀔 때까지, A의 얼음물 온도는 일정하게 유지된다고 추론할 수 있다.

따라서 정답은 ④이다.

06
정답 ④

정답분석

④ 두 번째 단락에서 겸사복은 시립과 배종을 주로 담당하였다고 제시되어 있고, 첫 번째 단락에서 배종은 어가가 움직일 때 호위하는 것이라고 제시되어 있으므로, 어가 호위는 겸사복의 주요 임무 중 하나였다는 것은 글의 내용과 부합한다.

오답분석

① 두 번째 단락에서 금군 중 우림위는 중앙군 소속의 갑사보다는 높은 대우를 받았다고 제시되어 있으므로, 갑사는 금군보다 높은 대우를 받았다는 것은 글의 내용에 부합하지 않는다.

② 두 번째 단락에 따르면 우림위는 1492년에, 겸사복은 1409년에 만들어졌으므로 우림위가 겸사복보다 먼저 만들어졌다는 것은 글의 내용에 부합하지 않는다.

③ 두 번째 단락에 따르면 겸사복이 금군 중 최고 정예 부대였으므로 내금위 병사들의 무예가 가장 뛰어났다는 것은 글의 내용에 부합하지 않는다.

07
정답 ①

정답분석

ㄱ. A는 종 차별주의가 옳지 않다는 주장과 종 평등주의가 옳다는 말이 같다고 하므로 종 차별주의와 종 평등주의가 서로 모순된다고 보지만, B는 종 차별주의를 거부하는 것과 종 평등주의를 받아들이는 것은 별개라고 하므로 종 차별주의와 종 평등주의가 서로 모순된다고 보지 않는다.

ㄴ. C는 모든 인간이 동일한 존엄성과 무한한 생명 가치를 가진다는 것은 거부할 수 없는 윤리의 대전제라고 보는 입장이므로 모든 인간이 동일한 존엄성과 무한한 생명 가치를 가진다는 견해에 동의하지만, B는 그런 언급을 하고 있지 않다.

ㄷ. C는 의식을 이용하여 종 사이의 차별을 정당화한다면 이런 윤리의 대전제를 부정할 수밖에 없다는 입장이어서 오히려 인간과 인간이 아닌 것 사이의 차별적 대우를 정당화하는 근거가 있다는 것에 동의하지 않는 입장으로 보아야 한다. 한편 A는 종 평등주의에 반대하는 입장이다.

따라서 적절한 것은 ㄱ이므로 정답은 ①이다.

08 정답 ④

④ 앳킨슨은 스톤헨지를 세운 사람들이 과학적 사고를 할 줄 모른다고 주장하였다. 스톤헨지는 기원전 3,000년경 신석기시대에 세워졌으므로 기원전 3,000년경 인류에게 천문학 지식이 있었다는 증거가 발견되면 앳킨슨의 주장은 약화될 것이다.

오답분석

① 호킨스는 스톤헨지의 모양이 태양과 달의 배열을 나타낸 것이라고 주장하였다. 따라서 스톤헨지가 제사를 지내는 장소였다는 후대 기록이 발견되면 호킨스의 주장은 강화되지 않을 것이다.

② 호일은 스톤헨지가 일종의 연산장치라는 주장을 하였다. 따라서 스톤헨지 건설 당시의 사람들이 숫자를 사용하였다는 증거가 발견되면 호일의 주장은 강화될 것이다.

③ 글쓴이는 스톤헨지의 건설자들에게 수학과 천문학의 지식이 보존되고 세대를 거쳐 전승되어 쌓인 방대하고 정교한 문자 기록이 없었다고 주장한다. 따라서 스톤헨지의 유적지에서 수학과 과학에 관련된 신석기시대 기록물이 발견되면 글쓴이의 주장은 약화될 것이다.

09 정답 ②

정답분석

㉠ 호일, 톰, 호킨스를 의미한다.
㉡ 스톤헨지의 건설자들을 의미한다.
㉢ 호킨스를 옹호하는 사람을 의미한다.
㉣ 스톤헨지의 건설자들을 의미한다.

따라서 지시 대상이 같은 것은 ㉡, ㉣이므로 정답은 ②이다.

10 정답 ④

정답분석

주어진 논증을 간단히 정리하면 다음과 같다.
- 전제 1: 절대빈곤 → 나쁜 일
- 전제 2: ~소홀히 & 막을 수 있는 절대빈곤 존재
- 전제 3: (~소홀히 & 막을 수 있는 나쁜 일 존재) → 막아야
- 결론: 막아야 하는 절대빈곤 존재

④ 이 논증은 전제 1, 2, 3이 참이면 결론 역시 참이 되는 구조의 타당한 연역논증이다. 따라서 다른 전제를 추가하지 않아도 주어진 전제만으로 결론은 타당하게 도출될 수 있다.

오답분석

① 이 논증은 전제 1, 2, 3이 참이면 결론 역시 참이 되는 구조의 타당한 연역논증이다.

② 모든 전제가 참일 때 결론이 반드시 참이 되는 구조이므로, 전제 1을 논증에서 빼면 전제 2와 전제 3만으로는 결론이 도출될 수 없다.

③ 논증에서는 비슷하게 중요한 다른 일을 소홀히 하지 않고도 막을 수 있는 절대빈곤이 존재함을 전제로 하므로, 비슷하게 중요한 다른 일을 소홀히 해도 막을 수 없는 절대빈곤이 있다고 해서 결론이 도출되지 않는다고 볼 수 없다.

해커스공무원 gosi.Hackers.com

본 교재 인강 · 공무원 국어 무료 특강 · 합격예측 온라인 모의고사
해커스 회독증강 콘텐츠 · 해커스 매일국어 어플

공무원 교육 **1위*** 해커스공무원

* [공무원 교육 1위 해커스공무원] 한경비즈니스 선정 2020 한국소비자만족지수 교육(공무원) 부문 1위

공무원 수강료 최대**300% 환급**
합격할 때까지 평생 무제한 패스

영어 **비비안**
국어 **신민숙**
한국사 **이중석**
행정법 **김대현**

해커스공무원 기출보카
어플 이용권 무료

7급 PSAT
기본서 3권 제공

* 교재 포함형 패스 구매시 제공

7급 합격생들이 극찬한 그 강좌!
PSAT 전 강좌 무료 제공

상황판단 **길규범**
언어논리 **조은정**
자료해석 **김용훈**

7급·군무원 응시자격 단기 달성
토익, 지텔프, 한능검 강좌 무료

G-TELP **비비안**
한능검 **안지영**
TOEIC **재키**

실제 시험 유사성 100% 출제
합격예측 모의고사 무료 제공

모든 직렬 별 수험정보를
한 권에 모아 담은
공무원 합격로드맵 무료 제공

각 기수별 추첨 제공

* PDF 제공

* [환급] 최초수강기간 내 합격 시, 제세공과금 본인부담 / [평생] 불합격 인증 시 1년씩 연장

상담 및 문의전화
1588-4055

해커스공무원 gosi.Hackers.com
수강료 0원으로 공무원 전문강좌 무제한 수강하기 ▶

해커스공무원 **단기 합격생**이 말하는

공무원 합격의 비밀!

해커스공무원과 함께라면
다음 합격의 주인공은 바로 여러분입니다.

대학교 재학 중,
7개월 만에 국가직 합격!

김*석 합격생

영어 단어 암기를 하프모의고사로!

하프모의고사의 도움을 많이 얻었습니다. 모의고사의
5일 치 단어를 일주일에 한 번씩 외웠고, 영어 단어
100개씩은 하루에 외우려고 노력했습니다.

가산점 없이
6개월 만에 지방직 합격!

김*영 합격생

국어 고득점 비법은 기출과 오답노트!

이론 강의를 두 달간 들으면서 이론을 제대로 잡고 바로
기출문제로 들어갔습니다. 문제를 풀어보고 기출강의를
들으며 틀렸던 부분을 필기하며 머리에 새겼습니다.

직렬 관련학과 전공,
6개월 만에 서울시 합격!

최*숙 합격생

한국사 공부법은 기출문제 통한 복습!

한국사는 휘발성이 큰 과목이기 때문에 반복 복습이
중요하다고 생각했습니다. 선생님의 강의를 듣고 나서
바로 내용에 해당되는 기출문제를 풀면서 복습
했습니다.

2025년 개편 시험 최적화!
암기없는 국어

국어

조은정

급변하는 시험 제도! 빈틈없는 커리큘럼으로 확실하게 대비하세요.

국어를 잡으면 합격이 쉬워집니다.

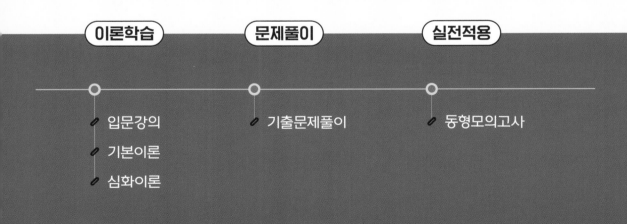

이론학습

문제풀이

실전적용

입문강의

기본이론

심화이론

기출문제풀이

동형모의고사

* [공무원 교육 1위 해커스공무원] 한경비즈니스 선정 2020 한국소비자만족지수 교육(공무원) 부문 1위

해커스공무원

조은정 암기 없는 국어 논리 독해 기본서

공무원 합격의 확실한 해답!

해커스공무원 국어 교재

기본	핵심정리	기출문제풀이

해커스공무원
국어 기본서
(세트)

해커스공무원
조은정
암기없는 국어
논리 독해 기본서

해커스공무원
단권화 핵심정리
국어

해커스공무원
단원별
기출문제집
국어 (세트)

해커스공무원
6개년
기출문제집
국어

해커스공무원
최신 1개년
기출문제집
국어

해커스공무원
8개년 기출문제집
공통과목 통합
국어+영어+한국사

예상문제풀이	마무리

해커스공무원
국어 비문학
독해 333
Vol. 1, 2, 3

해커스공무원
국어 추론형
독해 333
Vol. 1

해커스공무원
국어 문학
333
Vol. 1

해커스공무원
단원별 적중
400제 국어

해커스공무원
매일 하프모의고사
국어

해커스공무원
실전동형모의고사
국어 1, 2

해커스공무원
FINAL
봉투모의고사
국어

해커스공무원
FINAL
봉투모의고사
공통과목 통합
국어+영어+한국사

정가 **21,000** 원

13710

9 791172 440213

ISBN 979-11-7244-021-3